中國學術思想 研究輯刊

十二編

林慶彰 主編

第 48 冊

劉蕺山之道德主體理論分析

陳 啟 文 著

眞性情的體悟與窮究
——李贄思想中私利觀點的探討

劉 亞 平 著

花木蘭文化出版社

國家圖書館出版品預行編目資料

劉蕺山之道德主體理論分析　陳啟文　著／真性情的體悟與窮
究——李贄思想中私利觀點的探討　劉亞平　著 — 初版 — 新
北市：花木蘭文化出版社，2011〔民100〕
目 2+128 面 + 目 2+78 面：19×26 公分
（中國學術思想研究輯刊　十二編；第 48 冊）
ISBN：978-986-254-688-8（精裝）
1.（明）劉宗周　2.（明）李贄　3.學術思想　4.哲學
030.8　　　　　　　　　　　　　　　　　100016214

ISBN-978-986-254-688-8

中國學術思想研究輯刊
十二編　第四八冊　　　　　　　　ISBN：78-986-254-688-8

劉蕺山之道德主體理論分析
真性情的體悟與窮究——李贄思想中私利觀點的探討

作　　者	陳啟文／劉亞平
主　　編	林慶彰
總 編 輯	杜潔祥
出　　版	花木蘭文化出版社
發 行 所	花木蘭文化出版社
發 行 人	高小娟
聯絡地址	新北市永和區中正路五九五號七樓
	電話：02-2923-1455 ／傳真：02-2923-1452
網　　址	http://www.huamulan.tw 信箱 sut81518@gmail.com
印　　刷	普羅文化出版廣告事業
封面設計	劉開工作室
初　　版	2011 年 9 月
定　　價	十二編 55 冊（精裝）新台幣 90,000 元

劉蕺山之道德主體理論分析

陳啟文　著

作者簡介

陳啟文：國立臺灣師範大學國文研究所博士。曾任教於：元智大學應用中文系、台北教育大學語文教育學系、臺灣師範大學國文系目前任教於：慈濟大學東方語文學系專任助理教授。

曾發表：〈王船山「道」、「器」兩端分說及其統一〉，（清代哲學，《鵝湖月刊》第 31 卷第 9 期，2006 年 3 月）、〈王船山化「天之天」為「人之天」義的理解〉（清代哲學，《師大國文學報》第 39 期，2006 年 6 月）、〈宗教的象徵；以《佛說阿彌陀經》之與會聖眾為例〉（唐宗教哲學，《宗教、哲學與文學研討會》元智大學，2006 年 9 月）、〈《佛說阿彌陀經要解》「六信」中的「唯心淨土」思想詮釋〉（明清宗教哲學《鵝湖月刊》第 384 期，2007 年 6 月）、〈啟示、信仰與實現：彌陀本願之理論體系及其詮釋〉（隋唐宗教哲學《東吳學報》第 14 期，2007 年 12 月）、〈蕅益大師對於「鳥音法利」之料簡析論〉（明清宗教哲學，慈濟大學，2008《東方文化學術研討會》，2008 年 6 月）、〈《楞嚴經》「大勢至菩薩念佛圓通章」的念佛方法論〉（隋唐宗教哲學《一貫道宗教學術研討會》第一屆，2008 年 5 月）、〈《彌陀要解》中四土感生論所顯的心土不二義〉（明清宗教哲學，《慈濟大學人文社會科學學刊》，第 7 期，2008 年 6 月）、〈王符《潛夫論》宇宙上的一個問題〉（漢代哲學，《朱子研究》，1999 年第 1 期，1999 年 1 月）、〈成德廣業之「三陳九卦」〉（先秦哲學，《周易研究》，1999 年第 4 期，1999 年 12 月）、〈試論《老子》的「一」〉（先秦哲學，《孔孟學報》第 77 期，2000 年月）、〈郭象《莊子注》之「自生」義試析〉（魏晉哲學，《哲學與文化月刊》29 卷第 2 期，2002 年 2 月）等中國哲學論文十數篇。」

提　要

本論文是以《劉蕺山之道德主體理論分析》為題，本文論述之進程共分七章，其內容大要分述如下：

第一章　緒論：其內容主要是說明本論文的核心問題及本論文的研究方法及其合法性基礎。並說明研究進程與預期研究成果。

第二章　文獻探討：此部分主要目的在探討學界目前的研究成果，並分析學界研究範疇之偏重及忽視的地方。

第三章　蕺山之生平及其所面臨之時代問題：此部分主要目的從歷史的眼光交代蕺山的學思歷程與時代的使命，並說明蕺山學之所以形成之因。

第四章　理氣一體兩言之道德形上學理論架構：此章主要目的在於說明蕺山學中的理氣關係，並說明此理氣思想的理論效力與意義之所在。

第五章　心性一體兩言之道德主體理論架構：此章主要目的在於說明心性之間的關係，並說明心性做為道德主體其自身之性質、內容與規定。

第六章　道德法則與「情」之關係：此章主要目的在於說明情之所以生之因，並說明性情之間的關係，與蕺山學中「性」、「情」思想的理論型態。

第七章　道德主體的定向性及過惡之由來：此章主要在於指出在蕺山的學說中肯定了人有善質並具有趨向於善之定向性，並說明此種定向於善之理論意義為何。

此外本章並說明人既為善質，又定然向於善，又為何會形成過惡的原因。

目次

第一章　緒　論

第一節　問題的提出

　　蕺山學的研究自唐君毅、牟宗三諸先生首開風氣之後，一時之間，蕺山學的研究在海峽兩岸之間頗受到重視，雖然相較於程、朱、陸、王……等人的研究，蕺山學的研究風氣仍稍遜之，但至今也有了 15 篇的學位論文（1 篇博士論文，14 篇碩士論文），以及近百篇的單篇論文，蕺山學的研究不可謂不盛。然而在這豐碩的研究成果之中，對於蕺山學的歸向與定位卻也呈現出二種歧異的看法，其一是，視蕺山學是唯物主義之氣論；其一是視蕺山學是唯心論。視蕺山學為唯物主義氣論者有侯外廬先生的《宋明理學史》〔註 1〕與陳來先生的《宋明理學》；〔註 2〕視蕺山學為唯心論者有牟宗三先生的《從陸象山到劉蕺山》〔註 3〕與莊耀郎先生《劉蕺山的氣論》。〔註 4〕

〔註 1〕　侯外廬先生曰：「劉宗周在自然觀上，卻接受了《曾子・天圓篇》的『人物之生，莫本乎陰陽之氣』和張載的『虛空即氣』的觀點，形成了與理學唯心主義相對峙的唯物主義的理氣觀。」見侯外廬《宋明理學史》，北京人民出版社，1987 年 6 月，北京 1 版 1 刷，頁 609。

〔註 2〕　陳來先生曰：「劉宗周對理氣的看法受到羅欽順、王廷相以來明代氣學思想的影響較大，他主張氣是第一性的，理是第二性的，反對各種理在氣先、道在器之上的思想。……劉宗周認為有氣而後有理（道），理不在氣之先，理不能生氣，所謂理只是氣的理，離開了氣也就無所謂理，離氣無理。」陳來《宋明理學》，遼寧教育出版社，1997 年 4 月，第 4 版，頁 410。

〔註 3〕　牟宗三先生說：「劉蕺山所說之心，不是朱子所說之形而下的『氣之靈』之心，乃是『意根最微』之意與良知之知，除繼承陸、王所說之心外，復特標出作為『心之所存』之意，此種心仍是超越的道德的自由自律之真心，而非與理

　　至於與「理氣」論有密切關係之「心性」思想，亦因「理氣」關係的看法不同，也使得「心性」的關係有了再討論的空間。依目前學術界研究成果來看，當前學術界對於蕺山「心性論」的看法，亦可粗分為二種說法，一派是依著牟宗三先生「以心著性」說，雖將心性視為合一，然心、性於根源上而言又各自是一獨立之主體，亦即分別是「心體」與「性體」，只是就人心上之呈顯是一不是二，有是心即有是性言之。勞思光先生則認為蕺山是將「心性」合而為一以言之。筆者則認為關於蕺山學學說的理論型態則是「一體而兩言之」架構型態，「心、性」是一不是二，無合或不合一之問題，心性本就是一而分言之。關於此一部分理解之差異，亦是筆者所欲探究之問題。

　　此外，蕺山為何要將「喜怒哀樂」與天之「春夏秋冬」四時與人之「仁、義、禮、智」四德合而論之，其目的何在，其背後的理論基礎為何？這樣的做法於理論上又有什意義，此亦是筆者所欲追問者，而這些問題便是本論文所以成之的最大動機。

第二節　研究方法及其合法性基礎

　　關於研究方法的擇定，筆者認為當與研究主體、研究對象有關，亦即筆者認為沒有一個可放諸四海皆準的方法可供研究者利用。研究者當依照研究對象的性質，選取最恰當的方法以利研究工作之開展。然而如何方為良好之

　　為二之格物窮理之心（認知意義的心）……但蕺山歸顯於密，則必先特設性天之尊，分設心性，以言形著關係以及自覺與超自覺之關係，以『見此心之妙，而心之與性不可以分合言』，而總歸是一也。及其總歸是一，則與心學亦無以異。」牟宗三《從陸象山到劉蕺山》頁 455～457。

〔註 4〕　莊耀郎先生說：「儘管蕺山在討論氣的議題時，不時出現『盈天地之間皆氣』『是有氣方有是理』等傾向於重氣的言論，然而最終的目的是歸於主體修養，也就是工夫論上說，揆其於立言之際動輒斥前賢之說為支離，實基於實踐才是大本，分別議論縱使立說精闢仍是第二義，未切於實踐，明乎此，才可說對蕺山有同情的瞭解。因為重實踐，則不能離工夫說之，故其理論皆統之於心之獨體之下，氣質昇華與性天理義合一，都是實踐意義下所達至的境界，此時的氣的內容也不是傳統理氣分說的內容，而是『氣即是理，理即是氣，理氣為一』的狀態，所以蕺山不正視朱子所指氣的凝結造作計度，作為要克抑的對象的氣，實在是因為蕺山所論的氣和朱熹不在同一層面上。因此蕺山的氣論無論是其所指的內容或其理論體系的邏輯結構上說，都不能率爾斷言之為唯氣論的思想，這一點當可肯定。」見莊耀郎〈劉蕺山的氣論〉，中央研究院中國文哲研究所籌備處，1998 年 5 月初版，頁 33。

研究進路呢？我們認爲在進路的選擇上，主要應以進路本身是否「適宜」研究對象，爲選擇進路的標準，其次則應以己身的興趣能力爲考量。至於研究進路是否能「適宜」所研究之對象，我們認爲，研究者應當對於研究對象有相當程度之瞭解與認識。因爲，研究者如果對該研究對象沒有一定程度之了解與認識，則所選擇的研究角度往往會有偏失之情形產生。因此筆者認爲，爲了使研究進路能「相應」於研究對象，首先應對於研究對象有初步適當之認識與了解，這將有助於研究進路的正確選擇。〔註5〕

復次，筆者認爲研究者於從事研究工作時，應當揚棄「預設立場」〔註6〕而依照歷史材料、文本來說話，當能獲得「相對」較爲客觀的研究成果，否則將會導致「史料的割裂與曲解」，〔註7〕或甚厚誣古人，無法將研究對象「如實」的呈顯出來，此二者乃爲選擇研究法之前應有的認識。

關於研究方法，勞思光先生於《中國思想史方法論文選》〔註8〕中提出了四種方法，這四種方法爲：一爲系統研究法、二爲發生研究法、三爲解析研究法、四爲基源問題研究法。所謂「系統研究法」就是將所敘述的思想作系統的陳述的方法。筆者認爲這種方法會出現兩種問題，一種是對於思想家思想中的岐出觀念無法有效的處理，此弊形成之因乃是求系統之陳述所致；另

〔註5〕 參考杜瑞：《功夫理論與境界哲學》之說，見網址：
http://huafan.hfu.edu.tw/~bauruei/gungfu/gu00.htm（88/9/6）

〔註6〕 此處所言之「預設立場」所指涉的約有二種情況，第一種情況是，以一套既定的方法理論作研究時操作的方法與判斷的標準，例如以胡塞爾的現象學的方法來探討宋明理學中的「意向性」問題，或是以孔恩的「典範」學說來研究學術史的演變；第二種情況是或者是尚未研究時便先有「預設的結論」，在筆者看來這些都是預設立場。第一種情況其優點在於易獲得新的視界與「創造性」的研究成果；其失則在於猶如帶了有色眼鏡，無法將研究對象的本來面目呈顯。第二種情況其優點在於研究者能很快的找到研究的入口處，但易有「填填看」之情況發生，也就是說研究者往往會按照預設的結論或立場來搜尋所需的史料，以證成其說，或甚發生了詮釋的扭曲。筆者認爲這些都無法相應於研究對象，都該被揚棄。於此需說明是，筆者這種立場乃取決於對於研究對象所採取的論釋態度，蓋筆者認爲既然研究的對象是「歷史材料」，因此研究當以相對最能「如實的呈顯」的方法爲最優位，「創造性」的詮釋固然重要，但其當爲「如實的呈顯」之後的發展。沒有如實的呈顯，便妄求「創造性」詮釋，往往易流於沒有根據的夸夸其言與囈語。

〔註7〕 見嚴耕望〈社會科學理論只是歷史研究的輔助工具，不能以運用理論爲主導方法〉，收錄於《治史答問》，台北臺灣商務印館 1985 年，頁 45。

〔註8〕 韋政通編《中國思想史方法論文選集》，台北：水牛圖書出版事業有限公司 1988年，頁 181。

一個問題是，這種方法常會不自覺的改造了研究對象的思想。所謂「發生研究法」其著眼於一個哲學家的思想如何一點一點的發展變化，而依觀念的發生程序作一種敘述。筆者以為這方法的缺點在於其結果每每不能展示一個理論系統的整體性，而易流於資料的堆垛與直線單軸式的呈顯。至於「解析研究法」，這個研究法其主要的操作方式是「解析以往哲學家所用的語詞及其論證的確切意義；在解析的過程中他只要整理別人的思想，它并不要表達自己的意見」。筆者認為這種方法頗適合於研究單一個人的理論。而所謂的「基源問題研究法」則是勞思先生的創發，此研究法是以邏輯意義的理論還原為起始點，並輔以史學考證工作以為佐助，以統攝個別哲學活動於一定設準之下為歸宿。勞思光先生所提的這四種方法是目前學術界在從事哲學史與學術思想史研究時最常使用的方法。

筆者認為，在哲學思想的研究上，良好的研究方法除了上述四種方法之外，另可由研究對象中所引發出來的，亦即是以研究對象本身所呈顯的「主題」、「主張」、「材料」來作為研究者研究的進路以及論文表述的脈絡，也就是回歸於文本，讓文本自身來說話。筆者認為，如此當能使研究者之心靈與文本作者之心靈相契，進而使研究成果能符合文本作者之原意。就筆者來看，此亦不失為一個良好的研究性作品合宜之研究進路。筆者認為以上所說的這幾種方法，其實都頗適用於本論文的研究對象與欲達成之研究目標。因此，筆者將採取「複合式」的方法，所謂「複合式」的方法即是以「原始資料」為基礎，加以博覽前人研究成果，針對不同的研究子題，援引最恰當的操作方法，並加以歸納、分析、比較、綜合以輔助處理之。筆者認為這將是一個較適當的研究方式。〔註9〕

此外，在資料處理方面，筆者將以詳盡的一手資料與二手資料之蒐集，以使研究成果能更豐碩。而在資料運用方面，筆者將採用較完善之版本，認真而仔細的梳理原典，廣泛參考前人研究成果，並將盡可能蒐集到的資料以

〔註9〕 筆者這裏所言的「複合式」研究法，並不是將所有的研究法隨意混合運用而無其標準與合法性。筆者所言的「複合式」研究法是隨著研究對象的細部變化而隨機採取較合適的操作法研究之，以適應貼切研究對象的細部變化。例如研究蕺山學時，於陳述蕺山學之由來時，可能可以採取基源研究法或歷史研究法，於探討蕺山學之思想時，便可換為「系統研究法」、「解析研究法」或「發生研究法」，這種隨著研究對象的局部改變而更換研究策略的研究方法，即是筆者所謂「複合式」的研究法。

歸納法梳理原典，然後再將歸納後所得的結果加以分類，並運用分析法，將文本的體系加以呈顯。最後則以演繹法推演劉蕺山學說中可能的意義。在研究態度方面，筆者亦將盡力的學習研究時所需的背景知識，以提升研究之能力。並採認眞而同情的態度，對蕺山學說的思想、理路、概念、系統做仔細的梳理。並對蕺山學說作進一步之闡釋。使觀念、思路能彰顯、突出、清晰，此爲本論文的研究方法。

第三節　本文論述進程

本論文是以《劉蕺山之道德主體理論分析》爲題，本文論述之進程共分七章，其內容大要分述如下：

第一章　緒論：其內容主要是說明本論文的核心問題及本論文的研究方法及其合法性基礎。並說明研究進程與預期研究成果。

第二章　文獻探討：此部分主要目的在探討學界目前的研究成果，並分析學界研究範疇之偏重及忽視的地方。

第三章　蕺山之生平及其所面臨之時代問題：此部分主要目的從歷史的眼光交代蕺山的學思歷程與時代的使命，並說明蕺山學之所以形成之因。

第四章　理氣一體兩言之道德形上學理論架構：此章主要目的在於說明蕺山學中的理氣關係，並說明理氣思想的理論效力與意義之所在。

第五章　心性一體兩言之道德主體理論架構：此章主要目的在於說明心性之間的關係，並說明心性做爲道德主體其自身之性質、內容與規定。

第六章　道德法則與「情」之關係：此章主要目的在於說明情之所以生之因，並說明性情之間的關係，與蕺山學中「性」、「情」思想的理論型態。

第七章　道德主體的定向性及過惡之由來：此章主要在於指出在蕺山的學說中肯定了人有善質並具有趨向於善之定向性，並說明此種定向於善之理論意義爲何。此外本章並說明人既爲善質，又定然向於善，又爲何會形成過惡的原因。

第四節　預期成果

　　研究所展現的成果是論文價值之所在，然而成果為何除了作者的聰明才智與努力之外，尚與論文核心問題與研究方法有關。不同的問題核心與方法則會有不同的研究成果展現。依本論文的核心問題與研究方法，本文所預期的研究成果是：

一、將指出蕺山學的理氣論型態、理氣關係；指出「氣是德性義之氣心」，「理是內在於氣，非有別於氣之氣自身之道德法則」，「理氣是一不是二。」

二、將指出蕺山學學說的理論型態是「一體而兩言」之型態架構，「心、性」是一不是二，無合或不合一之問題，心性本就是一而就顯隱分言之。

三、將釐清蕺山學中的「意」與「念」，「性」與「情」，「已發」與「未發」、「中」與「和」，「動」與「靜」等範疇在蕺山學理論系統中之確定意義，及這些概念範疇在蕺山學的理論系統中有何作用及價值。

四、期能另開一條有別於前輩學者的研究詮釋系統，提供另一種向度的思考，期能將蕺山學如實的呈顯，並期能使蕺山學的研究能有更進一層或不同看法的研究成果。

以上所述乃本論文預期的研究成果與價值之所在。

第二章　文獻探討

　　於本章中筆者將以「研著專著」、「學位論文」、「單篇論文」爲敘述主軸，於「研著專著」此一分節中將分「臺灣部分」與「大陸部分」二小部，以呈顯目前學界的研究成果。之所以如此分，實基於臺灣學者與大陸學者對於蕺山學的關注重點與看法、定位頗有不同，爲了能於較短的時間之內有系統的明瞭呈顯學界研究狀況，是以做如是的分類。需說明的是由於研究蕺山學之學者眾多，是以本文敘述之時必有所取捨，下列各小分節所擇定的敘述對象其選取之標準是：一、學界之大家牛耳列敘之，二、所論述者其同質性較低者列敘之，三、雖論述或欲解決之對象問題相同，但其方法、進路、成果看法卻頗具有特色者亦列敘之。以下筆者將依照所預訂的進路敘述之。

第一節　研究專著

一、臺灣部分

（一）唐君毅先生的研究

　　唐君毅先生對於蕺山思想之研究，主要集中在於《中國哲學原論・原性篇》、《中國哲學原論・原教篇》與《哲學論集》等書中。唐先生對於蕺山學的研究，其主要論點乃依黃梨洲之說。依梨洲之說，蕺山之學似是「以理爲氣，理是氣之理」。而唐君毅先生則認爲蕺山所言之喜怒哀樂、春夏秋冬，乃是「心之存在的流行，或流行的存在」，表示心之存在乃以喜怒哀樂流行之方式存在，然而心之存在之所以會從喜怒哀樂上說，乃是借喜怒哀樂之名，以

表「心於意念未起時，情已存在」，情非爲意念起後方有之，此情乃爲先於經驗而存在之情。如依唐先生之言，蕺山這樣的說法其理論義意在於「情」之存在乃從「先天性之存在」言，情非意念動後而起之「後天性存在」。情爲先天本有非後天經驗所產生，如此一來，「情」於心中便爲本有，既爲本有，則無法除之，情不再是工夫論中欲去之對象，如此「情」之地位便被提昇至爲人之本質之位階，這是蕺山之學有異於宋明儒之常說處。筆者同意唐君毅先生以喜怒哀樂是先驗之存有這樣的說法，但筆者認爲「喜怒哀樂」四者於蕺山處並非是四情，而是已上提爲「性」，成爲四德，此點是筆者與唐君毅先生看法不同之處。關於此點之論證，請容後再論之。

復次，唐君毅先生認爲，蕺山言性，雖不以義理之性與氣質之性爲二，然並未忽視此二者之別，唐先生認爲蕺山之所以說性爲氣質之性，蕺山之意乃在說明此性之「無時不能自呈用，於變化氣質之偏蔽，以成一元氣之周流之中。」

又唐君毅先生亦認爲蕺山之學雖以「誠意」爲主旨，然蕺山所言之「意」，並不同於陽明所言之「意念」之「意」，是以蕺山所言之「意」乃是是心之所存主，是使心之天情能運轉不停，周流不息，此意皆能定向於善而無移，有如心之定盤針。蕺山以心之主宰言意，此種說法唐君毅先生認爲，蕺山並非爲第一人，於蕺山前之江右王門的王塘南與泰州學派王一庵實已有相類似之說法。蕺山以「意」爲心之主宰，認爲「意蘊於心，非心之所發」，又言「知藏於意，非意之所起」，唐先生認爲，此即表示此意即吾人之自然表現的知愛知敬之善之「知」之所依，亦吾人之知善念知惡念之「知」之所依。蕺山於「良知說」中，謂知善知惡之知，與知愛知敬之知不同，認爲知愛知敬，是知在愛敬中，而知善知惡，是知在善惡之外，此即對陽明所說之知有所批評，對此唐先生認爲，人之知愛知敬，愛敬發乎自然，亦人之自然之定向乎善之事。在此知愛知敬之中，此知隨愛敬而起，而知即在此愛敬之中；愛敬純是善的，故此知亦只是善而無不善，此知亦即同於惻隱恭敬之心之情之自身中之自知。至於在知善知惡之知中，則此知初在善惡之外，乃一面知善，一面知惡，而同時好善惡惡者。換言之，蕺山之進於陽明，即在言此好善惡惡，乃依於此良知中之意，而爲「覺有主」之主。此意之一面好善，一面惡惡，乃好必於善，惡必於惡。

於《原教篇》論蕺山處，唐先生對此問題有所說明，其言之曰：「人聞其

四句教而只重下三句者，則或將終日盤桓于善惡念之戡驗，即必至如袁了凡之爲功過格，以終日自數其功過而後已。此即有使人落入其一身之善惡計較之功利主義之失。吾人尤不可說吾人之意念行爲之善者，皆必由而成。人固有自然表現，不待安排，而自善之意念行爲。此亦恒更足珍貴。孩提之愛親敬長是知，其愛敬相續，則亦有意之主乎其中。」「而其事則純善而無惡，不待於去惡而後就。則良知之表現流行，亦非兼待于知善與知惡、好善與惡惡而後有。亦不可說知善惡、好善惡惡，爲唯一致良知以學聖之工夫所當在，亦明矣。」〔註1〕我們認爲唐君毅先生此說確可道出蕺山學之異於陽明處，蕺山確實不滿陽明之在有善惡念頭生起後，作知善知惡、爲善去惡的工夫，認爲此知是落於後著。而要在善惡念未起時，作一持守著好善惡惡之意的愼獨誠意之工夫，此則應是爲根本、更是先在的工夫。

　　關於蕺山所言之性，唐先生認爲「此理、此性非他，即此心之始之向終，終則有始之理，此心之由元而亨而利而貞之理，亦如四時之春去夏來秋復冬，即天之四時之理也。理非他，承先之氣以啓後之氣，即理。性非他，承此心之先之純情，以啓其後之純情，即性。所謂心者，即統此理氣性情而言之者也。」〔註2〕如此理解，則性理及情、氣，俱攝於心，而爲心體自己，以心之未與物接，純情純氣之流行時爲性，此並不重性體之作爲一切存在之根據之客觀實有義。唐先生又說：「在此心之一無特定意念之發、至寂至虛之際，即有此性情、理氣見于此心之純情自感之中。人能存得此，便存得此心之內在的純情自感之周流以成和，亦存得貫于此『周流』之『中』。此『中』即『意』。而存得此內在之中和，亦即眞實化此『中』之誠意之學也。」〔註3〕依唐君毅先生所言則言蕺山所言之性情是先驗之存有非爲經驗之存有。於此筆者對於唐君毅先生所言只能同意一半，此即是筆者認爲蕺山之學，「性」是先驗之存有，而「情」非爲先驗之存有，蓋情是性之變而來者。以上所言者乃爲唐君毅先生對於蕺山學之研究。

（二）牟宗三先生之研究

　　牟宗三先生對於蕺山之學的研究主要乃著重於思想這一面向，關於蕺山

〔註1〕　見唐君毅《中國哲學原論・原教篇》，臺北臺灣學生書局，1984 年 2 月全集校訂版，頁 476。以下凡引是書之文皆依此版本，爲省篇幅謹標出作者、書名、頁數。

〔註2〕　見唐君毅《中國哲學原論・原教篇》，頁 479。

〔註3〕　同前註，頁 479。

學於宋明儒學思潮中之定位，牟先生有獨到之見解。牟先生認爲劉蕺山之學並不能簡單劃歸於「心學」之系統，牟宗三先生認爲蕺山之學當與南宋的胡五峰屬同一脈胳，其特徵是「以心著性」。與陸王心學是一圓圈的兩個往來。〔註4〕牟先生此說實乃就蕺山學義理之形式言之。牟宗三先生，並以「歸顯於密」來總提蕺山學之旨，並對蕺山所言之「心」與「性」之意義，以及蕺山「誠意」之學，皆有深入之析論。牟先生認爲蕺山所言之「愼獨」，提出了獨特之看法，牟宗三先生認爲蕺山學之「愼獨」，有「心宗之愼獨」與「性宗之愼獨」之不同。〔註5〕

〔註4〕 牟先生「以心著性」之說，讀者可參看《從陸象山到劉蕺山》，頁489～494。牟宗三先生云：蕺山與胡五峰爲同一義理間架，此蓋承「宋初三家之由《中庸》、《易經》回歸于《論》、《孟》」而來者。此一承之而來及必然者，先由《中庸》、《易傳》、回歸于《論》、《孟》（回歸至明道而圓），故繼之必有以《論》、《孟》來形著《中庸》與《易傳》者。胡五峰是南宋初期直接承北宋三家而言形著者；劉蕺山則是經過陸、王之特尊《論》、《孟》，而由歸顯于密，再言此形著者。明儒講學恢復儒家，其所依據經典不過《論語》、《孟子》、《中庸》、《易傳》，與《大學》。自北宋濂溪起，至明末最後一個理學家劉蕺山止，以九人（濂溪、橫渠、明道、伊川、五峰、朱子、象山、陽明、蕺山）爲支柱，其發展乃實是一息息相關有機之發展。其中伊川、朱子乃歧出者，以《大學》爲中心，不自覺走上「以知識之路講道德」之途徑，遂轉成橫攝系統，有類于西方所謂本質倫理，已非先秦儒家之縱貫系統矣。象山興起，特尊《論》、《孟》，先辨端緒之得失，乃將伊川、朱子之歧出扭轉過來，重見先秦儒家縱貫系統之舊。北宋前三家由《中庸》、《易傳》回歸于《論》、《孟》，亦是縱貫系統者，五峰、蕺山繼之，言以心著性，亦仍是縱貫系統者。故此一系可與陸、王合而爲一大系。必如此了解，則宋明儒之發展，雖如此其繁富，亦可瞭如指掌矣，而蕺山愼獨之學亦可得其定位矣。見牟宗三《從陸象山到劉蕺山》，台北臺灣學生書局，1993年3月再版3刷，頁457～458。

〔註5〕 先生說：「《大學》直就心體言誠意愼獨；而《中庸》之言愼獨，則既本乎『天命之謂性』，而又通乎致中和，天地位，萬物育。即，心體性體並舉。……而誠意之教則復就致良知之內而益內之，所謂歸顯密也。歸顯於密，就心體言，是使良知之應用有收然，此爲『內在之密』，就性體言，則由良知與意所見之心體直透於性體，而益見心體之幽邃遠，此爲『超越之密』。內在之密是內攝，超越之密是上提。內攝而上提，則永絕蕩肆之弊。此是蕺山之學於『存在的踐履』中之深造自得者。然內超越，通而一之，故云『性體即從心體中看出』。而工夫則在『愼獨』（等於誠意）。蕺山指出『獨』字是虛位。其所意指之『實』即性體心體也。……故曰：『從性體看來，則曰莫見莫顯。是思慮未起，鬼神莫知也。』此是超自覺而惟是『於穆』之不已。至隱至微，然亦至見而至顯，所謂『林然』也。性體在是，道即在是。故戒愼恐懼於不睹不聞而愼其『獨』也。此獨字指性體言。……是即性體之愼獨工夫必落在上說。故《大學》言誠意愼獨直就心體而言也。於心體處何以言愼獨？曰：就意之『毋自欺』而

　　牟先生認爲蕺山爲了救挽王學末流之流弊——「流於情識」與「蕩於虛玄」之弊，因之有「歸顯於密」之說，將「良知」以「愼獨之學」收攝之。此處所謂「密」乃指愼獨之「獨」。言及「愼獨」，牟宗三先生認爲蕺山之說有「心宗」及「性宗」之不同，《大學》從「意」言「愼獨」，此乃「心宗之愼獨」。蕺山此處將「意」、「念」嚴分，以「意」是「心」之所「存」，非心之所「發」、「念」方是心之所發。蕺山認爲，「意」是心之主宰，是「深根」，因其淵然而有定向，定然必向於善，是以此「意」即是道德實踐之基礎。

　　復次，此「意」雖爲深根，但實仍存於心之覺之層次上，雖是內在，卻是存於有所限制之狀態中，即「囿於形」；因此唯有從性體上言此「意」言此「深根」，方能超越此限制，方能成爲一普遍絕對者。因之，蕺山以「歸顯於密」之法，將此「意」一層層的往內往裏收，以挽救王學未流之弊。此外，因「性體」乃爲形上之超越者，是無具體形象者，吾人如欲掌握此形上之性體，需就心上下工夫，以心將客觀而形式地說的性體具體化，此所謂「以心著性」。最後心性亦可合一。牟先生認爲以「誠意」爲蕺山學的主旨，是不足以表示蕺山學之特色，唯有從「性宗」、「心宗」以說「愼獨」，性體之義需從心中看出，此方爲蕺山學的精義所在。牟先生此一說法，是歷來研究蕺山學所未曾道及者。〔註6〕蕺山學此一特質，牟先生認爲可能連蕺山自己亦未必對他自己這一說法的特殊意義有充分的自覺。〔註7〕此乃牟先對於蕺山學之研究成果。

　　言也。……其好善誠，如好好色。其惡惡之誠，如惡惡臭。故此好善惡惡之意是超越的，絕對的。此由心體以彰著性體也。性體是『森然』，故令人戒懼，而愼其獨；心體之意是不能自欺，所謂十目十手，其嚴乎，故令人戒，而愼其獨。……此是自覺而不自欺之境界。自覺是心通過意知而即以其自己爲對象。此用黑格爾之術語言之，則爲『對其自己』……而性體處之森然，則爲『在其自己』也。在其自己是『存有原理』表示性體之『存有』；對其自己是『實現原理』，表示性體上之通過心覺而呈現，而實現。(此即蕺山所謂『性體即從心體中看出』)。此兩者之綜合。即內在而超越之通於一，心體性體之通於一，則爲『在而對其自己』。此必須在備存在的主觀踐履中而證悟澈悟到。然雖通於一，而性體則總通過而恆自保持其幽邃深遠義，超越義。」詳見《自由學人》第一卷第三期，頁11，先生此說實已分別將「性宗」與「心宗」的意義詮釋清楚。

〔註6〕例如在前述我們知道，唐君毅先生對蕺山學之定位，便主張蕺山之學乃是心學，唐君毅並不重視「性宗」之說於蕺山學中的獨立意義。

〔註7〕牟先生說：「吾甚至懷疑：即劉蕺山本人亦只是如此言之而已，亦未必能自覺到其所言之形著義之在系統上獨特。」見《心體與性體》，第二冊，頁512。

（三）勞思光先生之研究

勞思光生認為蕺山之學最大之特色乃在合「道與器」、「理與氣」、「道心與人心」等等對別概念而為一，此即所謂之「合一觀」。〔註8〕基本上，勞先生之研究亦植基於黃宗羲之說，亦即勞思光先生對於蕺山學之研究乃根植於黃宗羲所述之四項蕺山學特色，即「靜存之外無動察」、「意為心之所存，非所發」、「已發未發以表裏對待言，不以前後際言」、「太極為萬物之總名」等四者。勞思光先生並以敘述蕺山之思想歷程，並予以析論及評定蕺山之思想，分別論述了蕺山之「中年工夫理論（慎獨與存養省察）」、「良知」、「誠意」之說、以及蕺山對「中和」、「性情」之觀點。勞先生認為蕺山之學乃始於其工夫論，終於其合一觀；中間則通過對「良知」、「誠意」之體會。而當誠意之說立，視「意」為獨體，其合一觀亦即逐步形成。〔註9〕勞思光光先生所言之「合一觀」，我們認為即是理解近於唐先生之說，蓋勞思光先生所謂的「合一」乃指統于一，即統於一心，亦即認為蕺山「將天地萬物收歸於一心」，〔註10〕認為蕺山所言之性理「亦只是心之理」。此乃勞思光先生對於蕺山學之研究成果與看法。

二、大陸部分

（一）侯外廬先生的研究

侯外廬先生於其所主編之《宋明理學史》下卷，指出劉宗周之「氣本論」於理論上之特殊處，並言此「氣本論」與屬於「心本論」範疇之「慎獨」、「誠敬」主張有所矛盾。

復次，侯外廬先生認為蕺山的「有父子而後有仁之名，有君臣而後有義之名，推之禮智信皆然」的「道不離器」觀點，「道在於器數，其通變在於事物」的「道不離器」觀點，乃是上承葉適的「道在於器數，其通變在於事物」的「道在事中」的觀點，而又比王船山的「天下唯器」、「道在器中」的道器論略早些。要之，蕺山之氣本論中的道器論、理氣論，侯先生認為其乃受到張載、葉適的啟發。

〔註8〕 請參見勞思光先生《新編中國哲學史》（三下），台北三民書局1992年9月增訂七版頁567、602。以下凡引是書之文皆依此版本，為省篇幅於下文僅註作者、書名、頁數。

〔註9〕 請參見勞思光先生《新編中國哲學史》（三下），頁567～575。

〔註10〕 同前註，頁602～604。

　　其次，侯外廬先生又引劉宗周於《曾子章句》所說之「愚按〈天圓〉一篇，與《易》道相發明，其《中庸》、《太極圖說》、《正蒙》之祖與！」來說明蕺山對《曾子天圓》的重視。侯外廬先生並認為劉宗周以陰陽之精氣為人之生命以及人的道德倫理意識所以能產生的根源，據蕺山之說乃是受《禮記‧曾子天圓》以陰陽之氣為天地萬物之本源說的啟發。然侯氏認為以「精氣」或「氣」用以說明人的生命和精神活動所以產生者，乃是宋尹學派與荀子所主張的，至於《曾子天圓》是否有蕺山所述之意？實值商榷。侯先生並認為蕺山有時又把「精氣」稱為「神」和「靈」，這不僅是把「神」作為「品物之本」，同時也把人類社會的善惡治亂看作「神」（精氣所具有的運動變化功能）的作用。

　　侯先生又認為劉宗周以太極、陰陽只是一個，都是原始物質的氣的說法，是出自〈學言〉：「一奇即太極之象，因而偶之，即陰陽兩儀之象。」其中的「一奇」是「奇數的一」，乃王充元氣論中所說的「元氣未分，混沌為一」的意思。「因而偶之，即陰陽兩儀之象」，則同漢末之王充，唐末「無能子」，以混沌元氣生成宇宙天地的描述之思想。亦即侯先生認為蕺山的氣論思想實是繼承了唐以前唯物主義思想家之氣論思想。〔註11〕綜觀侯先生之研究，主要乃在於蕺山之形上學之義理形態根源的辨析。

（二）陳來先生之研究

　　關於蕺山學之研究，陳來先生於《宋明理學》〔註12〕一書中探討了蕺山學之「意念」、「誠意」、「慎獨」、「四德與七情」、「人心與道心」、「氣質與義理之性」、「心性關係」、「性情」、「格物窮理」之說。〔註13〕

　　復次，陳來認為蕺山將《中庸》所言之「喜怒哀樂」「四德」與《禮記‧樂記》「喜怒哀懼愛惡欲」七情區別開來，是蕺山慎獨說很重要的見解。陳先生認為蕺山以「氣序」的觀點解釋「喜怒哀樂」，因此「喜怒哀樂之未發」是指本體的本然、自然與必然之狀態，「已發」則指「喜怒哀樂」之「發」，必是氣化運動秩序的範疇中。「喜怒哀懼愛惡欲」等七情，是「喜怒哀樂」四氣

〔註11〕需說明的是侯先生亦認為，蕺山的氣論是尊循張載的「太虛無形，氣之本體」之觀點，並將張載「虛生氣」、「無生有」之說法改言為「虛即氣」、「無即有」的辯證關係，亦即一般所謂「由無到有」或「由有到無」，不過是氣的聚散，由一種形態變化到另一種形態。

〔註12〕見陳來《宋明理學》，遼寧教育出版社 1997 年 4 月 1 版 4 刷，於本文中凡引是書之文皆依此版本，為省篇幅於後文出現時僅註明作者、書名、頁數。

〔註13〕參見陳來《宋明理學》，頁 398～421。

作用後方有。因之它是「性情之變」、「離乎天而出乎人」。而人工夫之用力處即在此。陳來先生指出蕺山所言之「喜怒哀樂」乃指一氣之流行，是繼承朱子「心體流行」的說法。陳來先生此說是不同於大多數大陸學者的說法，蓋依大陸學者普遍之說法是將氣看作是物質性的。

復次，陳來先生認為，蕺山學與泰州學派的學說有密切的關系。陳先生認為蕺山肯定王艮的「淮南格物」說，即表示蕺山對王艮的思想頗為熟悉。陳來依據《明儒學案》卷三二王棟對「意」的看法，更進而指出王棟「意為心之主宰，有定向而中涵」，是劉宗周誠意說的先導，認為王棟與蕺山之間有明顯的繼承之關係。陳先生亦認為蕺山所強調「意」與羅汝芳所言之「精神」也有一定的關聯。〔註14〕於此吾人可知陳來先生的研究是著重於哲學觀念的分析。

第二節　學位論文

關於蕺山學之研究，海峽兩岸目前共約有 13 篇論文，研究之風不可謂不盛，今試略述諸前輩之作，說明其研究成果。

一、臺灣部分

（一）詹海雲先生的研究

詹海雲先生之《劉蕺山的生平及其學術思想》〔註 15〕一文之研究成果，主要乃在於對蕺山生平及著述之繫年，蕺山思想之發展，蕺山弟子的人物考證，蕺山著述的流傳存佚等，都加以詳細的考訂敘述，筆者認為此作最大之貢獻乃在可作為研究蕺山各種問題之參考入門資料用。

（二）劉哲浩先生之研究

劉哲浩先生於所撰之《劉蕺山理學思想研究 —— 以性善、主靜、慎獨說為主》〔註 16〕一文中其主要目在討論蕺山的三個概念，其基本立場是贊同陽明而貶抑蕺山。如劉氏於探討蕺山「性善」論與評「無善無惡」論時，認為陽明四句教上心體之「無善無惡」即是「至善」的，而此「無善無惡」即「至

〔註14〕參見陳來《宋明理學》，頁 420～421。
〔註15〕詹海雲《劉蕺山的生平及其學術思想》，臺灣大學中文研究所碩士論文，1979年 6 月。
〔註16〕劉哲浩《劉蕺山理學思想研究 —— 以性善、主靜、慎獨說為主》，政治大學中文所碩士論文，1981 年 6 月。

善」是超越「有」「無」「善」「惡」對待相之絕對至善的。然蕺山所言之「善」乃是將相對之「善」與虛無之「無」相結合，非是眞正的「至善」。此乃蕺山最主要之病根。〔註17〕

　　觀劉氏之文所論解之陽明「無善無惡說」言之頗成理。於劉氏所引述之蕺山無善無惡之論，筆者認爲蕺山這些言論並非全在同一層次上，劉君則將之全用以證明蕺山主張相對之「善」、虛無的「無」，認爲蕺山所主之「善」與「無」之觀點與陽明不同，筆者認爲這是有待商榷的。〔註18〕

（三）曾錦坤先生之研究

　　曾錦坤先生所撰之《劉蕺山思想研究》論文〔註19〕其理論背景乃是以宋明理學論型態的架構討論蕺山思想。〔註20〕曾氏探討了蕺山之「誠意說」並

〔註17〕同前註，頁91～92。

〔註18〕如蕺山言：「無知之知，不慮而知，無能之能，不學而能，是之謂無善之善。」（〈人極圖說〉）「心體渾然至善，以其氣而言，謂之虛，以其理而言，謂之無。至虛故能含萬象，至無故能造萬有。」（〈學言中〉）觀蕺山之意似爲：心體是至虛至善至無的（不礙本性上的至善），但相對的善卻可不斷地流出。而這和劉君理解的陽明無善無惡說似無不同，也看不出爲「僞善」與「虛無空寂」之病。

〔註19〕參見曾錦坤《劉蕺山思想研究》，臺灣師範大學國文研究所碩士論文，1983年5月；又見《國立臺灣師範大學國文研究所集刊》第28集，1984年6月，頁539～643。

〔註20〕依牟宗三先生之說，宋明儒學之理論發展當分爲三系，（一）、五峰蕺山系：此系由濂溪、橫渠而至明道之圓教模型（一本義）而開出。此系客觀地講性體，以《中庸》、《易傳》爲主，主觀地講心體，以《論》《孟》爲主。特提出「以心著性」義以明心性所以爲一之實以及一本圓教所以爲圓之實。于工夫則重「逆覺體證」。（二）象山陽明系：此系不順「由《中庸》《易傳》回歸于《論》《孟》」之路走，而是以《論》《孟》攝《易》《庸》而以《論》《孟》爲主者。此系只是一心之朗現，一心之申展，一心之遍潤；于工夫，亦是以「逆覺體證」爲主者。（三）、伊川朱子系：此系是以《中庸》《易傳》與《大學》合，而以《大學》爲主。不《中庸》《易傳》所之道體性體，只收縮提練而爲一本體論的存有，即「只存有而不活動」之理，不孔子之仁亦只視爲理，于孟子之本心則轉爲實然的心氣之心，因此，于工夫特重後天之涵養（「涵養須用敬」）以及格物致知之認知的橫攝（「進學則在致知」），總之是心靜理明，工夫的落實處全格物致知，此大體是「順取之路」。以上（一）、（二）兩系以《論》《孟》《易》《庸》爲標準，可會通而爲一大系，當視爲一圓圈之兩來往：自《論》、《孟》滲透至《易》、《庸》，圓滿起來，是一圓圈，自《易》《庸》回歸于《論》、《孟》仍是此同一圓圈，故可會通爲一大系。「此一大系吾名曰縱貫系統。伊川朱子所成者吾名曰橫攝系統。故終于是兩系。前者是宋明儒之大宗，亦合先秦儒家之古義；後者是旁枝，乃另開一傳統者。」參見牟

將之與其他儒者之「誠意」論相比較，曾氏並指出蕺山學之缺失處，例如「以自己的理氣不離說批評朱子的理氣不雜說」、「對陽明學說誤解」。此外曾君於論文中列舉出「心宗」、「性宗」之分，立「顯教與密教」一小節綜觀全文，曾氏之文可以說是根據《心體與性體》一書之說法為論文之理論背景。〔註21〕

（四）王俊彥先生之研究

王俊彥先生所撰《劉蕺山之成學經過》〔註22〕共分三篇：一為背景篇、二為師友篇、三為成學經過篇。師友篇分早年時期、中年時期、晚年時期。凡蕺山交往師友均搜集資料作成小傳，頗便參考。成學經過篇則按照劉汋《年譜》早年主敬、中年慎獨、晚年誠意來敘述。按，主敬工夫沿自程朱，蕺山早年思想的材料不多，因此研究者或者完全忽略，或者略著數語而已。王俊彥所彙集蕺山早年師友切磋，及蕺山有關於敬的言論，如加以分析，當可補其他研究者的不足。

（五）杜保瑞先生之研究

杜保瑞《劉蕺山的工夫理論與形上思想》〔註23〕一文，有完整的本體理論體系配合者，包括主靜立人極、慎獨、誠意三項。杜先生認為蕺山這三套工夫理論皆各有一套前人理論做為論基礎，其中「主靜立人極」之理論基礎乃植基於周濂溪；〔註24〕「慎獨」說之理論基礎乃植基於《中庸》、《大學》；及「誠意」說之理論乃植基於《大學》及朱子、陽明對《大學》思想之理解。杜先生認為就蕺山思想的發展過程而言，「主靜立人極」可說的是繼承的，而「慎獨」之說在時序上幾與主靜立人極同出，蕺山並對前人之說有所發揮。至於「誠意」，杜先生亦認為蕺山也是有所發揮，此說之提出當是在慎獨理論體系幾已發揮盡致之後才開始建立的。此乃杜先認為蕺山功夫理論在哲學史上的意義。杜先生認為在晚明儒學風氣中，士大夫行徑流於情識、浮蕩，而

宗三《心體與性體》第一冊，頁49。

〔註21〕請參見曾錦坤之《劉蕺山思想研究》，臺灣師範大學國文研究所碩士論文，1983年年5月；又見《國立臺灣師範大學國文研究所集刊》第28集，1984年6月，頁539〜643。

〔註22〕王俊彥《劉蕺山之成學經過》，文化大學中研所碩士論文，1984年6月。

〔註23〕杜保瑞《劉蕺山的功夫理論與形上思想》，臺灣大學哲學所碩士論文，1989年6月。

〔註24〕於杜保瑞之前，古清美先生於〈劉蕺山對周濂溪誠體思想的闡發及其慎獨之學〉一文，便已指出蕺山學以闡發周濂溪誠體思想，以救時代思想之弊。

儒學研究中的本體理論有虛玄之病，形上思想有支離之病，因之蕺山最先即依循濂溪主靜之工夫，以靜坐收歛爲修己之要，隨即發揮愼獨的功夫理論以謹凜獨體，使學者不於道德之踐履上流於情識與浮蕩。至晚年則更以朱子、陽明之說爲批評之要而建立誠意理論以避免論本體的虛玄之病。

　　此外杜先生認爲蕺山爲了避免晚明儒學支離之病，因此在形上思想的發揮中，以合一的形上形下世界觀及一元的氣化宇宙論，來避免形上思想的支離之病，並配合融貫的本體論以保證主靜立人極、愼獨、誠意三套功夫理論的有效性及一貫性。要之杜先生之研究主要貢獻乃在於說明了蕺山形上思想與工夫理論於哲學思想上理論意義，其及理論上之需求爲何。

（六）林炳文先生之研究

　　林炳文先生所撰之《劉蕺山的愼獨之學之研究》〔註25〕一文，其論「愼獨」之學亦分兩章討論。「性宗之愼獨」「心宗之愼獨」，其論述之結構，基本上與余建中氏之作相同。林炳文和余建中氏的論文皆是以牟先生的說法爲理論背景。〔註26〕

（七）徐成俊先生之研究

　　徐成俊先生所撰之《劉蕺山愼獨說及其道德形上學基礎之研究》〔註27〕一文，主要乃以蕺山晚年思想爲主題，從宇宙本體論開始討論。關於工夫，則著重在於蕺山與先儒間的異處做比較，以襯托蕺山學之特色。徐氏認爲蕺山之宇宙本體論乃受濂溪與橫渠之影響。由其是橫渠，其影響了蕺山氣化與神之概念，〔註28〕徐氏認爲蕺山之氣化一元論，是一氣開二門。一爲陰陽之物性的氣，另爲一陰一陽之謂道的氣之神性言，亦即一氣中含有物性與精神性，彼此互存互通。〔註29〕徐氏以神的概念說明關於蕺山之理氣關係。徐氏認爲蕺山所言之：「是有氣方是有理，但既有是理，則此理尊而無一，遂足以爲氣之主宰。」因理乃後於氣又爲氣之主宰，因之理實是氣之神性主宰，是

〔註25〕見林炳文《劉蕺山的愼獨之學研究》，文化大學哲學所碩士論文，1990年6月。

〔註26〕同前註。

〔註27〕徐成俊《劉蕺山愼獨說及其道德形上學基礎之研究》，臺灣大學哲學所碩士論文，1990年5月。

〔註28〕徐氏曰：「蕺山承繼張載之神化觀，妙契于周濂溪的誠幾神之微言大義，而終究入於易傳窮神知化的原義，亦間接的窺見朱子未善解神的謬處。」同前註，頁26。

〔註29〕同前註，頁25。

氣之物性。嚴格說，理不是主宰義而是氣內在神妙主動而自發處，在氣本身自我實現過程中見之。〔註30〕其實蕺山之意，理氣有上下乃無先後，且理乃氣之宰。是以徐氏言理乃後於氣，理不是主宰義，不知其所據爲何。

　　復次徐氏又論蕺山功夫與修養的特色，徐氏認爲蕺山的工夫論也是由實入虛。他說：「蕺山早年恪守整齊嚴肅、隨處謹凜、主一無適等主敬功夫而趨，晚年以獨、意之主體義來打破敬功夫之輔助義。其乃隨著易庸義理之圓熟，而將心之本體義轉移於愼獨之獨體上，誠意說茲時亦發展而發揮意爲心本說之精髓，終乃脫於朱王而上溯於周子思路，是以主靜立人極爲其學宗。」（頁73～74）其實如徐氏之說，若蕺山將心之本體轉移於愼獨之獨體上獨體，此獨體亦爲實而非虛，蓋獨體乃爲意根之最深處，是最密處。如言由顯歸密則可，言由實入虛，不知徐氏所據爲何。

（八）余建中先生之研究

　　余建中所撰之《劉蕺山哲學研究》〔註31〕一文，乃是建立在唐君毅先生、牟宗三先生、勞思光先生之研究上，針對三先生之研究結果之差異，提出了疑問。余氏之懷疑是，蕺山學術之歸結究竟是如牟宗三先生所言之「心宗」、「性宗」並建？或者是如勞思光所言之「統於一心」？余先生這個說法，乃是要在牟宗三先生與勞思光先生、唐君毅先生的不同理解中求得眞解。余氏根據〈學言下〉：「中庸之愼獨與大學之愼獨不同。中庸從不睹不聞說來，大學從意根上說來。」而分不同的兩章來論（「從性宗說愼獨——愼獨說」與「由心宗說愼獨而立誠意之學」）。余君把蕺山晚年的誠意看成心宗下的愼獨，然而卻指出，心尊性更尊。性因心而見，然而性體是既內在又超越，認爲「性體」不會因此而如同勞先生之所言之「收攝於一心」。余建中認爲蕺山爲了堵住王學流弊，以「歸顯於密」，將良知收歸於奧體或性體，使良知有形上奧體之根據。因此必得心宗性宗分設，雖然心性合一，而性天下不失其尊。是知余氏亦以牟先生之說爲指歸，而其研究之範圍主要是蕺山之「愼獨」學說。

（九）曾文瑩先生之研究

　　曾文瑩所撰之《劉蕺山心性學研究》〔註32〕一文，亦認爲蕺山之「心性之學」亦爲「性宗」、「心宗」並建，然而其對「性宗」、「心宗」所以並建之因，

〔註30〕同前註，頁42～43。
〔註31〕請參見余建中《劉蕺山哲學研究》，中央大學哲學所碩士論文，1993年5月。
〔註32〕曾文瑩《劉蕺山心性學研究》，中央大學中文所碩士論文，1996年6月。

提出了一己之見。其言曰：「既然蕺山已經以『獨』爲天命之性，亦即吾人超越的根據，然而他爲何又提出個『意』來，以之特指心宗之獨，並且論說得如此詳細呢？首先，蕺山在言『後天之易』時，已經說明從人的主體來說超越性的重要：一則性體『不睹不聞』，必須透過囿於形的道德行爲方能具體呈現，二則就人的道德活動而言，吾人亦只能從心體之獨去體察眞生命之源，證得性體之善。」〔註33〕又曰：「我們說蕺山繼承儒家一貫爲學的態度，將關懷的重心放在人的身上，用人的義理性去擺脫形軀私欲的牽絆，因此他說性、說心或者說天命，重點都在闡明人有超越的根據，而此根據有其莊嚴，不可隨便更易的客觀意義，於是這些論說終究要回到人的身上，對人的道德實踐有所說明，以人的道德實踐加以檢證方才完整而完全，這也就是蕺山分開言心宗性宗，而後又極言『道心即在人心中看出』『心性一而二，二而一』的原因。」〔註34〕曾氏之論其理論之基礎，我們認爲亦是植基於牟先生之論上。只是曾氏此文有一貢獻，即是其較牟先生更深入一層的追問，「心宗」「性宗」並立之理論需求爲何，進而指出人的道德實踐所以完成根據，並彰顯出後天工夫的重要。

（十）袁光儀先生之研究

袁光儀先生所之《晚明之儒家道德哲學與世俗道德範例研究 —— 劉蕺山人譜與了凡四訓、菜根譚之比較》〔註35〕一文，其主要之問題乃是爲探究儒家道德哲學與世俗道德的關聯及差異，而選擇了從蕺山之《人譜》與《了凡四訓》、《菜根譚》等三部具體著作入手，比較了三者間道德觀之差異。

（十一）孫中曾先生之研究

孫中曾先生所撰之《劉宗周的道德世界 —— 從經世、道德命題到道德內省的實踐歷程》〔註36〕一文，其主要乃以蕺山之生命歷程去討論蕺山的道德思想與實踐，其文引用了大量的歷史材料及其分析來襯托說明蕺山所處的情境，並對道德和經世思想衍生出的極其眾多複雜的問題作了許多解析。是書中探討了蕺山的禮思想，東林運動，蕺山之道德思想與思潮與道德世界的完成。此文所欲達成之目標據孫中曾所言乃是「面對的不是劉宗周的理論，而

〔註33〕 同前註，頁84。
〔註34〕 同前註，頁80～90。
〔註35〕 見袁光儀《晚明之儒家道德哲學與世俗道德範例研究 —— 劉蕺山人譜與了凡四訓、菜根譚之比較》，臺灣師範大學國文研究所碩士論文，1997年6月。
〔註36〕 孫中曾《劉蕺山的道德世界 —— 從經世、道德命題到道德內省的實踐歷程》，清華大學歷史研究所碩士論文，1993年5月。

是真實的劉宗周在人間世所面對的問題。」

二、大陸方面

於大陸方面有一九九五年四月，復旦大學東方朔（林宏星）有《劉蕺山哲學研究》之博士論文，此論文乃爲大陸第一本有關劉宗周的學位論文。此論文共分六章、分別論述了晚明儒學思想發展、蕺山之生平，爲學方向、學術性格、蕺山思想之發展、蕺山哲學之定位、理氣論、心性論、誠意論、慎獨論等等，觀其所述，可知其研究重點乃在於思想義理。是文之另一特點即是其對蕺山學之定位與牟宗三先生之定位不同，東方先生並根據原典辨明王陽明與劉宗周之間的關係。

第三節　單篇論文

關於蕺山學之研究，在單篇論文上，可說頗爲豐富，是以本文僅擇目前學界較具代表性之文章其研究成果分述如下：

一、林安梧先生之研究

林安梧先生於所著之〈論劉蕺山哲學中「善之意向性」──以「答董標心意十問」爲核心的疏解與展開〉〔註37〕一文中，認爲蕺山所言之「意」乃爲一純粹的意識活動，爲具體而真實的意向。意不是虛括之體，而意之爲心體，指的是原先的體段、體貌或體態。筆者認爲林安梧先生此說可謂頗具創意。林先生之所以認爲「意爲一純粹意識之活動」，僅爲一具真實之意向，意所指者是心體之原先體段、體態，而非爲本體，實乃因林先生有一論釋理論框架，即林先生乃以現象學之方法爲操作方法。然而此種方法是否恰當於蕺山學之性質，則值得考慮。蓋依蕺山之言，意乃爲意根獨體，是人之心體、性體、奧體，是人之所以爲人之本體，是本體，雖非虛括之體，而爲一實體，但絕非僅爲一意識活動，蓋意如僅爲一意識活動，則此意僅是本體之發用而非本體，若果如此則如何蕺山又言意爲獨體？蕺山言此意有方向性（必然向善），所欲言者乃指本體之本質是必然如此，是以可保住心之發用時必然趨向

〔註37〕請參見林安梧〈論劉蕺山哲學中「善之意向性」──以「答董標心意十問」爲核心的疏解與展開〉，《國立編譯館館刊》第 19 卷第 1 期，1990 年 6 月，頁 107～115。

善，故蕺山言意爲心之定盤針，因之意絕非僅爲一意識活動。

二、陳郁夫先生的研究

　　關於蕺山學，我的老師陳郁夫先生有〈劉蕺山與黃梨州對禪佛的批評〉〔註38〕一文，此文可說是學界中最早研究蕺山的禪佛觀。郁夫師於論述蕺山之學說，是以蕺山之人生觀爲入手處，來彰顯蕺山思想中的儒釋之別。郁夫師於論黃梨州處，則依據《明儒學案》之《破邪論》、《孟子師說》等文之觀點，以「佛氏未見性理」來探討黃梨洲的禪佛觀。此爲郁夫師對於蕺山學的研究。

三、古清美先生的研究

　　古清美先生於〈蕺山學的儒釋之辨〉一文中指出蕺山較早時企圖藉由陽明良知，將混雜儒佛的學者再度引入聖賢學。至晚年，蕺山則轉變爲致力闡揚「誠意」、「愼獨」之說。蕺山常借助佛學理論來闡釋儒家的聖賢之學，包括眞妄之辨，覺識之說，並撰有一種被指爲類似佛教懺悔的〈訟過法〉。古先生復又由人生觀上，分虛實之辨、生死與生生、道德倫理的實踐原則，來說明闡述蕺山對儒釋之分辨。

四、王汎森先生的研究

　　王汎森先生的幾篇論文，其重點乃是關於蕺山學成立之背景，其爲文分別從思想、學術活動、學術團體、學術風氣等層面來考察明末清初之學由理學向經學之因，如〈心即理說的動搖與明末清初學風之轉變〉一文，即由王門心學內部之間的流傳與轉變，來探討明末儒學由理學向經學轉變的過程。王氏依次敘述明中葉後，王門三個最重要支派：江右、浙中、泰州的幾位代表人物之主張──「重視經典」，以經典爲道德修養之客觀之標準，王氏於此已指出了明末儒學已有漸漸轉向客觀知識之趨勢。又王氏於〈明末清初的人譜與省過會〉一文，〔註39〕指出改過是王學重要的課題之一，其改過之入徑，約有兩種。一爲「省過會」之組織，此乃藉助會友之助、以明一己之過，

〔註38〕參見陳郁夫〈劉蕺山與黃梨洲對禪佛的批評〉，《師大國文學報》第 17 期，1988 年 6 月，頁 153～163。

〔註39〕參見王汎森〈明末清初的人譜與省過會〉，《中央研究院歷史語言所集刊》第 63 本第 3 分，1993 年 7 月，頁 679～712。

於知過後進而求改過。其二是道德踐履之工夫，不僅只從心性下手，並重視作為人行為外在規範的禮學，藉由禮學以約束一己之行為以成就一己之道德修養。明末學者認為，道德之踐履如果沒有客觀知識作為輔助，則此「理」亦為不實。〔註40〕道德修養除了仰賴自覺之外，亦依靠友朋之提點，及聖賢經傳禮制之規範，這便透露出道德修養之標準已漸漸由主觀之標準，加入客觀共認的標準，如蕺山《人譜》的條目重自省，《證人社約》的條目偏重外在行為，陳確省過會亦是綜合二者而更加嚴謹。要之王汎森先生對於蕺山學的研究觀點乃著重在學術史的考察。

五、李紀祥先生的研究

李紀祥〈清初浙東劉門的分化及劉學的解釋權之爭〉一文可說是關於蕺山學流傳著作，其文指出黃宗羲藉著其《明儒學案》及《子劉子行狀》的編纂，於傳達詮釋蕺山的學術、生平上，有力地影響後人。李先生研究之貢獻在恢復當時劉門弟子對劉學詮釋分歧的史實。李先生指出當時對劉學解釋分三派，黃宗羲、董瑒一派，祝淵、陳確一派，劉汋、惲日初一派。黃、劉二派的差別在是否堅持蕺山誠意之說，而陳確、祝淵則重視慎獨的實踐。李先生另一貢獻又指出蕺山之後，清初浙東宗劉者分為證人書院與姚江書院二大系，但姚江書院宗劉的史實被門戶嫌隙所掩沒，這系譜的傳承可由邵念魯一系列傳記文的寫作與編排而得到闡明。要之李先生之研究亦在於學術史上。

六、大陸方面的研究

劉宗周於大陸學界受到注意，起初是與下列三方面有關：（一）由黃宗羲、陳確上推研究劉宗周。黃宗羲是十七世紀開明思想學者，陳確是唯物主義思想家，他們二人都是劉宗周的學生，他們的思想與劉宗周究有何關連，此是研究項目之一；（二）劉宗周的「虛空即氣」思想與張載的氣論有何繼承關系，它又與明中葉以來的氣論有什麼聯繫，也是學者論述較多的問題；（三）劉宗周是總結宋明理學成分多，開啓明清之際的實學成分多，則是晚近較重視的問題。由此三點看來，劉宗周之受注意，是因他的氣論思想。

〔註40〕其實依儒學之義而言道德之理即為天命之性理，是實理，雖無客觀之知識亦不礙其為實理。明末儒者認為唯有客觀知識輔助道德實踐，方能保住其為實理，實乃為挽救晚明儒學流於虛玄之學風所必有之回應。筆者這樣的理解乃是植基於對於晚明學風之識認所產生之理解。

　　於一九八八年，在十一月二十的至二十四日由浙江省社會科學哲學研究所和浙省中國哲學史研究會合辦「劉宗周誕辰四一○周年學術討論會」，會中討論的焦點有三：（一）劉宗周思想的特點；（二）劉宗周學說與王學的關係；（三）劉宗周思想的歷史地位。基本上，確立了劉宗周研究之大綱目。〔註41〕然此次會議並未集印成書。自此之後在研究理學史、心性學、王學或浙東學術等著作中，開始有專章討論劉宗周的學說，此中值得注意的是錢明對劉宗周意的考察，楊國榮對劉宗周「志知之辯」正「意」的考鏡源流，蒙培元對劉宗周、陳確、黃宗義的心性情合一說的分析，陳來對劉宗周「慎獨」、「意念」、「四德與七情」的分疏，張豈之認為劉宗周是心學到實學的橋樑，以及浙江師院、杭州社科院從浙東學術考察劉宗周的學說影響。一九九二年，中國社科院衷爾鉅先生，將其一九八五年初稿再作修正，於一九九三年由山東教育出版社刊印為《蕺山學派哲學思想》，是大陸學者研究劉宗周的第一部專書。但此書名為蕺山學派，事實上是劉宗周及其弟子（張履祥、黃宗義、陳確）共同為主的蕺山學派專書，由於此書還涉及劉宗周以前的明代思想狀況，所以有人說，此書也可說是明代思想史之作。

　　此外中央研究院中國文哲研究所籌備處與大陸學者吳光合作點校《劉宗周全集》，則是大陸學者在劉宗周文獻上所作的最好成果。要之目前大陸學者之研究成果可約略概括下列三種方向：

（一）蕺山學與朱子、陽明學說間的關係比較研究

　　大陸學者認為從宇宙發生的本源上，劉氏是以氣本論反對朱子的「理本論」與陽明的「心本論」。但就理氣、心性、道器的輕重言，劉氏仍然認為「理重於氣」、「道心是人心的本心」，這點又與理學、心學一致。但劉宗周強調工夫只在慎獨、欲誠其意的觀點，則又屬於心學一脈。因此，他是近王遠朱。然而在工夫上，劉氏不「聞見」、強調誠敬的工夫，則又近於朱子，遠於王學的「偏內而遺外」。而由於劉宗周既有「氣本論」的宇宙觀，又有工夫在「心」上的傾向，所以，大陸學者認為此是劉宗周學說的二重性，也是造成他學說的矛盾原因，而此一矛盾的內涵特表現在面對解決現實問題的無力感上。所以，侯外廬、張豈之都認為劉宗周慎獨、誠意說的提出，固然與他本人仕宦經歷及所認知的社會危機（只在人心不誠不正）有關，也確實是從辛苦中得

〔註41〕參見鍾彩鈞主編《劉蕺山學術思想論集》，台北中央研究院中國文哲研究所籌備處，1998 年 5 月初版，頁 596。

出。但社會問題的產生與解決，須由社會現象中去分析，找答案，而不能用理想的道德尺度來要求人自發為善。因之他們一方面肯定劉宗周思想與人品的正面性，同時，也對他無能挽救明代的淪亡，指責心學的乏力。

（二）蕺山學說宗旨之研究

錢明則從王學主意說的形成與展開探討由陽明「以意為要」經王棟、王時槐的「意近於志」和「意為心之主」到劉宗周的「意為心本」、「意中有知」的發展變化，認為陽明強調「誠意的工夫」，王棟、王時槐則把「意等同於志」並以「意為心之所有」，劉宗周卻是以意為心之體，使意超然於心，成為宇宙的最高本體。所以，劉宗周的說法不是等同於王棟，而是使王學主意說更趨向成熟與完美。

楊國榮根據《一庵王先生遺集》：「蓋意字從心立，中間象形太極圈中的一點，以主宰乎其間，不著四邊，不賴倚靠，人心所以能應萬變而不失者，只緣立得這個主宰于心中。」（卷1）認為王棟「不賴倚靠」，與劉宗周「知藏於意」，「知為意之精神」，有高揚理性為出發點之意，把「意」重新置於理性的範導之下。總而言之，大陸學者對「意」的考察，不僅注意「意念之分」，同時也強調「知藏於意」（知對意的制約性）。

（三）蕺山學的流傳、影響與定位

劉宗周之後其學可分為三，一是傾向朱學的張履祥、惲仲昇，一是堅守師說，由性理學轉向經史的黃宗羲，一是欲黜《大學》還《禮記》，並從事葬俗改革的陳確。大陸學者多認為陳確繼承了劉宗周的「天理正從欲見」的思想。黃宗羲則發揚蕺山慎獨之學於紹興、甬上二證人書院，並特別繼承他的氣論觀點。張履祥則多談其追求治生為本的農學思想。惲仲昇則少有言及。衷爾矩《蕺山學派哲學思想》第十一、十二、十三、十八、十九章主要是介紹「蕺山學派的發展」，其內容大抵如上述。方祖猷〈黃宗羲與甬上弟子的學術分歧〉深入分析了蕺山學由復興而衰落的轉變過程，一受程朱理學、王畿後學、潘平格仁之學、李顒三物之說、六藝之學的影響。二是學風由性理道德的明道致用思潮轉為經史與質測的經世致用思潮的影響，因而蕺山學的「靜存」「返求諸心」思想不得不退位。基於以上所述，大陸學者認為劉宗周的氣論與心性論，甚至經學研究的提倡，對清初經史實學起了良好的影響，但他學說的定位畢竟還是在總結心學，對王學的補偏救弊上，是總結多於開新。

總而言之，大陸學者對於蕺山前後之學術關係頗為注意，亦留心蕺山之

著述、弟子，然對於蕺山學概念範疇、義理思想、理論體系之結構等較精微處則較爲不足。

　　由上面之陳述吾人可知，關於蕺山學之研究目前學術界之研究範疇，大多在於蕺山的生平、事蹟、及蕺山之「誠意」、「愼獨」之學說。而蕺山之「誠意」、「愼獨」之說，學者大都依著牟宗三先生所開出的研究規模爲論述架構，所獲得的研究成果與結論亦都不出牟宗三先生的看法。筆者於研讀蕺山全書之後，認爲牟先生對於蕺山學的論釋實頗具個人特色。

　　至於蕺山學中的「心性」思想、「理氣」思想、「已發」、「未發」、「中和」等重要範疇，目前則尚未能受到應有的重視。其中蕺山學學說中的「理氣」論則是目前學術界尚未有定論之處，然主要則分爲唯心與唯氣二種說法，筆者則有第三種說法，此將於後文中論述之。因著「理氣」關係所開展出來「心性」關係亦成爲尚待進一步討論之處。依前文所呈顯之學界研究成果來看，目前學界對於蕺山「心性論」的看法，亦分爲二種說法，一派是依於牟宗三之「以心著性說」，心性雖合一，然心性就根源上又各自爲主體即「心體」與「性體」，只是於人心上是合一言之。勞思光先生則認爲蕺山是將「心性」合而爲一以言之。筆者則認爲關於蕺山學學說的理論型態則是「一體兩言」之架構，「心、性」是一不是二，無合或不合一之問題，心性本就是一而分言之。關於此一部分，筆者將於下文中論證交待之。

　　而蕺山學頗具特色的「七情與四德說」、「意念之辨」、「過惡的形成」、「動靜」等學說，能給予關注與討論者則又少之，此實甚爲可惜。因之，研究蕺山學學者於此部分實可多加注意，其可發揮之空間頗大。

　　此外，關於蕺山學的理論型態，牟宗三先生是以「以心著性、歸顯於密」總結之，而勞思光先生則以「合一說」綜言之，筆者則有第三種看法，此將於後文中論述之。

第三章 蕺山之生平及其所面臨之時代問題

第一節 蕺山之生平

　　關於蕺山之生平因論著已多，本不擬再多所撰述，虛耗紙墨。然因語云「知人論世」，筆者亦認為蕺山的生平當有助於對於蕺山學之認識，因之於斯略加敘述。

　　劉宗周（1578～1645），字起東，浙江山陰（今浙江紹興縣）人，[註1] 初名憲章，宗周乃其字，於童子時試，因納卷者誤以字書，遂以今名進膠庠。蕺山其父諱坡，字秦臺，秦臺早逝，蕺山以遺腹子自幼隨母依養於外祖父章穎家，宗周長而念秦臺公之不及見，故又別號念臺，以誌其先大父，學者因稱念臺先生，友人因稱念臺子。因講學山陰縣城北蕺山，學者稱為蕺山先生、山陰先生，自稱蕺山長、蕺山長者、蕺山長病夫宗周，弟子因尊之曰蕺山夫子，後學尊之曰蕺山劉子，子劉子。又嘗自號秦望望中山人、還山主人、讀

〔註1〕 山陰縣乃位於浙江省紹興府，而紹興府則位在浙水之東，南有高山，北接大海。此地乃以舟楫為交通，水耨火耕為生計。此地絲布魚鹽、稻果瓜菰蠃蛤，不虞匱乏。紹興之民性柔而慧，勤儉重祀。自晉遷江左之後，一時中原文物之盛，萃於吳、越之地。至宋時，都於臨安，碩學名儒接踵避地浙東，是以浙東學風蔚起，而民多篤志敏而好學，親師近友，弦誦之聲，可謂比屋相聞。……府城向為都會，工商交流，商賈雲集，民因聞見豐富，是以斯地古樸之風稍衰。然行為謹守而畏譏議則又較他邑而勝之。蕺山長於會稽之道墟田家，未受市都之風所影響。參見《劉宗周全集・劉宗周年譜・前編》，台北中央研究院，1997 年 6 月初版，頁 77～78。讀者亦可參見《浙江通志》、《紹興府志》等地方志。

易小子、山陰廢士，蕺山晚年，爲勵志學行，又別號克念子。歿後，明魯王諡曰忠端，唐王諡曰忠正。清乾隆四十年，又諡以忠介。

蕺山之先世，據姚名達先生所著之年譜得知，蕺山之先世乃爲漢長沙定王劉發之後。至宋有退翁先生禮始徙居廬陵，四傳而爲揚州別駕廷玉。廷玉之子文質，元成宗大德年間，辟山陰縣幕，遂爲其縣水澄里人。入明，四世孫謹以童稚赴滇南，脫父於戍，稱孝子。又三傳贈兵部右侍郎鐸，鐸生濟，濟生焞，焞生坡，坡生宗周。宗周於文質爲十一世孫。水澄里在紹興府城內，劉氏聚族而居，深巷數百武，門第相屬，無他姓錯處其間。其風聲氣習，往往自成一家。蓋家世詩書而鮮生計，又挾市廛下流，故其人文弱而偍。中世士大夫益習爲浮華以導之，青青子衿，三五當衢，動利齒而月旦人以爲高，人至相戒不敢出其里，輒曰水澄水澄云。〔註2〕據此吾人可知蕺山之世代家風頗爲嚴毅。蕺山一生尚氣節、重操守、剛直敢言或亦受此影響所致。

蕺山自幼勤奮好學，於諸生時，劉宗周的祖父爲其延請名師教授。萬曆二十五年（1597）二十歲舉鄉試。萬曆二十九年（1601），二十四歲中進士。萬曆三十一年（1603），劉宗周二十六歲師事許孚遠（敬庵），萬曆三十二年（1604），他二十七歲任行人司行人之後，歷官禮部主事，尚寶少卿、順天府尹、工部左侍郎、左都御史等職。此後長期在野。天啓四年（1624）、崇禎九年（1636）和十五年（1642）三次被革職。天啓元年（1621）時蕺山任禮部儀制司添註主事，上疏劾魏忠賢「導陛下逐諫官者，魏進忠也，并導陛下以優人雜劇射擊走馬者，亦魏進忠也，不然，則魏進忠之黨也。陛下……乃竟爲忠等所誤如此，豈不深可恨哉？……伏惟陛下毅然以古先哲王爲法，將平日優馳騁之習，一切屏絕，而益稽古親賢以自輔，開天下之言路，還票擬之職於閣臣，仍敕內侍魏進忠等各凜高皇帝鐵榜之戒，毋蠱惑君心，專權亂政，以釀王振、劉瑾之禍，則天下幸甚。」時已招怨於魏進忠，而險招廷杖六十，後幸賴葉向高救得以免，以罰俸半年結。〔註3〕後天啓四年，蕺山獲授通政司

〔註2〕 參見《劉宗周全集·劉宗周年譜·前編》，台北中央研究院，1997年6月初版，頁74～75。此譜乃姚名達先生據《劉子全書》卷二十二〈蕺山祖墓類狀〉、〈顯考秦臺府君暨顯妣章太淑人行狀〉、〈太虛先生劉公暨配沈安人合葬墓誌銘〉，《遺編》卷七〈顯考妣行狀錄遺〉，〈舊譜〉，黃撰〈行狀〉，邵撰〈傳〉，劉士林撰〈世譜〉，及〈行實〉，《明史》本傳所撰。

〔註3〕 參見《劉宗周全集》第五冊《劉宗周年譜》，台北中央研究院，1997年6月初版，頁176～183。

右通政，蕺山因目睹魏忠賢等對東林黨人之迫害，復又連具二疏，一申理諸君子，發明忠邪之界，一參魏忠賢誤國之罪。於天啓五年（1625）春二月，奉旨革職爲民，追奪誥命，〔註4〕此爲蕺山第一次被革職。

崇禎九年（1636），蕺山陞工部左侍郎，九月壬子（十一日），草疏，極言賢奸顛倒，任用匪人及中官用事而外廷寖疏於人主之禍，疏入，司禮以語刺中官，恚甚，在上前擠之。溫體仁復舉申理成德等爲偏黨，激上怒，上降旨以劉宗周明係比私亂政，顛倒是非，而革職爲民。〔註5〕崇禎十五年（1642）八月癸丑（十六日）蕺山陞都察院左都御史。當是時言官姜埰、熊開元因直言而下吏議罪。百官相顧失色，莫敢置言，而蕺山出班奏曰：「皇上方下詔求言，而二臣遂以言得罪，甚有傷於聖政。國朝無言官下詔獄者，有之自二臣始，甚有傷於國體。願皇上擴聖度於如天，得賜矜釋，不勝幸甚。」又曰：「二臣學守誠不及道周，朝廷待言官有體，其言可用則用之，不可用則置之。即有應得之罪，亦當敕下法司，原情定罪。若遂下詔獄，終於國體有傷。」上大怒，并責斥蕺山「如此偏黨」，又謂蕺山「愎拗偏迂」，「大負委任」，因之再次被革職。此爲蕺山第三次被革職。〔註6〕蕺山一生尙忠信，重氣節，清執敢言，史冊載他通籍四十五年，「在仕僅六年有半，實立朝者四年。」（《劉子全書》卷四十《先君子蕺山先生年譜》）這便是蕺山爲官正直清廉，敢直言抗諫，指陳時弊，是以連崇禎皇帝朱由檢亦稱其「清執敢言，廷臣莫及」。崇禎十七年，李自成陷京，崇禎皇帝於煤山自縊。南明弘光元年（清順治二年，1645），清兵南下，南京失陷，福王被擄。是年六月十三日杭州亦失守，而潞王具款降。〔註7〕蕺山見勢已不可爲，於六月二十五日，乘小舠，駕言進鳳林，辭先墓，過西港，舟中再拜叩頭，遂投洋，然良久不得溺。

〔註4〕　參見《劉宗周全集》第五冊《劉宗周年譜》，台北中央研究院，1997年6月初版，頁198～208。東方朔先生於《劉蕺山哲學研究》一書言蕺山於「天啓四年」被革職爲民，不知東方朔先生所據爲何。詳見東方朔《劉蕺山哲學研究》，上海人民出版社，1997年3月第1次刷頁4。

〔註5〕　參見《劉宗周全集》第五冊《劉宗周年譜》，台北中央研究院，1997年6月初版，頁342～352。

〔註6〕　參見《劉宗周全集》第五冊《劉宗周年譜》，台北中央研究院，1997年6月初版，頁437～474。

〔註7〕　參見《劉宗周全集》第五冊《劉宗周年譜》，台北中央研究院，1997年6月初版，頁519～539。東方朔先生言六月十五日，杭州失守。先生所據不知爲何？詳見東方朔《劉蕺山哲學研究》，上海人民出版社，1997年3月第1次刷，頁5。

自此勺水不入口，於閏六月戊子（初八日），卒於秦祖軾之寓寢，享年六十八歲。〔註8〕

　　蕺山為明末儒學大師，於五經、諸子百家，無不精究，其學術淵源，可追溯至陳白沙、湛甘泉、許敬庵等人。蕺山高足黃梨洲曰：「先生之學，始自外祖章公穎。公號南洲，陶文簡、周寧宇（名應中）皆出其門，喜與門士激揚風節。先生竊慕之。長師許敬菴先生孚遠。已交劉靜之永澄、丁長孺元薦。而入東林，與高忠憲問。首善書院初立，鄒忠介（元標）、馮恭定（從吾）主講席，忠介宗解悟，恭定重躬行，先生為兩家騎郵，通彼我之懷。忠憲、忠介、恭定既沒，講學中絕，先生始有證人社之會。南都而後，門人問學者，先生曰：『守所聞，行所知，足矣。今乾坤等時，猶堪我輩從容擁皋比而講學論道乎？此所謂不識人間羞恥者也。』先生宗旨為「慎獨」。始從主敬入門，中年專用慎獨工夫。慎則敬，敬則誠。晚年愈精微，愈平實，本體只是些子，工夫只是些子，仍不分此為本體，彼為工夫，亦并無這些子可指，合於無聲無臭之本然。從嚴毅清苦之中，發為光風霽月，消息動靜，步步實歷而見。……當是時，浙東之學，新建一傳而為王龍溪（畿），再傳而為周海門（汝登）、陶文簡，則湛然澄之禪入之；三傳而為陶石梁（奭齡），輔之以姚江之沈國謨、管宗聖、史孝咸，而密雲悟之禪又入之。會稽諸生王朝式者，又以捭闔之術鼓動以行其教。證人之會，石梁與先生分席而講，而又為會於白馬山，雜以因果僻妄說，而新建之傳掃地矣。石梁言『識得本體，不用工夫』，先生曰：『工夫愈精密，則本體愈昭熒。今謂既識後遂一無事事，可以縱橫自如，六通無礙，勢必至為無忌憚之歸而已。』其徒甚不然之，曰：『識認即工夫，惡得少之？』先生曰：『識認終屬想象邊事，即偶有所得，亦一時恍惚之見，不可據以為了徹也。其本體只在日用常行之中，若舍日用常行，以為別有一物可以兩相湊泊，無乃索吾道於虛無影響之間乎？』先生以謂新建之流弊，亦新建之擇焉不而精，語焉而不詳有以啟之也。其駁天泉證道記曰：『新建言：「無善無惡者心之體，有善有惡者意之動，知善知惡是良知，為善去惡是格物。」如心體果是無善無惡，則有善有惡之意又從何處來？知善知惡之知又從何處起？為善去惡之功又從何處用？無乃語語絕流斷港乎？』其駁『良知』說曰：『知善知惡，從有善有惡而言者也。因有善

〔註8〕　參見《劉宗周全集》第五冊《劉宗周年譜》，台北中央研究院，1997年6月初版，頁523～545。

有惡而後知善知惡,是知爲意奴也,良在何處?又反無善無惡而言者也,本無善無惡,而又知善知惡,是知爲心崇也,良在何處?止因新建將意字認壞,故不得不進而求良於知,仍將知字認粗,故不得不進而求精於心,非《大學》之本旨明矣。』蓋先生於新建之學凡三變;始而疑,中而信,終而辨難不遺餘力,而新建之旨復顯。」〔註9〕董瑒亦曰:「先生於陽明之學,凡三變;始疑之,中信之,終而辨難不遺餘力。始疑之,疑其近禪也;中信之,信其爲聖學也;終而辨難不遺餘力,謂其言良知,以《孟子》合《大學》,專在念起念滅用工夫,而於知止一關全未勘入,朱之粗且淺也。夫惟有所疑,然後有所信;夫惟信之篤,故辨之切,而世之競以玄妙稱陽明者,烏足以知陽明也哉!」黃梨洲與董瑒之說可知,蕺山之學可說乃爲救王學之頹弊。

第二節　蕺山所面臨之時代問題

宋儒學所講之學問乃有別於唐儒之著重於「經學」,而重在「內聖成德」此一面向。植此之故宋儒學其中心問題便在於「道德實踐所以可能之根據」、及「如何成德」。〔註10〕明儒承此,而更勝宋儒,黃宗羲曰:「有明事功文章,

---

〔註9〕 參見《劉宗周全集》第五冊〈子劉子行狀〉,台北中央研究院,1997年6月初版,頁45~58。

〔註10〕 牟宗三先生曾說:「蓋宋明儒講學之中點與重點唯是落在道德的本心與道德創造之性能(道德實踐所以可能之先天根據)上。……此『心性之學』亦曰『內聖之學』。『內聖』者,內而在于個人自己,則自覺地作聖賢工夫(作道德實踐),以發展完成其德性人格之謂也。……宋明儒所講習者特重在『內聖』一面。『內聖』一面在先秦儒家本已彰顯而成定型,……此『內聖之學』亦曰『成德之教』。成德之最高目標是聖、是仁者、是大人,而其眞實意義則在于個人有限之生命中取得一無限而圓滿之意義。……此『成德之教』本非是宋明儒無中生有之誇大,乃是先秦儒者已有之弘規。……宋明儒所弘揚者無能越此『成德之教』之弘規。此『成德之教』,就其爲學說,以今語言之,亦可說即是一『道德哲學』(Moral philosophy)。……但自宋明儒觀之,就道德論道德,其中心問題首在討論道德實踐所以可能之先驗根據(或超越的根據),此即心性問題是也。由此進而復討論實踐之下手問題,此即工夫入路問題也。前者是道德實踐所以可能之客觀根據,後者是道德實踐所以可能之主觀根據。宋明儒心性之學之全部即是此兩問題。以宋明儒詞語說,前者是本體問題,後者是工夫問題。……宋明儒學之講此則是由『成德之教』而來,故如當作『道德底哲學』而言之,亦當本體與工夫兩面兼顧始完備。……由『成德之教』而來的『道德底哲學』既必含本體與工夫之兩面,而且在實踐中有限即通無限。」參見牟宗三《心體與性體》第一冊,台北正中書局,1996年2月

未必能越前代，至於講學，余妄謂過之。」〔註11〕

又曰：

> 有明文章事功，皆不及前代，獨於理學，前代之所不及也。牛毛蘭
> 絲，無不辯晰，真能發先儒之所未發。程、朱之辟佛氏，其說雖繁，
> 總是只在跡上；其彌近理而亂真者，終是指他不出。明儒於毫釐之
> 際，使無遁影。〔註12〕

明初之學實承宋人矩矱，無敢改錯，此一時期之儒學學術為朱學獨尊之時期，
《明史・儒林傳》曰：

> 原夫明初諸儒，皆朱子門人之支流餘裔，師承有自，矩矱秩然。曹
> 端（月川）、胡居仁（敬齋）篤踐履，謹繩墨，守儒先之正傳，無敢
> 改錯。學術之分，則自陳獻章（白沙）、王守仁始。宗守仁者，曰姚
> 江之學，別立宗旨，顯與朱子背馳，門徒遍天下，流傳逾百年，其
> 弊滋甚。嘉隆而後，篤信程朱不遷異說者，無復幾人矣。

《四庫全書總目提要》亦曰：

> 朱陸二派，在宋已分。泊乎明代，弘治（1488）年以前，則朱勝陸。
> 久而患朱學之拘，正德（1506）以後，則朱、陸爭詬。隆慶（1567）
> 以後，則陸竟勝朱，又久而厭陸學之放，則仍申朱而絀陸。講學之
> 士，亦各隨風氣以投時好。

由黃梨洲與《四庫全書總目提要》之言，吾人可知，明初時期，於學術上實為
朱學獨尊之時期。此一時期，朱子之學，不僅成為國家考試之標準範本，亦為
老師宿儒們所尊奉踐履篤行，至陳白沙、王陽明，方開明代學術之新局。黃梨
洲曰：

> 有明之學，至白沙始入精微。其吃緊工夫，全在涵養。喜怒未發而
> 非空，萬感交集而不動，至陽明而後大。

明初之學，以朱學為宗，至白沙、陽明，則一反朱學，而轉向心學之路。江
門白沙倡「自得」之學、強調「自靜中養出端倪」於前，陽明則倡「致良知」、

初版 10 刷，頁 4～8。本文所引是書之文皆依據此一版本，為簡篇幅，後文所
引是書之文，僅標書名、篇名、頁數。

〔註11〕參見黃宗羲《明儒學案・序》，頁 7。黃宗羲《明儒學案》，北京中華書局 1985
年 10 月 1 版。本文所引是書之文皆依據此一版本，為簡篇幅，後所引是書之
文，僅標作者、書名、篇名、頁數。

〔註12〕見黃梨洲《明儒學案・發凡》，頁 17。

「知行合一」、「心即理之學」於後，心學因陽明學的簡易直截，是以於明季中葉後，即獨領明學風騷，於萬曆年間盛極一時。據黃梨洲之說，陽明之後王學可分爲七，即浙中、江右、南中、楚中、北方、閩粵、泰州等。江右王學有鄒守益、歐陽德、聶豹、羅洪先、劉邦采、王時槐、胡直等。南中王學有薛應旂、唐鶴。泰州學派則有王艮、何心隱、羅汝芳、李贄等著名學者。浙中則有徐愛、錢緒山、王龍溪、黃久菴（綰）、陸原靜（澄）等人。〔註13〕由於諸子對於陽明晚年所提之「致良知教」與「四句教」，王門諸子之意見與理解並不相同，也因理解之偏差，致使王學之發展產生了弊端。仇兆鰲曰：

> 陽明之致其良知，非即孟子良知之說乎？而意主單提，說歸偏嚮，遂起後來紛紜異同之議耳。……若陽明之門，道廣而才高，其流不能無弊。惟道廣，則行檢不修者，亦得出入於其中；唯才高，則騁其雄辯，足以驚世而惑人。……爲說愈精，去道愈遠，程子所謂「彌近理而大亂眞」者，此其似之矣。〔註14〕

史玉池亦說：

> 今時講學，主教者率以當下指點學人，此是最親切語。及叩其所以，卻說飢來吃飯、困來眠，都是自自然然的，全不費工夫，學人遂欣然以爲有得。見學者用工夫，便說多了，本體原不如此，卻一味任其自然，任情縱欲去了，是當下反是陷人的深坑。不知本體工夫分不開的，有本體自有工夫，無工夫即無本體……往李卓吾講心學於白門，全以當下自然指點後學，說箇箇人都是見見成成的聖人，纔學便多了。有聞忠節孝義人，卻云都是做出來的，本體原無此忠節孝義。學人喜其便利，趨之若狂，不知誤了多少人。〔註15〕

王學於盛行之時，已有學者對於王學有所非議，如湛甘泉反對陽明「格物致知」之說，而主「隨處體認天理」，陳建著《學蔀通辨》，駁陽明〈朱子晚年定論〉，其餘如羅整菴與呂涇野等人亦對於王學有所不滿。今復以陽明晚年所提之「致良知教」與「四句教」，王門諸子意見之紛岐，其末流亦因束書不觀，游談無根，執言良知之說，主心體之無善無惡之論，而無克己實修之工夫。因王學後學學風日趨空虛浮泛而流於禪，是以明末學者對於王學持反對意見

〔註13〕楚中王門、閩粵王門、北方王門則無較突出之學者。
〔註14〕見黃梨洲《明儒學案・仇兆鰲序》，頁5。
〔註15〕見黃梨洲《明儒學案》卷六十〈東林學案・史玉池・論學〉，頁1474～1476。

紛紛提出了修正與反動。〔註16〕如羅整菴即對於王陽明之「格物致知」之說有所反對，認爲陽明此說乃帶禪學景色。〔註17〕東林學派學者，對陽明學所謂「無善無惡」之說，即大加抨擊，而以「性善」之說修正之。〔註18〕蕺山亦曰：

> 今之言道者，高之或淪於虛無，以爲語性而非性也；卑之或出於功
> 利，以爲語命而非命也。非性非命，非人也，則皆遠人以爲道者也。
> 然二者同出異名，而功利之惑人爲甚。老氏以虛言道，佛氏以無言
> 道，其說最高妙，雖吾儒亦視以爲不及。乃其意主於了生死，其要
> 歸之自私自利。故太上有《感應篇》，佛氏亦多言因果，大抵從（「從」
> 字舊鈔遺）生死起見，而動援虛無以設教。猥云功行，實恣邪妄，
> 與吾儒惠迪從逆之旨霄壤。是虛無之說，正功利之尤者也。〔註19〕

〔註16〕龍溪以良知爲「現成，乃不待修爲，當下俱足。」所謂「信不得當下俱足，到底不免有未瑩處。」龍溪認爲，「良知不學不慮，終日學，只是復他不學之體；終日慮，只是復他不慮之體。無工夫中眞工夫，非有所加也。工夫只求日減，不求日增，減得盡便是聖人。後世學術正是添的勾當。所以終日勤勞更益其病。果能一念惺惺，冷然自善，窮其用處，了不可得。此便是究竟話。」見《明儒學案》卷十二〈浙中王門學案二·語錄·答徐存齋〉頁249。是知龍溪以日減動意起念爲工夫，以良知當下圓成，不須防檢，不須窮索，即本體即工夫。然而泰州王門，王心齋亦以良知爲現成，良知乃在日用常行處中見。謂良知乃爲「天然率性」，認爲吃飯穿衣，飢食渴飲，冬裘夏葛，無非妙道。見黃梨洲《明儒學案》卷三十二〈泰州學案一〉，頁703～718。心齋之後，大抵皆主順性自然，或甚提倡「酒色財氣，不礙菩提路」，不重工夫，不重視事功，上者習靜談性，下者放蕩恣意。

〔註17〕羅整菴認爲王陽明所言之「心之所發便是意」，與「意之所在便是物」實待商榷。整菴曰：「有如《論語》川上之嘆，《中庸》鳶飛魚躍之旨，皆聖賢吃緊爲人處。學者如未能深達其義，未可謂之知學也。試以吾意著於川之流、鳶之飛、魚之躍，若之何正其不正以歸於正邪？此愚之所不能無疑者二也。」見羅欽順《困知記·附錄·與王陽明書》，影印日本寶永三年（1706）和刻本，臺北中文出版社，頁290。爲省篇幅，於後文中凡引是書之文，僅標作者、書名、卷數、頁數。又曰：「所貴乎格物者，正欲即其分之殊，而有見乎理之一。無彼無此，無欠無餘，而實有所統會，夫然後謂之知至，亦即所謂知止，而大本於是乎可立；達道於是乎可行。自誠正以至於治平，庶乎可以一以貫之，而無遺矣。然學者之資之稟不齊，工夫不等，其能格與否，或淺或深，或遲或速，詎容以一盡哉！惟是聖門《大學》之教，其道則無以此學者當由之以入，不可誣也。外此或誇多而鬥靡，則溺於外而遺其內，俗學是已。局於內而遺其外，禪學是已。」見羅整菴《困知記·附錄·與王陽明書》，頁280～281。

〔註18〕見《明儒學案》卷五十八〈東林學案一〉，頁1374～1434。

〔註19〕見《劉宗周全集》第二冊《人譜·自序》，頁1～2。

又曰：

> 近世一輩學者，肯用心于內，亦多犯懸空識想，將道理作鏡花水月
> 看，撈摸不著，以爲絕悟。其弊與支離向外者一般。今但時養未發
> 之中，是吃緊工夫，舍此更無理會處。僕嘗致力于此，而未有得。
> 幸高明裁之。〔註20〕

又曰：

> 今世俗之弊，正在言復不言克，言藏密而不言洗心，言中和而不言
> 慎獨，言立大本而不言心官之思，言致知而不言格物，遂不免離相
> 求心，以空指道，以掃除一切爲學，以不立文字，當下即是性宗，
> 何怪異學之紛紛也！〔註21〕

蕺山曰：

> 《大學》之教始於格物致知，政是親切反身工夫第一義。格物以致
> 吾之知，而當人之能事畢矣。離物以空之，與逐物外之，總於致知
> 之學無有是處。所云流俗之病，政坐在逐物一路；知解之病，政坐
> 在離物一路。若以人當之，以人治人，何病之有？或曰：「蠢然者人
> 乎？炯然者乎？」曰：「形而上者謂之道，無蠢非靈；形而下者謂之
> 器，無靈非蠢。」足下詳之。〔註22〕

又曰：

> 夫學不見性，而誤認靈明爲本體；功非了悟，而妄擬情緣爲妙用，
> 總是不爲矯激之說誤之。而及其弊也，絕倫離類以求眞空，墮體黜
> 聰以希正覺，則始於調停，終於矯激，其去道不愈遠乎？故善持世
> 者，先明吾道之是，而其非者自不能免，不必其力而勝之也；善治
> 心者，先識此心之眞，而其妄者自不能緣，不必其逃而去之也。不
> 然非認賊作子，則認子作賊，無一可者。此殆閣下引而未發之旨乎？
> 世道之禍，總起於學術不明，生心害政，往往如印印紙。則今日吾
> 黨欠缺處，正在退藏一著耳。〔註23〕

又曰：

〔註20〕見《劉宗周全集》第三冊上〈與履思五〉，頁618。
〔註21〕見《劉宗周全集》第三冊上〈與以建三〉，頁622。
〔註22〕見《劉宗周全集》第三冊上〈答履思十二〉，頁399。
〔註23〕見《劉宗周全集》第三冊上〈與錢御泠相公〉，頁382。

> 今之言心者，舉一而廢八也。舉一而廢八，而心學岐，即淮南格物，
> 新建致知，慈湖無意，猶偏旨也（新本無）。〔註24〕

又曰：

> 今天下爭言良知矣，及其弊也，猖狂者參之以情識，而一是皆良：
> 超潔者蕩之以玄虛，而夷良於賊，亦用知者之過也。夫陽明之良知，
> 本以救晚近之支離，姑借《大學》以明之，未必盡《大學》之旨也。
> 而後人專以言《大學》，使《大學》之旨晦；又借以通佛氏之玄覺，
> 陽明之旨晦。又何怪其說愈詳而言愈厖，卒無以救詞章訓詁之錮習
> 而反之正乎？〔註25〕

依蕺山之意，吾人於道德修養上如專言日用常行中，隨處體認天理良知，
則往往易真妄雜糅，情識與良知夾雜而不知，如以此混流之心之體現乃天德
良知之體現，則此良知乃參之以情識之良知，故蕺山謂猖狂者乃參之以情識。
〔註26〕又吾人於道德修養上如專參究無善無惡之靈明之地，則易入空虛玄漠
之境，是以蕺山曰：「蕩之以玄虛。」〔註27〕

又曰：

> 不識本體，果如何下工夫？但既識本體，即須認定本體用工夫。工
> 夫愈精密，則本體愈昭熒。今謂既識後遂一無事事，可以縱橫自如，
> 六通無礙，勢必至猖狂縱恣，流為無忌憚之歸而後已。〔註28〕

為學須先識得本體，而工夫即於本體處上下手，工夫愈精微，則本體愈呈顯，
非識得本體便無需工夫，果如此則人易流於猖狂縱恣，無忌憚。蕺山如此說
乃駁斥專言良知本體而不用工夫者。蕺山曰：

> 大抵諸儒之見，或同或異，多係轉相偏矯，因病立方，盡是權教。
> 至於反身力踐之間，未嘗不同歸一路，不謬於慎獨之旨。後之學者，
> 無復向語言文字上生葛藤，但反求之吾心，果何處是根本一著，從
> 此得手，方窺進步，有欲罷不能者。學不知本，即動言本體，終無

〔註24〕見《劉宗周全集》第二冊《學言‧中》，頁481～482。

〔註25〕見《劉宗周全集》第二冊《證學雜解‧解二十五》，頁325。

〔註26〕專以教人於日用常行中隨處體認天理良知者乃羅近溪之學；專以參究無善無
惡之靈明教人者，乃王龍溪之學。

〔註27〕此乃受唐君毅先生之啟發，不敢掠美。詳見唐君毅《中國哲學原論‧原教篇》，
香港新亞書院，1974年1月版，頁466～471，讀者宜參閱之。

〔註28〕見《劉宗周全集》第二冊《會錄》，頁600。

　　著落。學者但知窮理爲支離，而不知同一心耳。舍淵淵靜深之地，
　　而從事於思慮紛起之後，泛應曲當之間，正是尋枝摘葉之大者，其
　　爲支離之病，亦一而已。將持此爲學，又何成乎？又何成乎？〔註29〕
由於陽明之學以良知立說，此良知之特點乃在於心與理一，所謂「心即理」
也。心與理一，其意謂著，以心言理，以理言心。以心言理，則普遍超越之
理即落實而主觀化，此理便可就人身上去掌握理。復次，以理言心，因此理
爲一普遍之理，則此心亦成爲一普遍超越之心，是主客觀之統一。然因心相
對於理乃較客觀具體，是以專言心即理，致吾心之理於事物，易導致流於只
注重主觀之心而忽略了客觀之理之弊病。王學末流所產生的弊端至蕺山時，
已是學者無法逃避與忽視之課題。此一時期，儒學外有禪學、老學對於儒學
滲透之患，內有儒學專言王學者只言境界而缺乏工夫之弊，於學說上爭執點
亦頗多，勞思光先生曰：「陽明後學，由於自身體驗之不同，及對陽明學說
了解之差異，彼此間爭執頗多。」然撮要言之，則涉及之哲學問題，大致不
外三點，此即：（一）心體問題——以「無善無惡」一觀念爲關鍵。（二）發
用及工夫問題——當以「良知」之「知善知惡」與「好善惡惡」二義爲關鍵。
（三）客觀化問題——此點所涉範圍較大，可說爲「道德心與文化秩序」間
之問題。〔註30〕儒學至此可說是衰極矣！蕺山身爲儒家後學，面對儒學空前
的危機，因之對此流弊而重新反省，而重開一新學路，〔註31〕以期能挽救晚

〔註29〕見《劉宗周全集》第二冊，〈中庸首章說（一作「天命章說」）〉，頁354。
〔註30〕見勞思光《新編中國哲學史三下》，台北三民書局，1992年9月增訂7版，頁
　　　　505。
〔註31〕楊國榮先生說：「王學演變至晚明，心即理往往流而爲以心說性，個體的情意
　　　　以不同的方式衝擊著普遍的理性原則。劉宗周以化心爲性而挺立性體，表現
　　　　了重建理性原則的歷史意向。這種理論努力對恢復理性的尊嚴，抑制情意的
　　　　潛越，抗衡意志主義等無疑具有不可忽視的意義，但它同時亦潛含著過強的
　　　　理性主義及本質主義傾向，後者在某種意義上可以視爲王學向程朱的回歸。
　　　　劉宗周在心性之辨上以邏輯地回歸爲進路而未能開出新的思維方向，這一現
　　　　象表明，在理學的論域之中，已很難超越心體與性體、理性與非理性、存在
　　　　與本質等緊張與對峙，可以看至，劉宗周的哲學不僅作爲晚明理學的絕唱，
　　　　而在歷史上終結了理學，而且亦作爲理學演進的內在環節而在邏輯上終結了
　　　　理學。」見楊國榮《理性與價值——智慧的歷程》，上海三聯書店1998年5
　　　　月1版1刷，頁290。楊先生之說實甚爲諦當。要說明的是，雖然蕺山之學亦
　　　　以心體、性體等宋明儒者所習用之概念範疇作爲理論開展之元件，然而蕺山
　　　　卻賦予這些元件不同意義內涵，因爲作爲理論體系開展架構之元件之界說不
　　　　同，蕺山之學理論系統型態實與前賢不同，而成爲蕺山之學之所以爲蕺山學

明儒學學風之衰弊，此為蕺山學所以興之因。〔註32〕

　　之要素。至於蕺山學之理論系統與前賢不同之處，筆者於後文中將詳證之。

〔註32〕牟宗三先生亦認為蕺山之學乃乘王學之流弊而起者，參見牟宗三《從陸象山到劉蕺山》，台北臺灣學生書局，1993 年 3 月再版 3 刷，頁 451～452。

第四章 理氣一體兩言之道德形上理論架構

　　蕺山之後，研究蕺山之學者，皆視蕺山之心性思想爲蕺山學之核心，如全祖望即說：「蕺山之學專言心性」，朱舜水亦云：「劉念臺盛談道學，專言正心誠意。」當代研究蕺山學之學者亦以蕺山之心性學爲研究主軸，如唐君毅、牟宗三、莊耀郎、蒙培元、楊國榮、東方朔等諸先生皆是。〔註1〕筆者認爲就

〔註1〕　如唐君毅先生曰：「念臺之學，仍是以心爲中心觀念。其言理氣，依然只是言心外無性而附及。與宋儒之多就宇宙論觀點，以言理氣者不同。其即心而言太極，重在發揮天下無心外之理，心外之學，尊性以尊性，以承千古傳心之統，仍是陽明之一路也。」見唐君毅《哲學論集‧晚明理學論稿》，台北學生書局，1990年2月全集校訂版，頁310。
　　東方朔亦說：「蕺山說理說氣乃是爲了進一步說明心性，因而在論及理氣問題時，蕺山未曾忘記將此與心性問題相聯。……蕺山論理說氣又是在心學的架構中來進行、完成的，而且蕺山尤其重視在心性之學中確立性天之尊，以免使人走向蹈空玄騖之路。確立性天之尊當然具有不同方式，但蕺山所採取的方式或者試圖做的嘗試，便是將先儒離析的哲學範疇加以統合，從統中見其客觀性，從心、氣、性的邏輯中立性天之尊，這的確也可以看作是退藏於密的表現。」見東方朔《劉蕺山哲學研究》，上海人民出版社，1997年3月1版1刷，頁82～83。
　　東方朔認爲蕺山之學具有統合的性格，即在形下中指點形上，形上自然是本體。這一統合性格於理氣論、道器論、氣質、義理論、人心、道心論中皆可以看出。東方朔認爲蕺山之理氣論不是理氣分言，是統而合之，終落於一心之撰。東方朔說此理本是即有即無，顯乎陰陽之氣之中，故而理在氣中指點，在氣中看出。理是氣之理，氣中即有理在。然而，此理又是心之表現的方式或樣態，心之本體藉此理而實現之，此便是蕺山「吾心之撰的本來意義」。東方朔認爲蕺山之學乃一心收攝天地萬有，故而當其說理只是氣之理，合言之

蕺山學而言，前輩學者所走的路是正確無誤的，然而我們亦認為，談宋明儒者之心性思想，實不能脫離「理氣」、「道器」等思想而言之。蓋就明末儒者而言，他們在心性論上大多預設了一種道德意義的形上學，此一形上學之架構即以「理、氣、道、器」等範疇來論述說明之。蕺山學亦不例外，心性思想固然是蕺山學的核心與特殊處，然而蕺山的心性思想之背後亦有「理氣」等形上學思想做為心性理論的形上根據。因此我們認為在探討蕺山之學時，實不能忽視蕺山之理氣論而不談。更何況蕺山之理氣論實頗富特色，蕺山高弟黃梨洲便認為蕺山之理氣乃為蕺山之特見，梨洲云：

> 一曰「太極為萬物之總名」。謂：子曰：「《易》有太極。」周子則云「無極而太極」，無極則有極之轉語，故曰「太極本無極」，蓋恐後人執極於有也。而後之人又執無於有之上，則有是無矣，轉云無是無，語愈玄而道愈晦矣。不知一奇即太極之象，因而偶之，即陰陽兩儀之象。兩儀立，而太極即隱於陰陽之中，故不另存太極之象。於是縱言之，道理皆從形氣而立，離形無所謂道，離氣無所謂理。天者，萬物之總名，非與物為君也。道者，萬器之總名非與器為體。性者，萬形之總名，非與形為偶也。知此，則道心即人心之本心，義理之性即氣質之本性，粵自《大學》、《中庸》散於《禮記》，程、朱表章以為心學之書，有功於道術，信乎不淺。而後之言《大學》者，以把持念慮為誠意之功，道心淪於危殆；言《中庸》者，以靜觀氣象窺未發之朕，中體落於偏枯。二書矛盾，非先生身體而力行之，又何以知未發之中即誠意之真體段？而二書相為表裏也。〔註2〕

意卻在於理、氣皆不能離心獨立。理不能離氣，氣亦不能離開理，理、氣又皆合於一心之中。亦即蕺山乃是站在心學心性論主場上，極度而徹底地將萬有或萬化置於心中，客觀世界或事實世界中的一切皆依心而成立。要言之東方朔認為蕺山之理氣論乃在於心學的架構下而為心性之學服務的，是以蕺山之學乃是心本論不是氣本論，亦非理本論。於此筆者認為雖然蕺山的理氣論是為心性論服務的，但是吾人要進一步追問的是蕺山所言之「心」究竟是「氣心」？還是「形上超越之道德心」或者是一「德性化之超越氣心」。筆者如此提問的合法性基礎，乃是在於「心」的界說會影響吾人對蕺山學理論之性質與歸屬之衡定。蓋如以心為物質氣之心，則蕺山學當是氣本論，心如為超越之道德心，則蕺山學即為道德之心本論，如為德性化之超越氣心，則蕺山學就不能簡單化歸為上述兩類。見東方朔《劉蕺山哲學研究》，上海人民出版社，1997年3月1版1刷。

〔註2〕梨洲認為蕺山之學發先儒所未發者有四，此其一也。見《劉宗周全集》第五

蕺山言「太極在陰陽中見」、「道理皆從形器而立」、「離形無所謂道」,「離氣無所謂理」,如此則吾人可推知,理氣亦當於心上言。依此吾人是知,蕺山之理氣論實有使主觀之心性論得以具有客觀化超越化之本質的理論意義。

復又歷來言蕺山學者,對於蕺山學之理氣論除了未給與適當之重視外,對於蕺山學之理氣論究竟是理本論還是氣本論,還是理氣合論合一,其實仍是眾說紛紜,是以筆者認為關於蕺山學之理氣論實有重新釐清與論釋之必要。據筆者的看法是,蕺山之學乃是由形下之氣世界出發,雖蕺山所言者是「盈天地間一氣而已矣」。然而此氣自身卻是道德之氣,是以吾人不能簡單的以「氣本論」來概括之。然而亦不能認為此氣之主宰是理,便認為蕺山之學是「理本論」。蓋蕺山所言之理乃是氣理,是氣自身之內在法則,理非有別於氣而內存於氣之內者,故不能以理本論言之。由於理是氣自身之內在律則,而此律則是德性義,是以筆者認為蕺山言理氣之關係乃是「本理以言氣」、「本德性以言氣」,亦即蕺山所言之氣乃是德性化之形下物質之氣,因此氣是德性化之物質之氣,故蕺山學不可以唯物論者視之,因此氣方是萬物之根源,故不可言蕺山學是唯心論。此乃筆者對於蕺山學之理解,筆者此說之論證則請待下文論述之。

第一節 理為萬有存在之根據

萬有所以能存在之根源為何?此一根源是「精神性」的還是「物質性」的?此一提問在宇宙論上,古今中外皆有激烈的論辯。有些學者認為萬有存在的基礎是精神性的「道」、「理」,亦有學者認為萬有存在的根據是物質性的「氣」,關於此一問題,蕺山所做的回答乃是「盈天地間一理」,蕺山曰:

> 盈天地間只是此理,無我無物。此理只是一箇,我立而物備,物立而我備,任天地間一物為主,我與天地萬物皆備其中。故言萬物,則天地在其中,天亦一物也。西銘之意,就本身推到父母,又因父母以推到兄弟,方見得同體氣象,早已是肝膽楚、越矣。陶先生謂:「我所自有,不受於天」,極當。但所云靈明者,恐亦只是一物,而更有不物於物者以為之主。物無不壞,而不物於物者終不壞。〔註3〕

　　　冊《子劉子行狀》,頁 48～49。
〔註3〕見《劉宗周全集》第三冊上〈答右仲二〉,頁 391。

蕺山認為盈天間只一「理」也，因此「理」充周天地之間，故知此「理」乃為一普遍之存有者。因「理」此一存有者，其存有不僅是普遍之存有，亦是萬有之主宰，是以蕺山曰：「盈天地間只是此理，無我無物。此理只是一箇，我立而物備，物立而我備，任天地間一物為主，我與天地萬物皆備其中。」因萬有之存在需依憑著「理」，以「理」作為存在之根據，萬有方能存在。萬有之存在不能以自身為自身存在之因，萬有之存在需依他物方能存在，萬有之存在，其本質並不蘊涵存在，是故，萬有之存在乃為有限之存在。「理」則不然，理作為萬有存在之根據，其自身是自己存在的根據，不依自身之外的力量而存在，其本質必包含存在，故「理」此一存有是為無限之存在，是存有論上之第一因。本質不包含存在者，是依自身之外的力量方有存在之基礎，故其存有並非是必然之存有而是偶然之存有。由於本質不包含存在，存在為有限而偶然之存在非為必然存在，非必然而為偶然之存在者，其必有終始，故其必有毀壞之時。本質包含存在者則不然，其存在是必然而絕對的，其存有是無始無終，是以其不隨時間之改變而改變，其必不壞而具超越之恆存性，故蕺山曰：「不物於物者終不壞」。

　　復次，蕺山又曰：

> 理，一也。得於心為德（一無此句），本於生為性（一作「主於心」），蘊於性為情（一作「生於性」），達於情為才，亶於初為命，體於自然謂之天（一作「體於性命」），故曰：「誠者，天之道也。」惟天無外，人得之以為人，物得之以為物，天得之以為天，地得之以為地（一此句在「天得之」句上），盡則俱盡，虧則俱虧，不由乎我，更由乎誰？是為性宗，是人造（舊鈔「心一也」條次後）。〔註4〕

因「理」是「人得之以為人，物得之以為物，天得之以為天，地得之以為地」，是一物之所以為一物者，故知「理」於存有論上，是第一序之存有，是萬有所以存在之因。雖然蕺山以「理」為萬有存在之形上超越根據之基礎，此種說法所指涉之範圍乃是就「盈天地間」此一範圍而講，故其理論之效力當僅限於形器世界，亦即此一理論所能涵蓋之範圍乃指人文界與自然界。且蕺山於此並未涉及探討人文界與自然界之外是否另有一超越界之存在。然而因「天、地」亦因理而為天地，如此則天地未生之前似乎理已存在，理似乎可獨立存在於形氣世界之外。至此吾人若據蕺山所言來看，似乎蕺山是理本論

〔註4〕見《劉宗周全集》第二冊《學言下》，頁 547～548。

者，以理爲宇宙創生之第一序，是萬有存在之第一因。

　　然而我們是否能就此即斷言蕺山爲理本論者呢？撰者認爲，於此實尙不能輕下斷言，蓋蕺山於它處尙有學者據之以論蕺山爲氣本論者之言說，故蕺山學的理論型態究竟是歸屬於理本論或氣本論，或是其他種形態，則尙有待更深入更充足之證據方能論斷之。

第二節　氣爲萬有存在之根據

　　據上文所說，蕺山認爲「盈天地間一理也」，以理解萬有存在之形上超越之根據，然而蕺山於它處卻又言「盈天地間，一氣也。」以氣爲萬有存在之根據。蕺山曰：

> 盈天地間，一氣也。氣即理也，天得之以爲天，地得之以爲地，人物得之以爲人物，一也（一作「天地人物同得此理」），人未嘗假貸於天，猶之物未嘗假貸於人，此物未嘗假貸於彼物，故曰：「萬物統體一太極，物物各具一太極。」自太極之統體而言，蒼蒼之天亦物也。自太極之各具而言，林林之人，芸芸之物，各有一天也（舊鈔不載）。〔註5〕

蕺山認爲盈天地間爲一氣所充周，此充周天地之氣即是理也。此盈天地之氣因即是「理」，是爲天地人物所以能爲天地人物之要件因素，故蕺山曰：「天得之以爲天，地得之以爲地」。就根源上而言，相對於統體之太極而言，天得此太極之理方能以爲天，故蒼蒼之天亦是一物也。且理於未有天地之時便已存在。蕺山以氣爲理，理爲天地萬有所以存在之因，且又先存於天地之前，則蕺山學幾乎可肯定是理本論者，然蕺山又曰：

> 一陰一陽之謂道，即太極也。天地之間，一氣而已。非有理而後有氣，乃氣立而理因之寓也。就形下之中而指其形上者，不得不推高一層，以立至尊之位，故謂之太極。而實本無太極之可言，所謂無極而太極也。使實有是太極之理，爲此氣從出之母，則亦一物而已，又何以生生不息，妙萬物而無窮乎？〔註6〕

蕺山認爲天地間只一氣而已，而氣即是理，理與氣之關係於時間上並無先後，

〔註5〕　見《劉宗周全集》第二冊《學言中》，頁480～481。
〔註6〕　見《劉宗周全集》第五冊《劉宗周年譜》，頁329。

並不是有理而後有氣，理非先於氣之獨立存在，理是就形下之氣中指出其形上者。因理是形而上者，故將之高看，而謂之爲至尊之「太極」，然實無一獨立實存之太極可言，蓋如以「理」爲一獨立之實存，然「理」而爲氣之所從出者，是氣立而理寓之爲，因氣爲一物，則物所從出者亦爲一物，理爲一物即是有限之存有，有限之存有又何以能生化萬有於無窮？故云實本無太極之可言。據此處所引蕺山之言，吾人由其文意脈絡而言之實不難理解，蕺山認爲「理」是太極之理，所謂太極之理其所指者即是此氣之運動變化之有序者，所謂「一陰一陽之謂道」者也。一陰一陽即是氣之運動變化之序，此即是太極，即是道，即是理。換言之，氣之變化之有序即是理。如此「理」即爲氣之理，是氣自身之理，理與氣是同質者，非異於氣而內存於氣中以爲氣之主宰之獨立實存，理是氣自身之法則。理氣同質，理是氣之理，則所謂的盈天地間一理也，即可謂爲盈天地間一氣也。如此蕺山明以氣爲萬有之存在之依據，是萬有之質料因，因著此氣之造作變化聚合運動，萬有得以被創造形構而具形質。而理則是萬有所以存在之形式因，如此，則「氣」、「理」當皆是萬有存在之本源，皆是萬有所存在之根據。於此需注意的是於蕺山之學中似有一明顯之矛盾，蓋依宋明學之常情言之「理」、「氣」實乃爲一對立之範疇，今蕺山謂「氣即理也」則理氣當是一同質，且又謂「就形下之中而指其形上者」則似又有形上形下之別，如此理氣似又爲二，如此則蕺山之言豈不產生矛盾？我們認爲蕺山當不至於發生此種明顯之理論上之困難。因此，筆者認爲吾人實有重新檢視蕺山對於「理」、「氣」等概念範疇之義涵的必要。

第三節　理是氣自身內在之律則

　　細考蕺山文集對於「氣」概念之內涵之說明，蕺山所言之「氣」實即是「太虛」也，蕺山曰：

> 或曰：「虛生氣。」夫虛即氣也。何生之有？吾溯之未始有氣之先，亦無往而非氣也。當其屈也，自無而之有，有而未始有；及其伸也，自有而之無，無而未始無也。非有非無之間，而即有即無，是謂太虛，又表而尊曰太極。〔註7〕

蕺山云溯及未始有氣之先亦無往而非氣也，因著氣之屈伸而萬有得之生，故

〔註7〕　見《劉宗周全集》第二冊《學言中》，頁480。

「氣」當爲萬有有無之因，是天地造化創生之本原。因「氣」其狀態介於非有非無之間，是即有即無者，是以「氣」謂之曰「太虛」。因「氣」是天地造化創生之因，故又尊之曰「太極」。如此可知「氣」即又名之爲「太虛」或「太極」；「太虛」、「太極」即是「氣」也。於此有一個問題是，既以「太極」、「太虛」是氣，那麼我們是否可言蕺山學是唯物之論；或因此謂「氣」是「太極、太虛」，便謂蕺山學當是唯心主義者？筆者期期以爲不可，蓋因蕺山曰：

> 君子仰觀俯察焉，而知天地之道莫非陰陽之所爲，則幽明之故，於此睹矣。遂進而求所爲幽明之故，其間自明之幽，一始一終，相爲循環，原且反之，以推氣數之自然，而死生之說莫詳於此矣。又進而求所謂死生之說，始無所始，聚則成形者是，終無所終，散則成變者是，總是一氣之屈伸，以爲終始之運，而鬼神之情狀昭昭乎不可揜矣，則亦何莫而《易》書之蘊乎！始焉由著以知微，而愈推愈入，洞造化之本原。既焉由微以知著，而愈顯愈明，洩造化之妙用。此君子致知之功所以爲至也。〔註8〕

蕺山又曰：

> 渾然一氣之中，而周流不息，二儀分焉。陽生於右，陽根陰也。陰生於左，陰根陽也。陰陽相生，禪代不窮，四氣行於其間矣。又分之而爲八、爲六十四、爲四千九十六，至於無窮，皆一氣之變化也，而理在其中矣。〔註9〕

又曰：

> 太極之妙，生生不息而已矣。生陽生陰，而生水火木金土，而生萬物，皆一氣自然之變化。〔註10〕

「氣」有聚散，聚時成形，散則成變。因「氣」能成形是以可知「氣」不當是精神實體，蓋精神實體是抽象而不具形者，沒有聚散可言，今言氣有聚散成形，故知「氣」實爲一物質之氣非爲精神性實體。此外，能形構物質性之萬有而爲萬有之質料因者，其自身必爲質料而不能是精神性之範疇。蓋惟物質方能形構物質性之存有，精神性之實是無法形構物質性之存有，是以「氣」當是物質性之氣。因「氣」是物質性之氣，故知所謂「太虛」、「太極」是一

〔註8〕 見《劉宗周全集》第一冊《周易古文鈔下・繫辭上傳》，頁252。
〔註9〕 見《劉宗周全集》第二冊《讀易圖說》，頁149。
〔註10〕 見《劉宗周全集》第二冊《聖學宗要・圖說》，頁268～269。

形容詞義，是就「氣」之能力言，「太虛」與「太極」是就氣之能散而無形，能創生不已變化無窮而言。所謂「太虛」者，即就氣之有無屈伸之變化而言之，而氣之屈伸有無變化無窮，是以尊之爲「太極」。要之，「太虛」、「太極」不是指精神性實體。

此外，「氣」雖然是一物質之氣，但此「氣」自身乃是一有法則之氣，此氣之法則是氣自身，故曰「氣即理」也。因氣即理，故知此氣不僅是一物質性之氣，其自身亦是一太極之理之氣。因太極之理即是天地間生生之德，是一創生之德，故此氣當是一創生之德性義之氣。由於氣是一創生之氣，是以「氣」之陰陽運動變化屈伸而有了有無不同之變化，萬有因之有，也因之無。〔註11〕萬有既是此太極之氣所創生，理又即是氣，故萬有莫不各具太極之理，是以蕺山曰：

> 濂溪《太極圖說》，前面是一段，「惟人也」以下又是一段（舊有「不合」二字），將天地與人分作兩橛。如此說，是先有箇太極之理貯在空虛，而人得之以道。不知盈天地間皆是此箇，天得之以爲天，地得之以爲地，人得之以爲人，物得之以爲物，即至根荄鱗介，無不各具五行之性。即此是陰陽之理，即此是太極之妙，故曰：「陰陽之上更無太極也。」〔註12〕

五行是氣，而五行即是陰陽，〔註13〕如此則陰陽即是氣，而陰陽之理即是氣之理，理爲氣理。復又因太極之妙即是陰陽之理，是萬化之因，而陰陽之上更無太極，故知「氣」是最根本的存有，是萬有所以存在之根據，是宇宙論

〔註11〕 蕺山曰：「造化，陰陽之氣，動靜而已。分之則陽動陰靜，合之則相別爲靜，相交爲動。陰陽之氣，無時不交，而嘗以不動者爲之樞紐，非有時而靜之謂也。陰陽之氣，互藏其宅，陽不干陰，陰不干陽，若各得其所者然，所謂靜也。靜一而已，動則有偏者、俱者、交者、亂者、和者、勝者、專者，風雨露雷之化出焉，無往而非一精之傳化也。靜也者，精之含而爲靈也，動也者，精之吐而爲神也。靈含萬物而化光，神吐萬物而不息」。見《劉宗周全集》第一冊《曾子章句・天圓第十》，頁697。

〔註12〕 見《劉宗周全集》第二冊《會錄》，頁633。

〔註13〕 蕺山曰：「五行無定形。水火者，其象也。天地之用，莫大於水火。水火之象，自微而著，故木金以配益之。四氣不可無統，故土以君之。總之，一水火也。水火者，陰陽之別名，非燔灼之火，淵流之水也。陰陽者，先天之體也。水火者，後天之用也。體對待以立本，用流行以成化。五行即陰陽也。謂陰陽生五行，猶剩一生字；謂陰陽統五行，猶剩一統字。五行者，陰陽變化之妙也。」《劉宗周全集》第二冊《學言上》，頁423～424。

上之第一序。又，萬有皆爲氣所形構，故萬有莫不具五行之性，因五行之性
即陰陽之理，即是太極之妙，如此則此太極之理乃爲一普遍之存有，是萬有
存在之基礎，亦是萬有之本質。今蕺山既言太極之妙，是陰陽之理，是太極
之理，然據本文前面所論證得知，蕺山之「太極」乃是「太虛」即是「氣」
也，如此則太極之理，即是「氣之理」。因理是氣之理，是氣之運動變化之所
依，因之此理是氣自身內在之律則，〔註14〕是以蕺山曰：

> 朱子曰：「天以陰陽五行化生萬物，氣以成形而理亦賦焉。」此天字
> 即理字，即太極字。盈天地間一氣也，氣即理也。天得之以爲天，
> 地得之以爲地，人物得之以爲人物，一也。人未嘗假貸於天，猶之
> 物未嘗假貸於人，此物未嘗假貸於彼物，故曰「萬物統體一太極，
> 物物各具一太極。」自太極之統體而言，蒼蒼之天亦物也；自太極
> 之各具而言，林林之人、芸芸之物皆天也。但蒼蒼爲積氣之大者，
> 故天之名有專屬，而人與物皆圍於其中，則直謂付畀焉耳。〔註15〕

蕺山認爲太虛者，即氣也，氣即太虛。太虛是氣，而太虛又表而尊之曰太極，
今曰天字即理字即太極字，〔註16〕如此，則太極是理。太極是理，而太極又是

〔註14〕蕺山之後，明清之際亦有儒者持類似之看法，如王船山、顏習齋等人即持類
似的看法。王船山曰：「天地間只理與氣：氣載理而以秩序乎氣」。見王船山
《讀四書大全說》卷三，臺北河洛出版社，1974 年，頁 32。於後文中，凡引
是書之文皆依此版本，爲省篇幅，後文僅標明作者、書名、卷數、頁數。
船山此說乃以理爲氣之主宰，理是氣之秩序與法則。
又曰：「蓋言心、言性、言天、言理，俱必在氣之上說，若無氣處，則俱無也。
張子云：「由氣化有道之名」，而朱子釋之曰：「一陰一陽之謂道，氣之化
也。」……程子言：天，理也。既以理言天則是亦以天爲理矣。以天爲理，
而天固非離乎氣而得名者也。則理即氣之理，而後天爲理之義始成。」見王
船山《讀四書大全說》卷三，頁 58。船山此處亦認爲「理即爲氣之理。」
顏習齋曰：「蓋氣即理之氣，理即氣之理，烏得謂理純一善，而氣質偏有惡哉？
譬之目矣。眶皰睛，氣質也。其中光明能見物者，性也。將謂光明之理專視
正色，眶皰睛乃視邪色乎？余爲光明之理固是天命，眶皰睛皆是天命。更不
必分何者是天命之性，何者是氣質之性，只宜言天命之人以目之性。光明能
視，即目之性善。其視之也。則情之善其視之詳略遠近則才之強弱。皆不可
以惡言。惟因有邪色引動，障蔽其明，然後有淫視而惡始名焉。然其爲之引
動者，性之咎乎？氣質之咎乎？若歸咎於氣質，是必無此目而後可全目之性
矣。」見顏習齋《存性編·卷一》，頁 1。
〔註15〕見《劉宗周全集》第二冊《遺編學言》，頁 565。
〔註16〕蕺山曰：「天理」即周子「無極而太極」。見《劉宗周全集》第二冊《五子連
珠·周子》，頁 206。

太虛，太虛又即是氣，因此吾人可知於蕺山處，「氣」、「理」、「太虛」、「太極」等概念範疇其義當是一也。故知蕺山所言之理氣，是一不是二，氣即理也，理即氣自身之內在法則，是以蕺山言「盈天也間一氣也」，或「盈天地間一理也。」其文詞或有不同，其義則一也。只是「氣」是就萬有存在之具象面而言，氣是形成萬有之質料因；而「理」則爲此氣之內在法律則，爲萬有之形式因。

第四節 理氣是一體之上下分言

據前文所論，吾人已知蕺山所言之「理」與「氣」之關係，「理」即是氣之理，是氣自身內在之法則，氣之種種運動變化皆依此理而行，氣之運動變化既依此理以行，則理是氣主宰，是故可曰「理即氣」、「氣即理」；復次，氣之種種運動變化造作皆依其自身、氣之所以爲氣之內在律則而行。因此，此氣自身之法則可說是氣之主宰。今既曰理即氣，氣即理；又曰理爲氣之主宰，又可證知理當爲氣自身之法則，理不當在氣之先，理不當在氣之外，理不外於氣，亦不先於氣是以氣理是一，理氣是一，則道器是一也。是故蕺山曰：

> 理即是氣之理，斷然不在氣先，不在氣外。知此，則知道心即人心之本心，義理之性即氣質之本性，千古支離之說可以盡埽。〔註17〕

又曰：

> 形即象也。象立而道、器分，一上一下之謂也。上者即其下者也，器外無道也。即變通、即事業，皆道也，而非離器以爲道也。〔註18〕

理氣之關係，蕺山既言「理即是氣之理」，則理爲氣自身之法則，理既爲氣自身之內在法則，是知理斷然不可能在氣之先，亦不可能在氣之外。也由於理斷然不可能在氣之先，亦不可能在氣之外，是故理不可能生氣。雖理不能生氣，然其又爲氣之法則，氣之運動變化皆依循此理而行，是故知此理又即可謂爲氣之主宰。又復次，理是氣之理，氣即理，理即氣，理爲氣自身之內在法則，是以理氣不可分先後，只可以上下分言之。由於理是氣之理，有此氣方有是理，是以形上之理須就形下之氣中見，離此形下之氣則形上之理是不得見之，因之蕺山曰：

> 或曰：「天地之間先有此理，乃生氣否？」蕺山曰：「理只是氣之理，

〔註17〕見《劉宗周全集》第二冊《學言中》，頁483。
〔註18〕見《劉宗周全集》第一冊《周易古文鈔下‧繫辭下傳》，頁271。

有是氣方有是理，非理能生氣也。但既有是理，則此理尊而無上，遂只以爲氣之主宰，氣若其所從出者。」〔註19〕

又曰：

子曰：「形而上者謂之道，形而下者謂之器。」程子曰：「上下二字截得道器最分明。」又曰：「道即器，器即道。」畢竟器在斯，道亦在斯。離器而道不可見，故道器可以上下言，不可以先後言。「有物先天地」，異端千差萬錯，總從此句來。〔註20〕

又曰：

因思盈天地間，凡道理皆從形器而立，絕不是理生氣也，於人身何獨不然？大易「形上」、「形下」之說，截得理氣最分明，而解者往往失之。後儒專喜言「形而上」者，作推高一層之見，而於其所謂「形而下」者，忽即忽離，兩無依據，轉爲釋氏所藉口，眞所謂開門而揖盜也。至玄門則又徒得其「形而下」者，而竟遺其「形而上」者，所以蔽於長生之說，此道之所以嘗不明也。〔註21〕

又曰：

道是形而上者，雖上而不離乎形，形下即形上也，故曰：「下學而上達」。下學非只在灑掃應對小節，即未離乎形者皆是，乃形之最易溺處在方寸隱微中，故曰「人心惟危，道心惟微」，即形上、形下之說也。是故君子即形色以求天性，而致吾戒懼之功焉。〔註22〕

理是氣之理，有此氣後則理方能見，故曰：「有是氣方有是理」，因有是氣後方有是理，故氣非由理生，理非能生氣。蕺山這樣的說法實是與朱子「理先氣後」之說法持不同之看法。〔註23〕由於理氣是一，理在氣上見，理氣只可

〔註19〕 見《劉宗周全集》第二冊《遺編學言》，頁566。
〔註20〕 見《劉宗周全集》第二冊《學言中》，頁481。
〔註21〕 見《劉宗周全集》第三冊上〈答劉乾所學憲〉，頁431。
〔註22〕 見《劉宗周全集》第三冊上〈與以建三〉，頁622。
〔註23〕 朱子認爲，就人所處之現實之經驗世界而言，理與氣是不分不離的，萬有皆由理氣所構成的，無無理之氣，亦無無氣之理。朱子曰：「天地之間，有理有氣。理也者，形而上之道也，生物之本也。氣也者，形而下之器也，生物之具也。是以人物之生，必稟此理然後有性；必稟此氣然後有形。」見《朱文公文集》卷五十八〈答黃道夫〉，頁1044。然於邏輯上而言，朱子認爲，理當較氣先存在，朱子曰：「未有天地之先，畢竟也只是理，有此理便有此天地，若無此理便亦無天地，無人無物，都無該載了。有理便有氣，流行發育萬物。」見《朱子語類》卷一，頁1。又曰：「若在理上看，則雖未有物，而已有物之

以分上下不可分先後，是以蕺山認為「道器」亦當如是，道器只可言上下，道需於器上見，器在道方在，離器無以見道。也因此蕺山反對老子「有物先天地生」的說法，將之視之為異端，認為後儒與釋道之說皆有所蔽。蕺山又曰：

> 天命流行，物與無妄，天之道也，人得之以為性。天不離人，性不離形也。推之日用、動靜，以至綱常倫理之大，溲渤瓦礫之小，無往而非性，則無往而非天道。性者道之本然，而天道即其自然者也。〔註24〕

盈天地間乃一氣也，所謂天命流行，即氣之流行，此氣之流行而無妄者，即是天之道。〔註25〕天之道即是氣之道，即是無妄之道，人得此無妄之道，即是人之性。因此無妄之道乃是一氣道，是以人之性亦為一氣性，為一德性義之氣性。〔註26〕

理，然亦但有其理而已，未嘗實有是物也。」見《朱文公文集》卷四十六〈答劉叔文〉；又曰：「未有言事，先有這理，如未有君臣，已先有君臣之理；未有父子，已先有父子之理。不成元無此理，直待有君臣父子，卻旋將這道理入在裏面。」見《朱子語類》卷九十五，頁802。蕺山謂理是氣之理，理不能生氣，氣非由理所生，理氣不可分先後，只可分上下。由此吾人可知，蕺山與朱子二人，皆肯定有一形上界，只是朱子認為此一形上界是脫離形下之氣世界而獨存，然而蕺山卻認為形上界是在形下氣世界中，形上不獨立於形下而獨存，形上需就形下之氣中抽象出來，故蕺山謂形上是就形下之氣中指點出義理出來。也由此我們認為朱子與蕺山二子對於理氣之看法是有所不同。

〔註24〕見《劉宗周全集》第一冊《論語學案一・公冶長第五》，頁379。

〔註25〕蕺山曰：「命即天道之流行，而付與物者。一氣流行，而理在其中。只是一箇，更無氣數、義理之別。言太極則有陰陽，言陰陽則有化，而盈天地間，平陂往復之數該於此矣。變變化化，遊於無窮，方見太極之妙。人與天地萬物同遊無窮之中，小之日用動靜，大之進退存亡，莫非命也。故曰：『莫之為而為者天也，莫之致而至者命也。』莫之為而為、莫之致而至，即陰陽不測之神也。然則學不窺神化之奧，不足以言知命矣。知命則知時，知時則知化。」見《劉宗周全集》第一冊《論語學案四・堯曰第二十》，頁648。

〔註26〕蕺山曰：「陰陽之氣一也，而其精者則曰神與靈，其粗者則物而已。精氣者，純粹以精之氣，道之形而上者是也。神者氣之吐也，靈者氣之含也。一精含吐而神靈分，靈亦神也。人物之生，莫不本乎陰陽之氣，則莫非神之所為，故以為品物之本。而人物之中，惟人也得其氣之精者為最全，故生為萬物之靈，而禮樂仁義從此出焉。立人之道，仁義是也。禮樂者，仁義之具也。仁陽義陰，樂本陽、禮本陰也。順之則善，逆之則否，善則治，否則亂，又以淑慝分陰陽也。夫人之生未嘗不各稟陰陽之精，抱禮樂仁義之德，而精者不能不採於物，則不能無善否治亂之異。二者相為貞勝，莫非

本章小結

　　由上面之論述，我們可以知道，關於理氣之關係，蕺山謂理氣無先後，理氣只可以形上形下而言之，不可以先後而言，〔註27〕蕺山認為「氣」充周於天地之間，是萬有所以被形構，所以能存在之因，有此氣方有此天，有此氣方有此地，有此氣方有此人，故曰「天得之以為天，地得之以為地，人得之以為人」。是以吾人可知，氣可謂是是萬有所以存在之因。

　　復次，依蕺山而言，此氣自身有其內在之法則與理序，此氣自身之內在之法則即是理，氣之運動變化皆依此法則而行。理與氣之關係當是理為氣之理，此理是氣自己之內在律法，是內存於氣而與氣同質之法則。其情況就如同原子有原子之理，水有水之理，原子之排列方式，帶電荷之電子的分佈情況或是水的三態變化，皆依自身內在之律則而不違。由於這樣的律則是就物質中看出其內在之律則，故此「理」實可謂為物質之理，此理雖為水之理，然此「理」不能即名之為水，「理」僅就水之律則而言，然而水除了律則之外尚有別的部分，例如「物質」的部分，故曰「理」不能即名之為水。同理，蕺山之「理氣」思想亦當作如是觀，蓋氣之種種運動變化皆依氣自身內在之律則而行之不違，是以氣自身之內在律則實可謂是此氣自身之主宰。由於此內在之律則是氣自身自己而為自己之律則，非於氣之內有一異於氣之另一實存而為氣之主宰，理氣有同質之處，是以蕺山曰：「氣即理也」，「理即氣之理」、「理只是氣之理，有是氣方有是理，非理能生氣也。但既有是理，則此理尊而無上，遂足以為氣之主宰，氣若其所從出者。」蕺山認為天地間萬有皆由氣之運動變化而成，而氣之運動變化則依氣自身內在之法則而行，因此實亦可謂理是宇宙創生意義上之第一因。然而因為這樣的理乃是一種氣理，〔註28〕

　　　　一之變化，而第反乎氣之初，則固有善而無惡，有治而無亂，神之所以貞
　　　　夫一者也。此盡性位育之功，所以必有待於聖人與！」見《劉宗周全集》
　　　　第一冊《曾子章句‧天圓第十》，頁 696。仁義禮智是氣之精全者，如此則
　　　　氣乃是一德性義之氣。

〔註27〕理為氣之理，理氣無先後，有是器方有是道，有是氣方有是理，理為氣之理，
　　　　則理當與氣是一也，只是一體之兩說，就其形下而言之即是氣，就其形上而
　　　　言即是理，然而此二者，實是一體，只是從不同之觀點而言之。復次，由於
　　　　形上者乃是抽象無具體之形者，其落實具體化乃需藉著形下具體之物，即如
　　　　同有飲茶方有茶道，有汽車方有汽車之理，飲茶之道在飲茶之中見，汽車之
　　　　理，在汽車中見，是知此理乃氣之理，理是氣自身之理，是氣之所以氣，故
　　　　亦可曰「理即氣」、「氣即理」。

〔註28〕明末清初的王船山亦有相同的看法，王船山曰：「天下惟器而已矣。道者，器

故吾人實不可簡單的以氣本論或理本論來劃歸蕺山學之理論型態。

筆者認為理雖是氣之主宰，理是內在於氣而不異於氣之氣法則，理是太極創生之妙，是氣之所以能生生不息者，此氣依著自身之理（依著自身內在之法則）因之變化能有序，然理終究是氣理，是不異於氣之理，非一異於氣之精神性之實體。如此蕺山便賦于氣一內在之律則與理性，言理只是強調其此氣是一有序有主宰之氣，是一有內在法則之氣，非以理為宇宙創生意義上之第一因，如理是宇宙創生意義上之第一因，則理與氣當互為異質，理之本質是異於氣而能主宰氣者，理氣之關係當如同朱子理氣論那樣的說法，理是主宰，而氣只是一質料因，一工具義之「理的載具」。今於蕺山處，理是不異於氣者，故氣當是創生意義上之第一因。如此蕺山學便是氣論屬性者。然而於此該注意的是蕺山之學雖是氣論，然而因「理」此一不異於氣之法則，又具道德義，〔註29〕是知蕺山賦予氣道德之內容。亦即蕺山乃本者德性與義理以說氣，如此蕺山之學雖是氣論，然而卻不是侯外廬先生所言之唯物主義之物質性氣論。氣是一種物質與道德兼具之氣，是自然物理法則與道德法則兼具之氣，因此筆者認為不能硬要以唯心唯物之二分來揀別蕺山學理論之型態，〔註30〕而當以德化之氣論來說明或許較能貼近蕺山學之特質。

之道；器者，不可謂之道之器也。無其道則無其器，人類能言之。雖然苟有其器矣，豈患無道哉？……無其器則無其道，人鮮能言之，而固其誠然者也。洪荒無揖讓之道，唐虞無弔伐之道，漢唐無今日之道，則今日無他年之道者多矣。未有弓矢而無射道，未有車馬而無御道，……道之可有而且無者多矣。故無其器則無其道，誠然之言也，而人特未之察耳。上下皆名也，非有涯量之可別者也。形而上者，非無形之謂，既有形矣，有形而有形而上，無形之上，亙古今，通萬變，窮天窮地，窮人窮物，皆所未有者也。」見王船山《周易外傳》卷五，《船山遺書》本，頁 45。

〔註29〕蕺山又曰：「理，一也。得於心為德，本於生為性，蘊於性為情，達於情為才，亶初為命，體於自然謂之天。故曰：『誠者，天之道也。』惟天無外，人得之以為人，物得之以為物，天得之以為天，地得之以為地。（一此句在『天得之』句上。）盡則俱盡，虧則俱虧，不由乎我，更由乎誰。是為性宗，是人造。（舊鈔『心一也』條次後。）」理得於心為德，是知理乃一德性義。見《劉宗周全集》第二冊《學言下》，頁 547～548。

〔註30〕筆者認為以唯心論或唯物論等概念範疇來區判宋明儒學之屬性亦不合適，蓋唯心論所指涉者，其主要乃認為心或觀念或精神方是宇宙之根源第一義，然而宋明儒者所言之道德法則，並不是由人之觀念所成，亦不是人賦予天地道德法則，而是宋明儒者對於自然界之認識便有一先在的肯認（不是預設，是真的如此認為並非假設），認為此天地本有此道德法則，此天地的本質是善，此天地間的道德法則及其善的本質，是可以在人身上展現的。故以唯心論或

　　蕺山學的「理氣」是一不是二，理即是氣，氣即是理，這種說法肯認了人所存處之形器世界乃是一有內在理性之世界，此形器世界是一有秩序的世界，此世界乃是一有道德秩序的世界。〔註31〕另一方面蕺山此說實可回應晚明儒學學風之衰弊與釋道之挑戰而論，此種以「理爲氣之理」、「理氣是一體之兩言」、「理是氣自身內在之法則」，氣之內在之法則當就氣上見之說法，實可挽救晚明儒學學者與道釋之言性者往往流於「蕩之以虛玄」、「參之以情識」〔註32〕以及

　　　觀念論來說明宋明儒者的理論態型是不夠精確的。
〔註31〕杜保瑞先生云：「理氣關係之辨自朱熹明後之後，雖然已建立了理氣二元不離不雜的宇宙論思想，然此說在晚明儒者思想中已受到嚴屬的挑戰，蕺山承續晚明論理氣關係的學風，已漸歸於氣一元論的思想陣營中，而主張理在氣中，有是氣方有是理，此義中之理並非不存在，只不以另爲一物之身份存在。蕺山的世界觀，是直就形下世界形形色色中肯定其形下世界的實在性，形上之理就在此形下世界中。避免將此理之存在，因另設一形上世界來安置，而致令學者入道之功夫，求於虛玄縹渺的形上世界中，而不能著實於此現實世界中實用其力者。至於理之爲氣之理的身分，蕺山當然仍保留之，且此理自是尊而無上，遂足以爲氣之主宰，既以理爲氣之主宰，則氣若理之所從出者，但只是因理足以爲主宰，故氣『似若』理之所從出，卻並非理生氣者。總之蕺山之理即必然是不能爲另一實存之獨立元素，而只有氣能當之，氣中自有是理，是故又可即就氣化流行的形下世界之千萬紛芸中，實見出此理之主宰於其間者，此又即『物物一太極』之義也。」見杜保瑞《劉蕺山的工夫理論與形上思想》，頁249。
〔註32〕蕺山曰：嗚呼！吾讀圖說而識道之原委焉，讀〈東〉、〈西銘〉而識道之際量焉，讀微旨而識道之途徑焉，讀定論而識道之要歸焉。雖言人人殊，合之皆慎獨之學也。美哉！洋洋乎！道在是矣，又何旁求乎！（錄本作「焉」。）或曰：「周子言無極，無乃太極之上更有無極否？」（錄本作「乎」。）余曰：非然也。《易‧大傳》曰：「形而上者謂之道，形而下者謂之器。」器非道也，而即以載道。周子本謂陰陽之上更無太極耳。後人不察，轉從無字（錄本作「義」。）索解，遂爲異學立幟。佛氏者，惑於無之深者也。橫之無際，則絕類遺倫；縱之無朕，則墮智去故。故其言性也以覺，而遺其所覺之理之爲天；其言心也以空，而昧其宰空之神之爲獨。無本體，并無工夫，其究歸於無忌憚，余所爲竊吾（錄本有「儒子」字。）宗而叛爲焉者也。見《劉宗周全集》第三冊下〈宋儒五子合刻序〉，頁724。
　　　又曰：今天下爭言良知矣，及其弊也，猖狂者參之以情識，而一是皆良；超潔者蕩之以玄虛，而夷良於賊，亦用知者之過也。夫陽明之「良知」，本以救晚近之支離，姑借《大學》以明之，未必盡《大學》之旨也。而後人專以言《大學》，使《大學》之旨晦；又借以通佛氏之玄覺，陽明之旨晦，又何怪其說愈詳而言愈厖，卒無以救詞章訓詁之錮習，而反之正乎？見《劉宗周全集》第二冊《證學雜解‧解二十五》，頁325。由蕺山所言可知，晚明儒學學風確有參之以情識者，或蕩之以虛玄。

「支離」之弊。〔註33〕使人認識到，道德天命之證成不能忽略人自身及人所處之形氣世界，蓋此一形下之器世界與人皆由一道德性義之氣所形構，雖天道是無形而不可見，然因形上與形下不離，道器、體用是一，〔註34〕人與天道之本質無異，是以人如欲掌握與實踐形上之天命、天道，實可由此形器世界入手，此形器世界是人所可以直接掌握的，〔註35〕如此便可求挽學者言成德工夫時，專就心上求而忽略了客觀的形氣世界，流於蕩之以虛玄游談而無垠之弊。蕺山以理爲氣自身之內在法則，賦于氣一客觀之道德律則。如此，便提點了專言心者，當重視心之內在之超越律則，不可專以知覺言心，心有內在之理性法則，如此則可避免「參之以情識」之危險。也由於蕺山言「理氣不相離」，「理於氣

〔註33〕杜保瑞先生亦同意此看法，杜保瑞説：蕺山在本體理論中一再而言的實有此至善本體者，則是針對時儒談本體的虛玄之病而發，尤其表現在誠意説中對陽明後學的批評者。至於蕺山的形上思想處處表現了會合形上形下世界的企圖。亦正如勞思光先生所言之「合一觀」者的，其目的則是針對晚明形上思想的駁雜支離而設，而此一在形下思想中「黜支離」的努力，實又爲蕺山要求實實在在作功夫時，爲保證功夫的一貫性所設的，綜言之，本體理論提出至善本體的實在性，使蕺山的工夫實有所對，故可要求實作此功夫，而形上思想的合一性，使蕺山的功夫有一貫性，故可實成其功。……並藉掃除宋明儒學一切形上思想，另一方面又能爲整個宋明儒學思想學説作了最後的總檢視之成就者。見杜保瑞《劉蕺山的功夫理論與形上思想》，頁247～248。杜保瑞先生又説：蕺山形上思想的要點既然在於「黜支離」，以爲功夫之一貫之保證，則其形上思想便有以下幾個特色，首先，在理氣關係上即主張理在氣中的氣化一元宇宙論，理既在氣中，則性氣關係、道器關係、心性關係等則皆將合而爲一，而成爲形上形下合一的世界觀。同時由於心性關係也是合一及一元氣化的宇宙論，則人心亦是一氣，如此，人心自必與天地萬物同其流行，則形成同理同體的人與天地萬物的關係。並在以上基礎中，從性言之天道本體，及從心言之心之本體，又必融貫爲一，而使得所有形而上的本體概念，及功夫之一貫得以保證，任何一條功夫進路皆得上通天命之性的至善本體。參見杜保瑞《劉蕺山的功夫理論與形上思想》，頁248。

〔註34〕蕺山曰：盈天地間一道也，盈天地間一學也，自其小者而觀之，無用非體也；自其大者而觀之，無體非用也。故曰「顯諸仁，藏諸用」，又曰「小德川流，大德敦化」。此之謂體用一原、顯微無閒。（《劉宗周全集》第三冊下〈古小學通記序〉，頁746。

〔註35〕蕺山曰：盈天地之間，凡屬可見、可聞者，皆地道也。其不可見、不可聞者，則天道也。天道一氣周流，任運而動，猶不無氣盈六日之病，而終能過而不過，成造化之功者，實以地道一逆，分布之爲七政，而行之以漸。時時有節宣之妙，天道所以生生不已也。左右互旋，順逆相生，陽得陰遇，乃成歲功。故曰：「易，逆數也。」於人心何獨不然，夫人心有七政焉，七情是也。非用逆，何以作聖。見《劉宗周全集》第二冊《讀易圖説》，頁152。

中見」，使得主觀之心性有了內在之客觀之形上之道德法則，有了形上之超越之根據。這樣一來便可解決儒學心性論由孟子、象山、陽明以來性天之尊隱沒不顯之病。〔註36〕

　　要之，蕺山對於理氣關係採理氣一體之兩分的說法，實可對治儒學當時流於情識，蕩之虛玄之弊病，非徒為一理論之空說。

〔註36〕孟子言盡心知性以知天，雖目的在於知天，然人在實際之道德踐履的操作中，功夫能入手著力處，即在於心上，藉由盡心此一進路，人得以證成天命之性。由於工夫的入手處在於心，因之心便為人所重視。相較之下，性天由於是抽象而玄遠的，是以較易為人所忽略而不得彰顯。至象山與陽明時，此種特性更加明顯，象山言「心外無理」「心外無物」，陽明則專言致良知，認為此心即天理，象山、陽明這樣的說法更讓客觀之性天之義為所人所輕忽，而無由彰顯。

第五章　心性一體兩言之道德主體理論架構

　　宋明儒學又名「理學」、「心性之學」，其學之「重心」在於探究「人之本質」、「人的價值」、「人的心性」諸問題，其「方法」是透過形而上學的論證來回答「人是什麼」此一問題，我們認爲這樣的學問實可謂爲「道德性命之學」或是「道德的形上學」，蒙培元先生說：

> 理學又叫「道德性命之學」或「心性之學」，說明它是以心性爲中心
> 範疇的道德形上哲學。〔註1〕

又曰：

> 理學心性論也不同於原始儒家的人性學說，它不是從人本身出發來說
> 明人，就是說，它不僅僅是一個倫理學的問題。它的特點是，從宇宙
> 論說明人性論，從宇宙本體說明人的存在，把人提升到宇宙本體的高
> 度，從而確立人的本質、地位和價值。它認爲自然界賦予人以內在的
> 潛在能力，即所謂本體存在，通過自我實現，即可達到同宇宙自然界
> 的無限性的統一。從這個意義上說，心性範疇是宇宙論的眞正完成和
> 實現，而不是與之對立的異在的範疇體系。〔註2〕

由於宋明儒學是以形而上學之論證來回答「人是什麼」此一問題，因此開出了「理」、「氣」、「心」、「性」等四個中心範疇。此四個範疇又可分爲二個面向，粗略的說，「理」、「氣」是就客觀之宇宙論而言，「心」是主觀內在的超越、「性」是客觀內在之超越，此主觀內在之超越與客觀內在之超越便是人之

〔註 1〕　見蒙培元《理學範疇系統》，人民出版社，1998 年 5 月北京第 2 刷，頁 173。
〔註 2〕　同前註，頁 174。

主體。宋明儒學這種形上學的方法，使人與自然界產生了同質性，借由此同質性，人與自然界之溝通便得以可能。〔註3〕由於天是抽象而超越之形上實存，是人所無法直接企及與掌握的，因此與天具同質性之具體實存之人自身之心與性便成了證成天道之最佳入手著力處。也因此，心性這兩個概念範疇便成為宋明儒學之核心範疇。

第一節　心為理氣兩言之創造性實體

一、心是理氣兩言之創造性實體

「心」與「性」是宋明儒學的核心概念，通過「心」、「性」之概念，以內在超越的方式，建構了理學道德主體論。蕺山為明末大儒，其學亦以心性之學為重心，關於「心」之概念，蕺山曰：

> 此心原自惺惺，純乎天理，無一毫間斷，即是無息之體。〔註4〕

由於「心」亦由充周天地之間之氣所形構，是以「心」是一氣心。然而此充周之氣不只是一物質之氣，此氣自身有內在與氣自身一而無異同質之形上至善之道德律則，此道德之律則於天處即謂之天理，於人心處即謂之性者是也，其於人心之呈顯即是惻隱、羞惡、辭讓、是非等四端（四德），是以蕺山謂此心原自惺惺，純乎天理。由於氣之本質是一德性之質，故氣不僅是物質義之氣，亦為一德性義之氣。因心是此德性義之氣所形構，是以吾人可知此心即是一德性義之氣心。然而，「心」除了是一純乎天理至善之心外，「心」亦是至虛至無之心，蕺山曰：

> 惟天太虛，萬物皆受鑄於虛，故皆有虛體。非虛則無以行氣，非虛
> 則無以藏神，非虛則無以通精。即一草一木皆然，而人心為甚。人
> 心，渾然一天體也。〔註5〕

〔註3〕此處所言之自然界乃指天，此天乃是德性義之天；此種德性義之天之看法乃是宋明儒承繼《中庸》：「天命之謂性，率性之謂道，修道之謂教」之說法而來。由於天是德性義，而人之性是天所命於人，而人之心是「天之所予」，因之人與此天便具同質性，同具德性義。由於天是抽象而超越之形上實存，是人所無法直接企及掌握的，因此與天具同質性之具體實存之人自身便成了證成天之道最佳入手及與著力處。

〔註4〕見《劉宗周全集》第二冊《會錄》，頁619。

〔註5〕見《劉宗周全集》第二冊《學言中》，頁482～483。

又曰：

> 心體渾然至善。以其氣而言，謂之虛；以其理而言，謂之無。至虛，
> 故能含萬象；至無，故能造萬有。〔註6〕

心之體其本質是充周天地間之德性之氣，是天之體，是以其為渾然至善者。此渾然至善之體，其亦為至無至虛之體，言其「虛」乃就心之「氣」這一面向言，言其「無」乃就其心之「理」這一面向而言。是以知，言「虛」與「無」實是一而就理氣兩個面向言。也因此吾人可知，「心」此一概念於蕺山處乃為一即理即氣之存有。心因是「氣」與「理」之綜合體，是以心即為至虛至無者。因心體是太虛之體，是至虛者，是以氣機之流轉方能運行而無滯，是以「心」方能行氣、藏神、通精，因此蕺山曰：「非虛無以行氣，非虛無以藏神」。因心能行氣、藏神、通精，是以「心」能形鑄萬有。「心」亦因其為至無者，是以「心」能創造萬有。心能形鑄萬有創造萬有，因之吾人實可謂此「心體」乃為一創造性之實體。

合上所言可知，於蕺山處，此心體乃是虛是無是理是氣，亦即所謂「理」與「氣」、「虛」或「無」，乃就此心體而作兩面分說。也因此吾人得以知道，於蕺山處，「心」乃是即理即氣之創造性之實體，是一即存有即活動之心，「心」非為一精神性實體，亦非為一純粹物質性之實體。心乃是一有內在法則之氣心。〔註7〕

二、「心」合「性」言方為道德主體

承前文，心是一至虛至無者，就其氣而言，心是至虛者，就其理而言，心是至無者，如此吾人可知理與氣是心之一體之兩種面向言，心有此理方能成為德性義之心。理氣之關係如此，心性亦復如此，心亦需合性而言方能有德性義，蕺山曰：

〔註6〕 見《劉宗周全集》第二冊《學言中》，頁483。
〔註7〕 大陸學者東方朔先生亦曾表示相似之看法，東方朔說：「蕺山曾提出心以氣言謂之虛，心以理言謂之無之論斷，心因其至虛至無，故能含萬象、造萬有。此一說乃是就心之本體存在義本身所具之活動性上言。至虛、至無是心之性格。而此一性格原本就具有收攝與造作功能，因而心乃即本體（存有）即活動，理氣便成為心之性格的本體作用相。」見東方朔《劉蕺山哲學研究》，上海人民出版社1997年3月1版1刷，頁89。基本上筆者同意東方朔先生的看法，只是不能同意東方朔先生以理氣為本體之作用相，蓋筆者認為蕺山學的思想當是理氣即本體，本體即是理即是氣，理氣是本體之一體之兩言，理氣非為本體之作用相。

心一也，合性而言，則曰仁；離性而言，則曰覺。覺即仁之親切痛癢處，然不可以覺爲仁，正謂不可以心爲性也。又（自「合性而言」下至此，新本無）總（新本作「統」）而言之，則曰心；析而言之，則曰天下、國、家、身、心、意、知、物。惟心精之合意知物，麤之合天下國家與身，而後成其爲覺。爲覺，其爲仁也（新本無六字），若單言心，則心亦一物而已。凡聖賢言心，皆合八條目而言者也，或止合意知物言。維《大學》列八目之中，而血脈仍是一貫，正是此心之全譜，又特表之曰「明德」。〔註8〕

前文已言「覺」是心之內容，然而心並非只是能覺者，心除了是能覺者之外，心尚有內在本有之「性」作爲內容。是故言心不可只言覺，言心需合覺與性而言之，故蕺山曰：「心一也，合性而言，則曰仁；離性而言，則曰覺。覺即仁之親切痛癢處，然不可以覺爲仁，正謂不可以心爲性也。」。心若離此道德律則之性而言，則心只爲一虛明靈覺者，只是能覺、可覺者，只是一能感官而無內在道德律則之實存，無內在道德價值判斷之標準，心不能成爲一道德之主體，〔註9〕是以蕺山謂之曰「若單言心，則心亦一物而已」。蕺山認爲心惟有合性而言之，則心方能有內在律則與價值判斷之標準，方能成爲道德主體之心。心也惟有與性合而言之，其活動方能不只是覺，心之活動方能有如理之活動。也由此吾人可知蕺山所言之「心」乃就知覺言，而性則是提供此心道德律則之根據。需說明的是，蕺山雖以心爲知覺，而性則是就理而言，然此二者仍是一體，之所以分言心性，只是就此一體之不同面向言，非謂眞有心性不同之獨立實存。由於蕺山認爲「心」需合「性」而言之方能成爲一

〔註8〕 見《劉宗周全集》第二冊《學言上》，頁457。

〔註9〕 蕺山曰：「性者，心之理也，心以氣言，而性其條理也。離心無性，離氣無理，雖謂氣即性，性即氣，猶二之也。惻隱、羞惡、辭讓、是非，皆指一氣流行之機，呈於有知有覺之頃，其理有如此，而非於所知覺之外，另有四端名色也。」見《劉宗周全集》第三冊上〈復沈石臣〉，頁426～427。由於性是心之條理，故知性之於心，性乃提供了心之運動變化之律則與標準。又因惻隱、羞惡、辭讓、是非是性呈顯於心之處，是四端（是四德），是故性亦使心成爲一道德義之主體。如此性之於心，可謂爲心之內在本有之道德法則。需說明的是於蕺山處，性與心之關係非如朱子所言之性與心之關係，蓋朱子所言之性與心雖不離，然心性不能不是二，心之於性，只是一載具，而性也只是一只存有而不活動者。蕺山則不然，蓋蕺山所言之性與心之關係，是一體之兩言，是一不是二，性亦是一動態之存有。筆者這樣的說法，將於後文證明之，於此不擬作深入之論述，請諒察。

道德之主體，如此，不僅性之地位於此被突顯出來，心亦因有性，則心除了是形下之氣心之外，心亦是一有內在律則之心。蕺山賦予心這樣的意義，楊國榮先生認為此一意義上之心，無非是性體的另一種說法，其意味著理性本體之挺立。〔註10〕

三、「心」以靜為樞紐

蕺山認為天理是動中有靜，靜中有動，是動靜妙合無間者，因其動靜妙合無間，故天理實可謂之曰無動無靜。人心則不然，蕺山認為人心是靜以宰動，以靜為主而常靜，故動者必歸於靜，蕺山曰：

> 動中有靜，靜中有動者，天理之所以妙合而無間也。靜以宰動，動復歸靜者，人心之所以有主而常一也。故天理無動無靜，而人心惟以靜為主。以靜為主，則時靜而靜，時動而動，即靜即動，無靜無動，君子盡性至命之極則也（一本註「以下甲戌」）。只此動靜之理，分言之是陰陽，合言之是太極，故曰：「一陰一陽之謂道。」即分即合是太極，非分非合是無極，故曰：「陰陽不測之謂神。」

蕺山認為天理之所以能動靜妙合無間者，蓋因天理之動靜是靜中有動，動中有靜，非靜中無動，動中無靜之相對動靜。由於天理之動靜是妙合無間者，是故謂之曰「無動無靜」。人心則不然，人心之所以有主而常一，蓋因人心以「靜」為主。靜時固然是靜，動時亦必復歸於靜，要之一靜也。是以人心雖因時位而有動之，然因其必歸於靜，故「心」實可謂為以靜為主宰。心之體雖以靜為主宰，然而心體不即是一至靜無動之體，心體是一靜而無靜、動而無動之體，因此是以蕺山曰：

〔註10〕楊國榮先生說：「與性為一之心，不僅超越了感性的氣血，而且亦不同於單純的靈明知覺。劉宗周對此作了言簡義賅的闡釋：『心一也，合性而言，則曰仁；離性而言，則曰覺。』如前所述，覺是一種理性的能力與活動，它並不涉及具體的內容；仁則泛指一般的倫理意識，亦即普遍道德規範的內化。性作為理性本體，並不是無內容的空靈之物，它既有其形式義，又有其實質義。實質地說，性總是折射著一定的道德關係，並具體表現為當然之則的內在化。按劉宗周之見，心若抽去性的規定，便只是空靈的能覺，惟有與性合一，心才能獲得具體的道德內容，並進而被提升為實質的倫理本體。可以看到，合性而言之心，已超越本然而成為當然的具體形態，這一意義上的心體，實際上無非是性體的另一種表述，而以性說心，則意味意著進一步挺立理性本體。」見楊國榮《理性與價值──智慧的歷程・性體的重建》，上海三聯書局，1998 年 5 月 1 版 1 刷，頁 293。

> 性無動靜者也，而心有寂感。當其寂然不動時，喜怒哀樂未始淪於無。及其感而遂通之際，喜怒哀樂未始滯於有。以其未始淪於無，故當其未發，謂之陽之動，動而無動故也。以其未始滯於有，故及其已發，謂之陰之靜，靜而無靜故也。動而無動，靜而無靜，神也，性之所以爲性也。動而無動，靜而無靜，物也，心之所以爲心也。
> 〔註11〕

又曰：

> 所云造化人事，皆以收斂爲主，發散是不得已事，正指獨體邊事，「天向一中分造化，人從心上起經綸」是也，非以收斂爲靜，發散爲動也。一斂一發，自是造化流行不息之氣機，而必有所以樞紐乎是，運旋乎是，則所謂天樞也，即所謂獨體也。今若以獨爲至靜之體，又將以何者爲動用乎？〔註12〕

「心」是大化生生之氣之運行不息，而所謂的「心」以「靜」爲主，蓋言心於運動作用之中，有靜以爲主宰之樞紐，使心於動時必歸於靜。心於運動變化之中，有靜以爲此心之主宰，非謂心爲一至靜而無動者，故蕺山謂之曰：「今若以獨爲至靜之體，又將以何者爲動用乎」。由於心之體其動是動而無動，其靜是靜而無靜者，其既非爲至靜之體，亦非爲時位之動靜，是以蕺山又曰：

> 此所謂動，非以動靜之動言也，復其見天地之心是也。心只是一個心，常惺而常覺，不可以動靜言。動靜者，時位也。以時位爲本體，傳註之誤也。雖然，時位有動靜，則性體與之俱動靜矣。但事心之功，動也是常惺惺，此時不增毫末，增毫末則物於動矣；靜也是常惺惺，此時不減毫末，減毫末則物於靜矣。此心極之妙，所以無方無體，而愼獨之功必於斯爲至也。〔註13〕

所謂動靜者，動則無靜，靜則無動，動靜是相對之概念，彼此不能互涵，是有所偏者，因之蕺山認爲「動靜」此二者，實不能做爲描繪天理概念。〔註14〕

〔註11〕見《劉宗周全集》第二冊《學言上》，頁462。（舊鈔「性之所以爲性也」下作「動中有動，靜中有靜，物」九字，「物」字復抹去。新本上無「神也」二字，「性也」下承云：「性之所以爲性，即心之所以爲心也。」一本照舊鈔「物」下添「也」字，今從周子語訂正。）見《劉宗周全集》第二冊《學言上》，頁462～463。

〔註12〕見《劉宗周全集》第三冊〈示金（鋐）鮑（濱）二生〉，頁396。

〔註13〕見《劉宗周全集》第五冊《子劉子行狀》，頁46～47。

〔註14〕蕺山曰：「此所謂動，非以動靜之動言也，復其見天地之心是也。心只是一個

蓋天理做爲生生不息妙化不已者，其運動變化乃爲動靜妙合無閒者而無偏者，動中有靜，靜中有動。動中有靜，則動不即是動，靜中有動，則靜不即是靜。因動不即是動，靜不即是靜，是以謂天理無動靜。於此需說明的是，如依蕺山之說，以靜爲主宰，是天樞，是氣機之樞紐，如此則「靜」之義當不是常識義動靜相對之靜，蓋動靜相對之靜，乃是時位之動靜，時位之動靜是一狀態義，如何能爲成主宰爲樞紐者，是以吾人實有需要追問蕺山所言之以「靜」爲主宰而樞紐其間之「靜」之意義爲何？

四、循理爲靜

前文已述，以靜爲主宰，是天樞，是氣機之樞紐，之「靜」其意涵指攝當不是常識義動靜相對之「靜」，蓋動靜相對之靜，乃是時位之動靜，時位之動靜是一狀態義，如何能爲成主宰爲樞紐者？因此我們認爲蕺山於人心處所言之「靜」其意涵當與常識所言之「靜」不同，亦即蕺山於人處所言之靜與動靜相對之「靜」，其意涵實有不同。細考蕺山文集吾人可發現，蕺山於人心處所言之「靜」是以循理爲靜，不是動靜相對之靜，非爲時位義之靜，非指寂然不動謂之靜，故蕺山曰：

> 循理之謂靜，從欲之謂動。〔註15〕

又曰：

> 循理爲靜，非動靜對待之靜。〔註16〕

因所謂「靜」者是指心能如理而行，是以所謂動者即指此心不能如理而行者，

心，常惺而常覺，不可以動靜言。動靜者，時位也。以時位爲本體，傳註之誤也。雖然，時位有動靜，則性與之俱動靜矣。但事心之功，動也是常惺惺，此時不增毫末，增毫末則物於動矣；靜也是常惺惺，此時不減毫末，減毫末則物於靜矣。此心極之妙，所以無方無體，而慎獨之功必於斯爲至也。」見《劉宗周全集》第五冊《子劉子行狀》，頁45～47。蕺山又曰：「無極而太極，獨之體也。動而生陽，即喜怒哀樂未發謂之中；靜而生陰，即發而皆中節謂之和。纔動於中，即發於外，發於外則無事矣，是謂動極復靜；纔發於外，即止於中，止於中則有本矣，是謂靜極復動。一動一靜，互爲其根，分陰分陽，兩儀立焉。若謂有時而動，因感乃生，有時而靜，與感俱滅，則性有時而生滅矣。蓋時位不能無動靜，而性體不與時位爲推遷，故（一本作「是故」。）君子戒慎乎其所不睹，恐懼乎其所不聞，（一作「戒懼於不睹聞」。）何時位動靜之有。」《劉宗周全集》第二冊，《學言上》，頁464～465。

〔註15〕見《劉宗周全集》第二冊《五子連珠・周子》，頁204。

〔註16〕見《劉宗周全集》第二冊《聖學宗要・陽明王子・良知答問・答陸元靜澄》，頁287。

為物欲所蔽者，蕺山曰：

> 須知動便是物欲心，物欲心未淨，遇事作緣，免不得張皇之病。
> 〔註17〕

由於蕺山以循理為靜，為物欲所蔽者為動，故蕺山認為人當食而食，當衣而衣，如其理而行即是心之靜體，蕺山曰：

> 如知寒思衣，知饑思食，此心之動體也；當衣而衣，當食而食，此
> 心之靜體也。〔註18〕

也由於蕺山所言之靜是循理而為靜，能如造化不息之機者即是靜，非為一時位相對不能相涵之偏滯之靜，故蕺山認為人如於生生大化之理外別求一個靜，則所求者即是動靜相對義之靜，是一偏滯之靜，是一時位之靜，不是如理為靜，這樣的靜，蕺山認為是寂滅而不是靜，故蕺山曰：

> 人生實無無思無慮時，思慮是生生不已，同造化不息之機。若有意
> 求靜，便是寂滅。〔註19〕

因「理」做為氣自身之法則，是氣之主宰，氣之種種運動變化皆依自身之理而行。今言循理為靜，則靜者即是氣能如其理而行，靜即是理之全然呈顯，是以所謂「靜為主」其意乃指「理為主」。由於天地萬有乃是由氣之聚散變化所成，而此變化之氣機的樞紐是理，故知於蕺山處，形氣世界雖由氣所形構，然而此氣乃是一有理序之氣，是以人所處之世界亦為一有序之世界，且此形氣世界的種種遷流皆有其內在之律則以主之。蕺山這樣的看法便透顯出，尊重理性法則之傾向，肯定了此理性法則的優位性。蕺山既以「靜」非動靜相對之時位之靜，是以蕺山亦認為濂溪所謂靜者，亦非動靜相對之靜。所謂靜者乃是氣之運動周流時無所偏頗凝滯，無所偏頗凝滯者即是能如其自身之理無妄而行，而此即是誠，〔註20〕故此「靜」是指循理而行，無所偏處者，非指時位之相對之「動靜」義，是故蕺山曰：

> 心體本無動靜，動靜者，所乘之機也。〔註21〕

〔註17〕見《劉宗周全集》第二冊《遺編問答》，頁417。
〔註18〕見《劉宗周全集》第二冊《會錄》，頁624。
〔註19〕見《劉宗周全集》第二冊《會錄》，頁619。
〔註20〕見蕺山曰：天命流行，物與無妄，此所為「人生而靜」以上不容說也。此處
　　　　并難著「誠」字，或「妄」焉亦不容說。見《劉宗周全集》第二冊《證學雜
　　　　解・解二》，頁305。無妄即誠，誠則此心運動變化即能循理，循理即是靜，
　　　　故天命流行，物與無妄，即是靜。
〔註21〕見《劉宗周全集》第二冊《學言下》，頁536～537。

又曰：

> 周子主靜之靜，與動靜之靜迥然不同。蓋動靜生陰陽，兩者缺一不得，若於其中偏處一焉，則將何以爲生生化化之本乎？然則何以又下箇靜字？曰：「只爲主宰處著不得註腳，只得就流行處討消息。」亦以見動靜只是一理，而陰陽太極只是一事也。〔註22〕

又曰：

> 無極而太極，獨之體也。動而生陽，即喜怒哀樂未發謂之中；靜而生陰，即發而皆中節謂之和。纔動於中，即發於外，發於外則無事矣，是謂動極復靜；纔發於外，即止於中，止於中則有本矣，是謂靜極復動。一動一靜，互爲其根，分陰分陽，兩儀立焉。若謂有時而動，因感乃生，有時而靜，與感俱滅，則性有時而生滅矣。蓋時位不能無動靜，而性體不與時位爲推遷，故（一本作「是故」）君子戒慎乎其所不睹，恐懼乎其所不聞（一作「戒懼於不睹聞」），何時位動靜之有？〔註23〕

因心是大化生生不息之氣所形焉，是以心於無思無爲之時，此心之氣亦仍是一運動周流不息，故曰：「此心嘗止者自然運」。心於應事接物時，雖是運轉不息，然其能如理而行，故曰：「此心嘗運者，自然嘗止。」嘗運嘗止者皆此一心，運中有止，止中有運，動中有靜，靜中有動，故言心不可以「動靜」分，存養省察亦不可截然分爲兩事。

第二節　即心言性、即性即情

一、性是粹然至善之體

戢山認爲所謂「性」者，乃是天地間一元生生不息之理。此生生不息之理，爲人心所統攝具存於人者，而其名之爲「性」，戢山曰：

> 一元生生之理，亙萬古嘗存，先天地而無始，後天地而無終。渾沌者，元之復；開闢者，元之通。推之至於一榮一瘁、一往一來、一晝一夜、一呼一吸，莫非此理。天得之以爲命，人得之以爲性，性率而爲道，道修而爲教，一而已矣，而實管攝於吾之一心。此心在

〔註22〕見《劉宗周全集》第二冊《學言上》，頁 444。
〔註23〕見《劉宗周全集》第二冊《學言上》，頁 464～465。

人，亦與之無始無終。不以生存，不以死亡，故曰：「堯、舜其心至今在。」〔註24〕

又曰：

> 竊謂當戰國時，諸子紛紛言性，人置一喙，而孟子一言斷之曰：「性善」，豈徒曰可以爲善而已乎？他日又曰：「天下之言性也，則故而已矣，故者以利爲本。」可見此性見見成成、停停當當，不煩一毫安排造作，這便是天命流行、物與無妄之本體，亦即此是「無聲無臭」。所云無聲臭，即渾然至善之別名，非無善無惡也。〔註25〕

由於「性體」是大化生生不息之理，是天命物與無妄物流行之體，是先天地而無始者，後天地而無終者，故知此生生之理乃爲第一序義，此一存有，乃是超越而絕對地，是先驗地的存有而非經驗地存有，是萬化所以能生生不息者，是無聲無臭而渾然至善者，故謂「性」爲「太極至善之體也」，蕺山曰：

> 至善，性體也，物之本也。其所從出者皆末也。〔註26〕

又曰：

> 極天下之尊，而無以尚，體（新本作「享」）天下之潔淨精微，純粹至善，而一物莫之或攖者，其惟人心乎？向也委其道而去之，歸之曰性。〔註27〕

又曰：

> 至善即性體，實無加于善之一毫。以定學宗，故表之曰「至」。猶《易》所謂「太極」也，故又曰：「無所不用其極。」〔註28〕

又曰：

> 人生而靜，天之性也，渾然至善者也。感於物而動，乃遷於習焉。習於善則善，習於惡則惡，斯曰遠於性矣。無論習於惡者非性，即習於善者，亦豈性善之善乎？故曰：「性相近，習相遠。」蓋教人尊性權也。〔註29〕

因「性」是天地大化之理，是一潔靜精微，粹然至善者，故「性」又謂之爲「大

〔註24〕見《劉宗周全集》第二冊《學言上》，頁439。
〔註25〕見《劉宗周全集》第三冊上〈答王右仲州刺〉，頁389。
〔註26〕見《劉宗周全集》第一冊《大學古記》，頁733。
〔註27〕見《劉宗周全集》第二冊《原旨・原學中》，頁334。
〔註28〕見《劉宗周全集》第二冊《學言下》，頁519。
〔註29〕見《劉宗周全集》第二冊《說・習說》，頁365。

極大化之體」。由於此「性」體是粹然至善者，故性非無善無惡者。因天地大化之理其於人處者乃在於「心」，故曰此「性」是心之條理，「性」是「心之性」。「性」是心之性，是人之所以爲人者，其之爲物乃是一大化粹然至善，潔靜精微者，如此則人當是一至善無惡者。既然人當是一至善無惡者，然則惡從何來，蕺山認爲人之所以會有惡，此乃因感物而動復又遷於習焉。蕺山認爲，人如習於自身之法則，如其理，此即是習於善，能習於善者則善生焉。反之人如習於遠於自身之理，此即是習於惡，習於惡者則惡生焉。由習而言之善者乃指人能如其理者，由習而言之惡者，乃指人不能如其理者。是以吾人可知，由習處所言之善與惡皆非人所本有，善與惡不是就本質而言，而是行爲是否合乎自身之法則言，善與惡乃是一種行爲之價值判斷，行爲合於理者即爲善，行爲不合於理即爲惡。因此可知習所成之善與惡皆非性所本有者，非先驗本有之實存，是經驗層後天而起之存有，因習所成之善與不善是後天而非先天的本質，故由習處所言之善與不善皆不能是性，性只是一粹然至善者，是以蕺山曰：

> 性無不善，而心則可以爲善。即心亦本無不善，而習有善有不善，種種對待之名，總從後天而起。諸子不察，而概坐之以性，不已冤乎？〔註30〕

二、心性之關係——心以氣言，性以理言

由前文吾人已知，心因性是以「心」乃是一純然至善者，因此性之於心乃居決定性之位置，也因此心與性之關係便顯的重要。關於這一點，蕺山認爲所謂「心」者乃是就氣言，心以氣言，故心是一形下之經驗心、氣心，蕺山曰：

> 性者，心之理也，心以氣言，而性其條理也。離心無性，離氣無理，雖謂「氣即性，性即氣」，猶二之也。惻隱、羞惡、辭讓、是非，皆指一氣流行之機，呈於有知有覺之頃，其理有如此，而非於所知覺之外，另有四端名色也。〔註31〕

又曰：

> 性以理言，理無不善，安得云無？心以氣言，氣之動有善有不善，而當其體於寂之時，獨知湛然而已，亦安得謂之有善有惡乎？〔註32〕

〔註30〕見《劉宗周全集》第三冊上〈答王右仲州刺〉，頁390。
〔註31〕見《劉宗周全集》第三冊上〈復沈石臣〉，頁426～427。
〔註32〕見《劉宗周全集》第二冊《學言中》，頁484。

心以氣言,性是此氣心之理,故蕺山謂離心無性,離氣無理,理氣心性是一不是二。因性是心之理,而心以氣言,是以「性」當是一氣理。因「理」之內容乃指惻隱、羞惡、辭讓、是非等德性,故此「理」並不是自然之法則,而是道德之律則。氣之理是德性化之理,故知此氣自身不只是一物質義之氣,更是一德性義之氣,心也因此是德性義之氣心。

性是理故無不善,心是氣心其於物感而動時,其發用之時或有善有不善。雖氣之發用作用時或有不善,然因氣之體是一粹然至善之質,是以氣於未感之時其所呈顯者,當是如其質,是粹然至善。故蕺山謂藏體於寂之時,安得謂之有善有惡。由此,吾人可知不善是後天經驗而有之,非為先驗本有,而氣之本然存有則是一至善之存有。

三、性是心自身之內在法則

於蕺山之前,程朱學者將「性」與「心」視為截然不同之概念,將「性」視為天之理,是形上超越者下貫於人處,將「性」視為人之道德的形上根據,將「心」視為形下之氣心,心與性之關係,心只是一工具義之心,是掛搭此超越性體之載具。蕺山則不然,於蕺山處,性是太極至善之體,是生生大化之理,此大化粹然至善之理於人身處乃名之為「心」,故「性」實可謂之為「心之性」,「性」與「心」非相對立不同質之概念,蕺山曰:

> 凡所云性,只是心之性,決不得心與性對。所云情,可云性之情,決不得性與情對。〔註33〕

性之於心,性非異於心而存在於心者,性只是心之性,心性是一不是二,心性是一體之兩分,性是就心上指出自身之條理,是就心之形上面言,心是就心之氣面上言,心性關係當是一體之兩分。雖心性兩分,總歸是一體,心與性決不相對,是以蕺山曰:

> 夫心,圍於形者也。形而上者謂之道,形而下者謂之器也。上與下一體兩分,而性若踞於形骸之表,則已分有常尊矣。……此性之所以為上,而心其形之者與。即形而觀,無不上也。離心而觀,上在何處?懸想而已。〔註34〕

蕺山謂「心」乃圍於形者,所謂圍於形即圍於氣血之中,氣血是現象界經驗

〔註33〕見《劉宗周全集》第二冊《學言下》,頁549。
〔註34〕見《劉宗周全集》第二冊《原旨・原性》,頁328～330。

層之存在，是以此心乃爲一現象界經驗層之存在。而道者則是不囿於形者，故其爲形而上者。形上之道與形下之器乃是上下一體之兩分，心與性、理與氣亦是一體之兩言。〔註35〕由於性是心之性，性是心之本體，是大化生生不息之體，而情是性之所發，情只可云爲性之情，不可以情與性對言，性與情是不同層次，故蕺山曰：「決不得心與性對」。

此外，因性就是心而言之，「道」、「器」、「形上」、「形下」亦皆就心而言之，所謂形而上者是就心之不囿於形之超越部分言之，形而上者不是內存於心而有異於心者。形而下者，則是指囿於形者。道與器的關係亦復如是，蓋道是指形而上者言，器是指形而下者言，前文既云形上形下皆皆就心上言，如此道器之關係亦不可離心而言，換言之，「形上」、「形下」、「道」、「器」皆不可離心而言之，離心而言之則「形上」無由看出，離心而言性，則性亦無由看出，故蕺山曰：「即形而觀，無不上也；離心而觀，上在所何？」

「道」與「器」、「形上」與「形下」之關係如此，「性」與「心」之關係亦復如是，前文已云「性」是心之條理，性非有別於心而爲心所具之一可獨立實存於心外之超越性精神實體。性是心自身之內在律則，有心方有性，性不能離心而言之。〔註36〕就如同水有水之理，水之理是內具於水，水之理是就水中指

〔註35〕牟宗三先生亦持類似之看法，牟宗三先生曰：「心性之所以能總歸是一者，因劉蕺山所說之心，不是朱子所說之形而下的「氣之靈」之心，乃是「意根最微」之意與良知之知，除繼承陸、王所說之心外，復特標出作爲「心之所存」之意，此種心仍是超越的道德自由自律之眞心，而非與理爲二之格物窮理之心（認知意義的心）；又，其所言之性亦不是朱子「性即理」之性，即作爲「只是理」之性，只存有而不活動之性，乃是本「於穆不已」而言之性，乃是「即存有即活動」之性，其內容與自心體而說者完全相同，不過一是客觀而形式地說，一是主觀而具體地說，故兩者既顯形著之關係以及自覺與超自覺之關係，復能不可以分合而言總歸是一也。若如朱子所了解之心與理（性）則不能是一也。見牟宗三先生《從陸象山到劉蕺山》，台北學生書局，1993 年 3 月 3 版頁 455。撰者甚爲同意牟宗三先生所言，只是牟先生言心是一超越的道德自由律之眞心，不是朱子所言之形而下的「氣之靈」之心。筆者則認爲蕺山所言之心亦是一形下「氣之靈」之心，此於本文中已詳述之，雖蕺山所言之心是一「氣之靈」之心，但卻與朱子之說有所不同。蓋朱子所言之「氣之靈」之心，其性其理只是存有而不活動者，與心與氣不得不爲二。而蕺山所言形下之「氣之靈」之心，心與性，理與氣乃是一體而兩言，實是一而不是二。性是指心內在之條理，然而卻不是具於心而異於心者，因其內具於心而非異於心，故「性」因心是一即存有即活動者，故「性」亦是一「即存有即活動」者，此即與朱子所言之理是一「只存有而不活動」者不同。

〔註36〕陳來先生言：人只有一個性，這個性從理的方面看，即人道的合理性來說是

出其條理，由水中見出。雖水之理其存有乃內在於水，然而卻不可以水言此理，蓋因理是就水自身之性質法則而言，是就水之抽象之形上之者言。而水則是就具體之存有物而言，水是形而下之經驗實存者，此一範疇所涵攝之範圍者實可包含「理」，只是言水往往是就其物質面言之；而水之理則是一抽象之實存，是一形而上者。此一概念範疇所涵攝之範圍是小於水，而爲水此一概念所攝。故水之理雖不異於水，然不可以水言之。理氣與心性之關係亦是如，心以氣言，性爲心之條理，是以此理乃爲氣理，此性乃爲氣性，復因心以氣言，性爲心之性，性爲氣性，在人爲性，在天爲理，如此則「理」爲「氣之理」，是以理非爲氣所具之有別於氣之獨立實存者，故曰：「離氣無理」。因性亦非爲心所具而有別於心之獨立實存，故曰：「離心無性」。也因此蕺山反對「氣即性」、「性即氣」，蓋因「性即氣」、「氣即性」之說，性雖內存於氣，然性終不是氣，性是有別於氣而存於氣之內者，故性氣終是二而不能是一，故蕺山曰：

> 夫性因心而名者也。……心之所同然者，理也。生而有此理之謂性，非性爲心之理心。如謂「心但一物而已，得性之理以貯之而後靈」，則心之與性，斷然不能爲一物矣。〔註37〕

又曰：

> 性無性，道無道，理無理，何也？蓋有心而後有性，有氣而後有道，有事而後有理。故性者心之性，道者氣之道，理者事之理也。〔註38〕

性是心之性，是有此心方有此性，性是從此心中見出此心之理，性非內具於

仁義禮智；而從氣的方面看，就是喜怒哀樂的有序迭運。正如理是氣之條理，性也是心之條理，性就是心氣流行之機，是呈現爲知覺的東西，是知覺自身的秩序、規範和條理。參見陳來《宋明理學》，頁418。關於此部分之詮釋，唐君毅先生亦曰：「念臺釋天命之謂性，非天所賦於我者爲性，而天命即性，即性便是天命，性外無天矣。……生意之周流無間，即氣之周流無間。此氣之周流無間也。無而有，有而無，故虛而靈。統虛靈以言此生氣曰心。就此虛靈之心中生氣之周流無間，運而有常，自主而不自失處，言心有主宰。心之主宰曰意。生意生氣之流行，無過不失之謂理。顯理之心謂之性。故仁即惻隱之心，義即羞惡之心，禮即辭讓之心，智即是非之心。而性遂非如朱子所謂心所具之理先於氣質者，而即是此氣質之性。氣質之性非即是氣質，乃此氣之條理。亦即氣之流行之正正當當而無過不及之差者，以爲之名。故念臺以爲言性不可在人生而靜以前說，而只能因心之理以立名。於是性理之名之成立，其次序位於心氣之名之後。唐君毅《哲學論集·晚明理學論集》，頁301〜320。

〔註37〕見《明儒學案》卷六十二〈蕺山學案·原性〉，頁1563。
〔註38〕見《劉宗周全集》第二冊《會錄》，頁608。

心而有別於心而獨立而實存者，故蕺山反對心但一物，得性之理以貯之這樣的說法，蓋因如此說則心性不得不爲二矣，是以蕺山又曰：

> 性者，心之理也，心以氣言，而性其條理也。離心無性，離氣無理，雖謂「氣即性，性即氣」，猶二之也。惻隱、羞惡、辭讓、是非，皆指一氣流行之機，呈於有知有覺之頃，其理有如此，而非於所知覺之外，另有四端名色也。即謂知此理，覺此理，猶二之也。良知無知而無乎不知，致知無思而無乎不思，不可以內外言，不可以寂感界。收動歸靜，取物證我，猶二之也。〔註39〕

又曰：

> 繼之者善，已落一班，畢竟離氣無所謂性者，生而渾則濁，生而清則清，非水本清而受制於質故濁也（一本有「如此則」字）。水與受水者終屬兩事，性與心可分兩事乎？予謂：「水，心也，而清者其性也。有時而濁，未離乎清也，相近者也。其終錮於濁，則習之罪也。」
> 〔註40〕

蕺山曰：

> 喜怒哀樂，所性者也。未發爲中，其體也；已發爲和，其用也；合而言之，心也。〔註41〕

「性」是心之理，心是就「氣」而言之，而性又爲此心之條理，是以此性乃爲一「氣性」，是心之氣理，是心之內在法則，是就人心中上指出此氣心之條理。由於性是心之性，心以氣言，故性亦當以氣言，因此「氣」、「性」其爲一也，「性」、「氣」是一不是二，故蕺山反對言「氣即性，性即氣」，蓋因如此言，則「氣」、「性」猶是二也。因天地間乃一氣流行，人心亦爲天德之氣周流不息。此天德之氣於人身上之呈顯，即是人心之惻隱、羞惡、辭讓、是非等四端之心，而成爲人之性，故性即是心之性。

四、「喜怒哀樂」即「仁義禮智」

　　承前文，因性爲心之性，此性於人身上之呈顯處，即人心之惻隱、羞惡、辭讓、是非等四端，此四端是人生而有之，如此即人生而有「仁義禮智」，因

〔註39〕見《劉宗周全集》第三冊上〈復沈石臣〉，頁 426～427。
〔註40〕見《劉宗周全集》第二冊《學言下》，頁 558。
〔註41〕見《劉宗周全集》第二冊《學言下》，頁 557。

人生而有「仁義禮智」，是以人之爲善成德方有可能，蕺山曰：

　　仁義禮智，皆生而有之，所謂性也，乃所以爲善也。〔註42〕

蕺山認爲「仁義禮智」與「喜怒哀樂」是異名而同實，仁義禮智與喜怒哀樂之所以異名而同實，蓋因喜怒哀樂是就氣言，而仁義禮智則是就理而言之，蕺山曰：

　　喜怒哀樂即仁義禮智之別名。以氣而言，曰「喜怒哀樂」；以理而言，

　　曰「仁義禮智」是也。理非氣不著，故中庸以四者指性體。〔註43〕

蕺山又曰：

　　一性也，自理而言，則曰仁義禮智；自氣而言，則曰喜怒哀樂。一

　　理也，自性而言，則曰仁義禮智；自心而言，則曰喜怒哀樂。〔註44〕

喜怒哀樂與仁義禮智雖一就氣而言之，一就理而言之，然而此二者實是一而不是二，故蕺山曰「喜怒哀樂即仁義禮智之別名」。此外，因二者是一，故理是氣之理，因理抽象無形，而氣是具象之實存，故理須於氣上方能看出，故是蕺山謂之曰「理非氣不著，故中庸以四者指性體」，又曰：

　　盈天地間，一氣而已矣，氣聚而有形，形載而有質，質具而有體，體

　　列而有官，官呈而性著焉，於是有仁義禮智之名。仁非他也，即惻隱

　　之心是；義非他也，即羞惡之心是；禮非他也，即辭讓之心是；智非

　　他也，即是非之心是也。是孟子明以心言性也。而後之人必曰心自（一

　　作「是」，下同）心，性自性，一之不可，二之得，又展轉和會之不

　　得，無乃遁已乎！至《中庸》則直以喜怒哀樂逗出中和之名，言天命

　　之性即此而在也，此非有異指也。惻隱之心，喜之變也；羞惡之心，

　　怒之變也；辭讓之心，樂之變也；是非之心，哀之變也。是子思子又

　　明以心之氣言性也。子曰：「性相近也。」此其所本也。而後之人必

　　曰理自理，氣自氣，一之不可，二之不得，又展轉和會之不得，無乃

　　遁已乎！嗚呼！此性學之所以晦也。然則尊心而賤性可乎？夫心囿於

　　形者也，形而上者謂之道，形而下者謂之器也。上與下一體而兩分，

　　而性若踞於形骸之表，則已分有常尊矣。故將自其分者而觀之，燦然

　　四端，物物一太極；又將自其合者而觀之，渾然一理，統體一太極。

〔註42〕見《劉宗周全集》第二冊《學言下》，頁 549。

〔註43〕見《劉宗周全集》第二冊《語類四・易衍》，頁 160。

〔註44〕見《劉宗周全集》第二冊《學言上》，頁 460。

> 此性之所以為上，而心其形之者與？即形而觀，無不上也；離心而觀，
> 上在何所？懸想而已。我故曰其外心也。先儒之言曰：「孟子以後道
> 不明，只是性不明。」又曰：「明此性，行此性。」夫性何物也，而
> 可以明之？但恐明之之盡，已非性之本然矣。為此說者，皆外心言性
> 者也。外心言性，非徒病在性，並病在心。心與性兩病，而吾道始為
> 天下裂。子貢曰：「夫子之言性與天，不可得而聞也。」則謂性本無
> 性焉亦可。雖然，吾固將以存性。〔註45〕

蕺山認為孟子言仁義禮智是就人心之惻隱、羞惡、辭讓、是非等四端之心而
言之，故孟子言性是「即心言性」，性既然可即心而言之，故心性當是一而不
是二，只是「性」乃就其隱微不顯面而言之，而心則是就其彰面而言之。因
心性是一不是二，故蕺山認為心性之關係不當如先儒所言，以「心」、「性」
為一組相對之概念。「心」、「性」之關係不能是相對的，是一不是二，形上形
下之關係亦復如是，只是一體之兩分。推之喜怒哀樂四者之所為太極之理，
其原因亦復如是，此二者亦復為一體，只是言四者乃是就分而言之，言一則
乃就合而言之，是故蕺山又曰：

> 無形之名，從有形而起，如曰「性」，曰「仁義禮智信」，皆無形之
> 名也。然必有心而後有性之名，有父子而後有仁之名，有君臣而後
> 有義之名，推之禮智信皆然。故曰：「形色，天性也，惟聖人然後可
> 以踐形。」一而二，二而一也。〔註46〕

喜怒哀樂為仁義禮智之別名，是知「仁義禮智」與「喜怒哀樂」乃一體之二
言。就其理而言即是「仁義禮智」，就其「氣」而言即是「喜怒哀樂」，理與
氣雖二言之，然而實為一而不是二，皆是一氣也。由於理是抽象超越之法則，
其存有是一無形之存有，而氣為具象之實存，因理是氣之理，理氣是一不是
二，故理之呈顯必藉由氣之形式開展，故蕺山曰：「理非氣不著」。

　　氣與性之關係亦復如是，性為氣之性，氣為具象之實有，而性為抽象超
越之法則，其存有是一無形之存有，故性必由氣上見，因之「仁義禮智」亦
必由「喜、怒、哀、樂」上見，故蕺山曰：「中庸以四者指性體」又曰：「官
呈而性著焉」。因蕺山認為，仁義禮智是天道之性於人心上呈顯而有之名，故
謂「於是有仁義禮智之別名」。因惻隱、辭讓、羞惡、是非等四端之心，是性

〔註45〕見《劉宗周全集》第二冊《原旨・原性》，頁 328～330。
〔註46〕見《劉宗周全集》第二冊《會錄》，頁 607～608。

呈顯於人身者，故知所謂性者乃即心而言之，心性當是一也。蕺山曰：

> 盈天地間皆性也，性，一命也；命，一天也。天即心即理，即事即物，而渾然一致，無有乎精粗上下之岐，此所以謂之中庸之道也。
> 〔註47〕

陳來先生說：「劉宗周主張心性一物，在他看來（意指蕺山），理只是氣的未發生變異的本然流轉及其秩序更迭，性只是心的本然流行和正常條理。所以他認為孟子說『惻隱之心仁也』，是正確的，因為孟子『以心言性』，並沒有把心性分為二物。他認為《中庸》即喜怒哀樂言天命之性也是正確的，因為這也是以心之氣言性。當然，劉宗周並不是認為氣就是性，而是說人之心氣流行運轉，喜怒哀樂迭相循環，此種正常表現就是仁義禮智，就是性，因而須在氣上認性，不能離氣言性。」〔註48〕要之陳來先生認為蕺山所言之「性」乃心氣之流行運轉而能有序者此即是性，氣性是一。雖氣性是一不是二，然並不是氣即是性，而是氣之流行能有序者方是性。人對於「性」之認取，需經由氣方能知之，亦即性需由氣顯。

　　牟宗三先生亦認為蕺山所言之心性關係當是形著與主客之關係，性需有氣方能取得其內容與意義，牟宗三先生說：「心與性之關係乃是一形著之關係，亦是一自覺與超自覺之關係。自形著關係言，則性體之具體而真實的內容與意義盡在心體中見，心體即足以彰著之。若非然者，則性體即只有客觀而形式的意義，其具體而真實的意義不可見。是以在形著關係中，性體要逐步主觀化，內在化。然在自覺與超自覺之關係中，則心體之主觀活動亦步步要融攝于超越之性體中，而得其客觀之貞定，既可堵住其『情識而肆』，亦可堵住其『虛玄而蕩』。此是第二步將心體之顯教復攝歸於性體之密教也，最後乃可心性是一。」〔註49〕

　　較之陳來先生所言，牟先生所言實更進一步的指出心性之關係是形著與主客之關係。基本上我們同意牟宗三先生的說法，但是需說明是，如依牟先生所言之心性關係，則蕺山所言之性體似為一可獨立於氣外之形上超越界之形上實體，氣之於性乃是一工具性，即氣只是讓性可以客觀化具體化之載具

〔註47〕見《劉宗周全集》第二冊《遺編學言》，頁568。

〔註48〕見陳來《宋明理學》，遼寧教育出版社，1997年4月1版4刷，頁416。

〔註49〕見牟宗三《從陸象山到劉蕺山》，台北學生書局，1994年3月再版3刷，頁453～454。

或工具，之所以言「氣」是爲了堵住心學言心性易流於「虛玄而蕩」與「情識而肆」之弊。牟先生這樣的看法似乎未能正視蕺山對於「氣」之重視，便使得蕺山學成爲二元論，使氣與性不是一，氣性實爲二。蓋牟先生雖言心體之顯教復攝歸於性體之密教也，最後仍可心是一。然而牟先生此一乃一種合一，是兩種不同合而爲一，不是一體而兩言之。因是兩種不同合而爲一，故心總歸不能是性，性總歸不能是心，此種一只是一合一，仍是二元論。唯有一體而兩面言之方能是一元論，此種一方能是「一而無二」。

　　牟先生對於蕺山學的理解實與筆者的理解不同，據筆者的理解，蕺山之理與氣之關係或心與性之關係實一而不是二，是一體之兩言，蓋蕺山所謂之性體雖是一形上超越之天命之體，然此形上超越之天命性體實是一氣之流行，非一人格神義之精神實體之天命，此天命之體，天非一可獨立於氣外之實存，其存在乃即是一氣之存在，其非是內存於氣中而有別於氣之可獨立實存之形上精神實體。故言其形上，乃指此天命性體爲一無形無象者，言此天命性體是超越者，乃言此天命性體是恆存不滅。蓋此天命性體自身即是氣，因氣是萬有所以存在之基礎，物之所以有生滅，乃因一氣之屈伸，屈則生，伸則滅，氣無生滅，物滅之後，仍爲一氣充周運轉不息。因「理」爲氣之條理，理氣是一非二，理即是理，理即是氣，故「氣」無生滅，「理」亦無生滅。復又因理爲氣理，在天爲理，在人爲性，故性乃一氣心之性，性是爲氣性，氣不滅，則性亦不滅，故是以「性」亦爲一超越之性。心雖爲一氣血之心，而有生滅，然因其爲一氣心，故亦具氣之超越法則，是故言心爲一超越之心，實是就心之內在法則面言，非就心之形式面言，亦即心之所以能獲得超越義是因其具氣內在之法則。而說明的是，雖心實有此一超越之性、超越之理，而爲一超越之心，然實不改此心爲一形下之氣心，所謂超越與形上實皆就此一氣心之不同面而言之。亦即筆者認爲蕺山之學不論於心性論或理氣論上皆不離「氣」而言之，蕺山這樣的氣實爲一種德性氣，非僅爲一種物質義之氣。筆者認爲如此似乎較接近視蕺山學中之「氣」思想，也由我們可以見出蕺山之「氣」思想與前儒之氣思想之不同處。

　　蕺山認爲「心」、「性」一也，是一體之兩說，「性」是就條理面言，「心」是就氣面言，「心」、「性」是一，心性是一體之兩說，是「性」是「心自身之理」，「性」非與「心」異而存與心中之獨立存有，「性」、「心」是一體之兩言，故蕺山曰：

> 性一心耳，心一知耳，許多名色，皆隨指而異，只一言以蔽之，曰：
> 「學問之道無他，求其放心而已矣。」入門究竟，更無別法，隨時
> 用力，隨處體認，無有喫緊於此者。〔註50〕

蕺山曰：

> 性之德也，合外內之道也，不離氣質而實不倚於氣質。〔註51〕

蕺山曰：

> 氣質還他是氣質，如何扯著性？性是就氣質中指點義理者，非氣質
> 即爲性也。清濁厚薄不同，是氣質一定之分，爲習所從出者。氣質
> 就習上看，不就性上看。氣質言性，是以習言性。聖人正恐人混習
> 於性，故判別兩項分明若此。曰「相近」云者，就兩人尋性，善相
> 同也。後人「不相近」之說，始有無善、無不善，可以爲善、可以
> 爲不善，有善、有不善之說，至荀卿直曰「惡」、揚子曰「善惡混」，
> 種種濫觴，極矣。〔註52〕

蕺山認爲所謂「性」者，乃氣質中的義理，非氣質即爲性。蕺山此說非謂氣
理爲二，蓋「性」爲氣質中之條理、義理，而非以氣質即爲性，其義尤如水
有水之理，然而此水之理是就水之有序言，故不以水即爲水之理言之，蓋言
水之理乃就水之性質之有序面言，而「水」乃就其形式義言。蕺山所言之「氣、
理」關係亦復如是，理是氣自身之條理，然不以氣言理，蓋因蕺山所謂之「理」
者，實就氣之有序面而言，非以氣質即爲理。

　　復次，此義理之性是氣質之主宰，是氣質之性所以能變化者。故知於蕺
山處，性實爲氣質之主宰。蕺山既以性爲氣質之主宰，又何以言氣質之性，
此乃吾人所欲追問者？察蕺山之所以必如此說，據唐君毅先生說：「其旨正在
說此性之體之『無時不能自呈其用於變化氣質之偏蔽，以成一元氣之周流之
中。』緣性不離氣質，而蕺山亦反對一切離心言性、離性見性之說，而恆即
心即情以言性。」〔註53〕依唐君毅先生的看法，蕺山必以氣質言義理之性，
實因蕺山認爲性不離氣質，故必以氣質言性，而反對了一切離心言性，離情
見性之說。蕺山曾言只有氣質之性而無義理之性，此乃因性乃爲言氣質中之

〔註50〕見《劉宗周全集》第三冊上〈復沈石臣〉，頁427。
〔註51〕見《劉宗周全集》第一冊《論語學案三・憲問第十四》，頁543。
〔註52〕見《劉宗周全集》第一冊《論語學案四・陽貨第十七》，頁600～601。
〔註53〕唐君毅先生之說實甚諦，讀者宜參之。見《中國哲學原論・原性篇》，台北臺
　　　　灣學生書局，1984年2月全集校訂版，頁474。

義理，是以如言有義理之性，即成義理之義理，語意之指涉即有困難，不知所指者何，故蕺山言只是一性，即氣質之性。

蕺山曰：

> 盈天地間皆道也，而統之不外乎人心。人之所以為心者，性而已矣。以其出於固有而無假於外鑠也，故表之為「天命」，云：「維天之命，於穆不已，天之所以為天也。」天即理之別名，此理生生不已處即是命。以為別有蒼蒼之天、諄諄之命者，非也。率此性而道在是，道即性也。修此性而教立焉，性至此有全能也。〔註54〕

蕺山認為盈天地間皆道也，道即性而統之於人心，故知此心乃為一具理性之氣心，此心之內在本質即道也即性也。此性是人之所以為人者，人之所以為天地之心者，即因人之心有此性也。所謂「天命」者乃是合性與心言之，所謂「天」者，即是理也，故曰「天即理之別名」，所謂「命」者，即是理生生不已處，生生不已處即是心也，亦即其所指者乃是人生而具有此大化流行、周行不息之天道，其所在處即是「心」。故蕺山曰：

> 盈天地間，皆物也。人其生而最靈者也。生氣宅於虛，故靈，而心其統也，生生之主也。〔註55〕

本章小結

在本章中，筆者主要探討的問題及蕺山學學說中「心之界說」與「性之界說」以及「心性之關係」，其目的乃是為了呈顯蕺山學說中的道德主體之理論型態及其理論之效力與義涵。筆者於本章探討中得到了以下幾點初步的看法。

一、「心」為理氣兩言之創造性道德主體，就「氣」而言則名之為「心」，就「理」而言則名之為「性」。

二、「心」需與「性」合言方足以稱為道德主體，如只言「心」，則「心」僅為一知覺之心。

三、「心」雖有動有靜，然而「心」之樞紐則是以「靜」為樞紐。

四、蕺山以「靜」為心之樞紐，然而蕺山所言之「靜」非常識所言之時位之動靜。蕺山謂所謂的「靜」乃是「循理」。

〔註54〕見《劉宗周全集》第二冊《說・中庸首章說（一作「天命章說」）》，頁350～351。

〔註55〕見《劉宗周全集》第二冊《原旨・原心》，頁327～328。

五、「性」之於「心」，性是內在於心而不異於心，與心同質之心自身之內在法則。

六、蕺山將情分爲四德之情與七情，所謂四德之情乃指以「喜怒哀樂」爲「仁義禮智」，此四德之情是人心所本有，如此便賦予四情道德義。而七情則非爲人所本有，是人心於物感而後有之者。

七、據筆者的研究，筆者認爲蕺山學之「心性論架構」，乃是心性一體兩言之道德主體理論架構。

以上七點是本章中探討所得之結論

第六章　道德法則與情之關係

第一節　「喜、怒、哀、樂」之德性化

　　於蕺山之前，喜怒哀樂四者，儒者普遍將之視爲人之情，是人心因物感而生者，其存有是經驗之存有，其存有非爲必然之存。蕺山則不然，蕺山認爲喜怒哀樂四者是天道元亨利貞之生生大化周流不息之氣，天道元亨利貞之氣是先驗之普遍而超越的，因之喜怒哀樂四者即是天道元亨利貞，〔註1〕因之喜怒哀樂亦是先驗而超越的，是無時而不有的，蕺山曰：

　　　　《中庸》言喜怒哀樂，專指四德（新本有「而」字）言，非以七情
　　　　言也。〔註2〕喜，仁之德也；怒，義之德也；樂，禮之德也；哀，
　　　　智之德也。而其所謂中，即信之德也。〔註3〕一心耳，而氣機流行
　　　　之際，自其藹然而起也謂之喜，於所性爲仁，於心爲惻隱之心，於
　　　　天道則元者善之長也，而於（新本作「其」，與下文異）時爲春。自

〔註1〕朱子亦曾以天之元亨利貞之四德，與人之仁義禮智之四德相配，依朱子之說因仁義禮智爲人心所具有之內在德性，則人心亦當具有元亨利貞之天德。

〔註2〕新本無此句。後道句下云：「原不以七情言，而以四德言。既云七情，何以減四？既云四情，何以喜樂二字犯重而又減爲三？乃知喜怒哀樂即仁義禮智之別名。『形而上者謂之道，形而下者謂之器』是也」。見《劉宗周全集》第二冊《學言中》，頁488。

〔註3〕新本下云：「人無一時離喜怒哀樂，故道不可須臾離。若以七情「云云至爲三，見上註。」且聖人固畢世而而無怒也。雖誅四凶，不過與應得之罪耳。親戚既沒，雖欲哀，誰爲哀者？是喜怒哀樂不必逐人皆具，而道有時而可離也」。見《劉宗周全集・學言中》，第二冊，頁488。

其油然而暢也謂之樂，於所性為禮，於心為辭讓之心，於天道則亨者嘉之會也，而於時為夏。自其肅然而斂也謂之怒，於所性為義，於心為羞惡之心，於天道則利者義之和也，而於時為秋。自其寂然而止也（新本作「愀然岑寂而止也」）謂之哀，於所性為智，於心為是非之心，於天道則貞者事之幹也，而於時為冬。乃四時之氣所以循環而不窮者，獨賴中氣存乎其間而發之，即謂之太和元氣，是以謂之中，謂之和，於所性為信，於心為真實無妄之心，於天道為乾元亨利貞，而於時為四季。〔註4〕自喜怒哀樂之存諸中而言，謂之中，不必其未發之前別有氣象也。即天道之元亨利貞，運於於穆者是也。自喜怒哀樂之發於外而言，謂之和，不必其已發之時又有氣象也。即天道之元亨利貞，呈於化育者是也（新本下云：「蓋以表裏言，不以前後際言也。」見前「自濂溪」條註）。惟存發總是一機，故中和渾是一性。如內有陽舒之心，為喜為樂，外即有陽舒之色，動作態度，無不陽舒者。內有陰慘之心，為怒為哀，外即有陰慘之色，動作態度，無不陰慘者。推之一動一靜，一語一默，莫不皆然。此獨體（一作「覺」）之妙，所以即隱即見，即微即顯，而慎獨之學，即中和即位育，此千聖學脈也。〔註5〕自喜怒哀樂之說不明於後世，而性學晦矣。〔註6〕千載以下，特為拈出。〔註7〕

〔註4〕 後「謂之器是也」下云：「喜也者，仁之氣也，於時為春，即天道之元。怒也者，義之氣也，於時為秋，即天道之利。哀也者，智之氣也，於時為冬，即天道之貞。樂也者，禮之氣也，於時為夏，即天道亨。而謂之中，即五常之信，如天道之有中氣。」見《劉宗周全集》第二冊《學言中》，頁488。

〔註5〕 後「中氣」下云：「是故於喜怒哀樂見人心之全體，於未發之中見天命之本性，而發而中節之和即於此見焉。蓋曰自其存者而言，謂之中，謂之天下之大本；自其所發者而言，謂之和，謂之天下之達道。中外一機，中和一理，故曰體用一原，顯微無間，並不以前後際言也。四氣流行，無物不有，無時不然，即日用間一呼一吸，一作一止，一衣一食，皆可取證，而喜怒哀樂，其象也。」見《劉宗周全集》第二冊《學言中》，頁490。

〔註6〕 後「其象也」下云：「若徒以七情言，如笑啼哂恚之類，畢竟有喜時有不喜時，有怒時有不怒時，以是分配性情，不得不以斷滅者為性種，而以紛然雜出者為情緣，分明有動有靜。或又為之調停其間，曰：『未發在已發之中，已發在未發之中。』又曰：『終古發終古未發。』種種曲解，終難合一。於是執中之見者，一有一無，動成兩胖；而作儱侗之觀者，忽有忽無，茫無下手。大道始為天下裂矣。」見《劉宗周全集》第二冊《學言中》，頁490。

〔註7〕 見《劉宗周全集》第二冊《學言中》，頁490。

蕺山認為「喜怒哀樂」是人之四德非爲七情，皆是就心之氣機流行而言之，就氣機盎然而起者言即是「喜」，就性而言即是「仁」，就人心上言即是「惻隱」，就天道而言即是「元」，就四時而言謂之「春」。就氣機油然而暢者謂之「樂」，就性而言即是「禮」，就人心上言即是「辭讓」，就天道而言即是「亨」，就四時而言謂之「夏」。就氣機之肅然而念者言即是「怒」，就性而言即是「義」，就人心上言即是「羞惡」，就天道而言即是「利」，就四時而言謂之「秋」。就氣機之寂然而止者言即是「哀」，就性而言即是「智」，就人心上言即是「是非」，就天道而言即是「貞」，就四時而言謂之「冬」。要之四時之春夏秋冬、天道之元亨利貞、性之仁義禮智、心之喜怒哀樂，皆心之四氣流行不息，如此則「性」、「人心」、「天道」、「四時」實爲同質，喜怒哀樂實即爲天命之性，故蕺山曰：

> 喜怒哀樂即天命之性，非未發以來別有天命之性也，發，對藏而言也。〔註8〕

又曰：

> 獨中具有喜怒哀樂，四者即仁義禮智之別名。在天爲春夏秋冬，在人爲喜怒哀樂，分明一氣之通復，無少差別。天無無春夏秋冬之時，故人無無喜怒哀樂之時，而終不得以寂然不動者爲未發，以感而遂通者爲已發，可知也。〔註9〕

獨者，即人心之獨體，是人心之主體，此獨體中具有喜怒哀樂等四者，而喜怒哀樂四者既是仁義禮智之別名，如此則喜怒哀樂等四者即具有義理性道德性之意涵，這就賦予「喜、怒、哀、樂」德性義，故「喜怒哀樂」四者已非一般常識言之性，「喜、怒、哀、樂」四者實可謂爲四德，是故蕺山曰：

> 《中庸》言喜怒哀樂，專指四德言，非以七情言也。〔註10〕

復次，喜怒哀樂等四者之存有是心體（獨體）所本有，〔註11〕非物感而後有之，故喜怒哀樂等四者，其存在是先驗本有之存在，非爲經驗之存有。因「喜

〔註8〕見《劉宗周全集》第二冊《學言上》，頁460。

〔註9〕見全書卷五‧《聖學宗要》末案語。

〔註10〕見全書卷十一‧《學言中》。

〔註11〕勞思光先生亦曰：「此處最根本之論點，乃謂「喜怒哀樂」皆是此獨體所本有，獨體即指主體而言，故「喜怒哀樂」四種能力皆主體本有之能力。此即使「喜怒哀樂」諸「情」皆成爲此心在未發處即有者。由此，「情」亦有超越經驗之義。見勞思光《新編中國哲學史‧明末清初之哲學思想‧劉宗周之學說》卷三下，頁597。

怒哀樂」四者是天道大化周流不息之氣，故其存有是先驗超越而普遍之存有，因之「喜怒哀樂」是無時不有，故蕺山曰：「天無無春夏秋冬之時，人無無喜怒哀樂之時」。是知，「喜怒哀樂」於蕺山處已非是常言義之情，而被提昇至先驗超越之四德。因喜怒哀樂四者，在天以「春、夏、秋、冬」名言之，在人則以喜怒哀樂名言之，是一體而分別就天人兩言之，故知喜怒哀樂四者是一貫通天、人、形上、形下者，是以蕺山曰：「一氣之通復」。天與人，形上與形下為一氣之通復，如此則人與天乃為同質者。人與天為同質，同為一德性之質，天為德性之天故人亦為德性之存有，人為一德性之存有，則不僅人人有成德之可能，且成德之根據是內在的非外有的，成德的根據是自律的非他律，這就肯定了人有內在之道德法則。也因此可知，蕺山以「喜怒哀樂」四者為四德，是道德義，非為常識所言之心理意識與物交感而生之情，這正提供了人所以能成德的內在理據。且以「喜怒哀樂」四者為人內在本有言亦可說明了當心與物交感之時，此心之所以能因感而生情，此心之所以能當喜之時則能喜，當怒之時則能怒，當哀之時則能哀，當樂之時則能樂之因。且以「元亨利貞」四德言「喜怒哀樂」，實可說明何以心之發用能如其理而行。蓋因人於心體上須有一先驗而存在之四德為心本質，心之內在法則，則此心體方能於運動作用變化時能有合於此四德之情以應之。是故蕺山謂即心而言是寂然不動，感而遂通。〔註12〕

〔註12〕蕺山曰：性情之德，有即心而見者，有離心而見者，即心而言，則寂然不動，感而遂通，當喜而喜，當怒而怒，當哀而哀，當樂而樂。由中導和，有前後際，而實非判然分為二時，離心而言，則維天於穆，一氣流（行），自喜而樂，自樂而怒，自怒而哀，自哀而復喜。由中道和，有顯微際，而亦非截然分為兩在。然即心離心，總見此心之妙，而心之與性，不可以分合言也。故寂然不動之中，四氣實相為循環；而感而遂通之際，四氣又迭以時出。即喜怒哀樂之中，各有喜怒哀樂焉。如初喜屬喜，喜之暢屬樂，喜之斂屬怒，喜之藏屬哀，餘倣此（新本無三字。）是也。又有逐感而見者，如喜也而溢為好，樂也而溢為樂，怒也而積為忿懥，一哀也而分為恐、為懼、為憂、為患。非樂而淫，即哀而傷。且陽德衰而陰慘用事，喜與樂之分數減，而忿懥恐懼憂患之分數居其偏勝，則去天愈遠，心非其心矣。《劉宗周全集》第二冊《學言中》，頁487。

所謂性情之德就天而言是「春夏秋冬」，就人而言是「喜怒哀樂」。就天而言天道四德之「互遞變化」即為天道之序，故蕺山謂離心而言，唯天於穆，一氣流行。就人而言其即可說明何以當心與物交感之時，此心能因感而生情，此心能當喜之時則能喜，當怒之時則能怒，當哀之時則能哀，當樂之時則能樂。且以「元亨利貞」四德言「喜怒哀樂」實可說明何以心之發用能如其理

　　從理論之意義上來看，筆者認爲蕺山以天道之「元亨利貞」言人之「喜怒哀樂」，言人之「惻隱」、「辭讓」、「羞惡」、「是非」四端，蕺山非爲無理之拼湊，而實有理論架構之目的，蓋因天地間乃一氣之流行，人心亦爲此流行之氣所成，故人心處之喜怒哀樂四者，實爲天道之元亨利貞。由於天道之於穆隱微者，而人心是可以用工夫具體掌握對治的，因之吾人如欲掌握及證成天道，實即可依人心之以見天之道，即可依此氣心以掌握天道之理。要之，蕺山視元亨利貞與喜怒哀樂四者是一，實提供了人所以能掌握天道證成天性之理論基礎。也因此之故，「喜怒哀樂」便不是工夫所欲克制之對象，蓋因「喜怒哀樂」四者爲人心之四德，是人心與天道同質處，是人心之本質，是人生而本有者，故蕺山謂生而有「喜怒哀樂」四者謂爲心之性，蕺山曰：

> 心意之辨明，則性情之辨亦明。心與意爲定名，性與情爲虛位。喜
> 怒哀樂，心之情，生而有此喜怒哀樂之謂心之性；好惡，意之情，
> 生而有此好惡之謂意之性。蓋性情之名，無往而不在也。〔註13〕

性乃就生而有之言，故心生而本有此喜怒哀樂等心之四性故謂之曰「心之性」。同理「好惡」是「意」生而有之，故謂之曰爲「意之性」。因性乃就心之生而有之言，喜怒哀樂等四情是心生而有之，好惡是意生而有之，而「意」又是心之體，是故吾人可知「心」、「性」、「情」、「意」、「好惡」實爲一也，皆爲先驗之存有，非因物感而有之者。

第二節　性變而七情生

　　前文已云，「喜怒哀樂」是天道之元亨利貞落實於人者，是人之「仁義禮智」。「喜怒哀樂」四者之存有是心之本有，是先驗之存有，非爲物感而有之者，故其爲四德而非四情。七情則不然，蓋七情是物感而有之者，非爲先驗之存有，而是經驗層之存有，蕺山曰：

> 喜怒哀樂，雖錯綜其文，實以氣序而言。至殽爲七情，曰喜怒哀懼
> 愛惡欲，是性情之變，離乎天而出乎人者，故紛然錯出而不齊。所
> 謂感物而動，情之欲也，七者合而言之，皆欲也。君子存理遏欲之

而行。蓋因人於心體上須有一先驗而存在之四德爲其本質，則此心體方能於運動作用變化時能有合於此四德之情以應之。
是故蕺山謂即心而言是寂然不動，感而遂通。
〔註13〕《劉宗周全書》卷九‧〈答史子復第五條〉。

功，正用之於此。若喜怒哀樂四者，其發與未發，更無人力可施也。
〔註14〕

現象界之萬有皆為大化生生不息之氣所成，而喜怒哀樂四者之交替更迭演化，即是此大化生生不息之氣之運動變化之有序。喜怒哀懼愛惡欲等七情則不然，蓋喜怒哀懼愛惡欲七者，是心之所發，是人於物感而動時，因欲之故，因之心於動時不能如理而遠乎天道依於人欲時所生，故喜怒哀懼愛惡欲等七情，實非心之所本有，七情非為心之本然，非心之本質，七情既非本有，故其存有是偶然而非必然，是經驗層之存有，是以蕺山謂七情是性情之變所生，不能將七情視為四德，七情與四德不能不有別，故蕺山曰：

> 愚所謂四氣者，指春夏秋冬而言。四氣與七情少別，今姑以字義求之。喜怒哀樂止四字，而樂字又在七情之外，豈情又有八乎？若將喜樂二字推敲淺深，則喜必是樂之初機，樂必是喜之暢機。分明是自春而夏之氣，則秋為天之怒氣，不待言矣。哀則有沍寒慘寂之象，冬之氣也。貞下起元，故記曰：「哀樂相生。」終不然哭罷又笑，笑罷又哭乎？又曰：「正目而視之，不可得而見；傾耳而聽之，不可得而聞。」若是一笑一啼一詈罵，豈有不可見聞者乎？天無一刻無春夏秋冬之時，人無一刻無喜怒哀樂之時。如曰喜怒哀樂有去來，而所以喜怒哀樂者未嘗去來，是謂春夏秋冬有去來，而所以春夏秋冬未嘗去來也，則亦並無去來之可言矣。今曰人有絕然無喜怒哀樂之時，必待感而後有，正以笑啼詈罵為喜怒哀樂也。以笑啼詈罵為喜怒哀樂，則是以風雨露雷為春夏秋冬矣。雖風雨露雷未始非春夏秋冬之氣所成，而終不可以風雨露雷為即是春夏秋冬；雖笑啼詈罵未始非喜怒哀樂所發，而終不可以笑啼詈罵為即是喜怒哀樂。夫喜怒哀樂，即仁義禮智之別名；春夏秋冬，即元亨利貞之別名。「形而下者謂之器，形而上者謂之道」是也〔註15〕

蕺山又曰：

> 夫性，本天者也。心，本人者也。天非人不盡，性非心不體也。心也者覺而已矣。覺故能照，照心嘗寂而嘗感，感之以可喜而喜，感之以可怒而怒，其大端也。喜之變為欲、為愛，怒之變為惡；為哀，

〔註14〕見《劉宗周全集》第二冊《學言上》，頁 468～469。
〔註15〕見《劉宗周全集》第二冊《商疑十則・答史子復》，頁 406～407。

　　而懼則立於四者之中，喜得之而不至於淫，怒得之而不至於傷者。
　　合而觀之，即人心之七政也。七者皆照心所發也，而發則馳矣。眾
　　人溺焉，惟君子時發而時止，時返其照心而不逐於感，得易之逆數
　　焉。此之謂「後天而奉時」，蓋慎獨之功也。〔註16〕

蕺山以「喜」、「怒」、「哀」、「樂」為「仁」、「義」、「禮」、「智」之別名，「仁、
義、禮、智」是性，則「喜怒哀樂」當即是「性」，喜怒哀樂既然是性，而性
又是就心之生而有之是心之本有而言，因之喜怒哀樂此四者之存有是心之本
有，非待心之物感而後有之。因喜怒哀樂是心所本有，故曰人無一刻無喜怒
哀樂之時。笑啼詈罵則不然，其必待感而後有之，故笑啼詈罵絕非無一刻無
之，是故不可以笑啼詈罵為喜怒哀樂，此二者實有不同，不可混視為一也。
同理，蕺山認為「春夏秋冬」即是「元亨利貞」之別名，因「元亨利貞」是
天之道，故春夏秋冬亦是天道，春夏秋冬既是天道，則亦為天之本有，非待
動而後有之，故蕺山曰天無一刻無春夏秋冬之時。風雨露雷則不然，此一存
有乃是春夏秋冬動而所成，故風雨露雷非為本有。風雨露雷既非本有，是以
風雨露雷非無一刻無之者，因此蕺山認為不可將風雨露雷視為春夏秋冬。

　　如此吾人即知，依蕺山之說「四德」與「七情」之別乃在於「四德」為
本有，不待物感即有之，是無一刻而無之者；「七情」則不然，「七情」此一
存有非為本有，七情必待物感而後有之，其存在非無一刻而無之者。也由此
吾人得知於蕺山處，「喜怒哀樂」即是天道之「元亨利貞」、即是四時之「春、
夏、秋、冬」，即是人性之「仁義禮智」，即是心之「惻隱、辭讓、羞惡、是
非」等四端之心，喜怒哀樂四者至此已然被先驗化為四德而與七情有所別之，
〔註17〕七情亦因是性變而生，故也使「情」之所由來有了形上超越之根據與
說明。〔註18〕

〔註16〕　見《劉宗周全集》第二冊《語類四‧易衍》，頁160～161。
〔註17〕　古清美先生說：「這一大段是蕺山發揮「獨體」和「慎獨」的另一種方式，而
　　　　　一向鮮為人所注意的。他精思彈慮，將喜怒哀樂中配仁義禮智信，及惻隱羞
　　　　　惡等心，於時則是春夏秋冬四時，於天道則是元亨利貞乾，使情、心、性、
　　　　　四時、天道融合起來，心、性、情隨同四時和天道循環不息；若從此處看，
　　　　　則《中庸》所言未發之中與已發之和，自不能以有無動靜分，而確是一體流
　　　　　行，以成位育之功。」見古清美《明代理學論文集‧劉蕺山的誠體思想與其
　　　　　實踐工夫》，台北大安出版社，1990年5月1版1印，頁258。
〔註18〕　參閱唐君毅著《中國哲學原論──原性篇》，香港‧新亞書院，1974年7月
　　　　　修訂再版，頁475。

　　復次，依蕺山，喜怒哀樂之變化禪代，此乃氣之序也，此是天地間之生生不已之氣變化之序；七情者即是喜怒哀樂性情之變，是心之所發，故蕺山謂之曰「七者皆照心所發也」。由於七情是心與物感之時，不能如理以行，離乎天理而出乎人欲所生，因之蕺山謂之曰「感物而動，性之欲也」。相較於「喜怒哀樂」等四德是先驗之存有而言，「七情」此一存有是經驗之存有，非為人心之先驗本有。由於蕺山認為四德是人天生本有，是先驗之存有，是人此一存有之先天客觀之質，故四德是人之工夫無法著力處。「七情」則不然，「七情」此一存有，是物感而後有之，其存有是經驗層之存有，是人自身因欲而有之者，故七情之存在其本質不包含存在，七情之存在是偶然而非必然者，故其為人之工夫所可以著力而去除之。〔註19〕

　　於此可知，於蕺山處，七情乃為人於成德進路上所必欲對治之對象，「喜怒哀樂」則不是。「喜怒哀樂」之所以不是工夫所能著力處，蓋因蕺山將「喜怒哀樂」四者，視為性而非情，是人之本質，人之本質是人之所以為人者，故於工夫對治時，「喜怒哀樂」便非對治之處，因之蕺山謂之曰喜怒哀樂四者其發與未發更無人力可施。七情則因欲而生，非為人之本質，是偶然而有之者，故是工夫可著力之而改變之處，如此則「四德」與「七情」實不可混而視為一。〔註20〕

〔註19〕楊國榮先生則認為七情乃為尚未理性的本然之情，我們認為此乃值得商榷，蓋人心乃「喜、怒、哀、樂」四氣依循禪代，此四氣分別為「元」、「亨」、「利」、「貞」四德，人心為此四德之氣所充周流行不已。如此，則人心當為一周流不息之此德性之動態存有，其本然之質當為四德，所謂「喜怒哀樂」是也。而七情者，蕺山明言是性情之變，是物感而後有之，是心之物感時不能如理有所偏滯而有之，是離乎天而出乎人者，故七情當非為心之本然之情。今楊先生云七情是尚未理性化的本然之情，不知先生所據為何。見楊國榮《理性與價值——智慧的歷程‧性體的重建》，上海三聯書店，1988年5月1版1刷，頁294～295。

〔註20〕勞思光先生亦有相似之看法，勞思光先生說：所謂「情者性之情」，即指「喜怒哀樂」為心所固有之功能而言。蓋蕺山認為「即以未發為性，已發為情，尤屬後人附會」，遂將「四情」與常言所謂「七情」分開；斷言《中庸》所說之「喜怒哀樂」指心之「四德」，而非「七情」。如此，則此意義下之「情」，正是屬「心」本有之發用形式；……故就「四情」為心所本有言，即可說屬於「心之性」，就此「本有」之確定所有者為何而言，則說有此「情」。……總之，「情」當作本有之形式義看，則即屬於「性」。至於感物而動之七情，則當與「念」看作同一，另是一事矣。蓋所謂「性」，無論就「仁義禮智」說，或「喜怒哀樂」說，在蕺山看來，皆是指「心」之本有之形式，即所謂「四德」；故性情不可對分為兩列。而其所以不可分者，乃因說「性」說「情」，

第三節　即性言情之架構——四德之情

　　前文已言，就天而言之時，有風雨露雷之用，必同時有風雨露雷之四時之體，四時與風雨露雷是一體之兩言，只是就其發處言即爲風雨露雷，就其未發處言即是四時。就人而言亦復如是，四德與笑啼詈罵是一體之兩言，因笑啼詈罵是人之四德之變，故有笑諦詈罵之時必有四德。性情之關係亦復如是次，雖「性」與「七情」不同，然其不同就其本質與存有方面而言之，其於現象界之呈顯時，實爲是一而無二，情性不離也，蕺山曰：

> 七情之說，始見漢儒《戴記》中，曰「喜怒哀懼愛惡欲」，七字不倫不理，其義頗該之《大學》〈正〉、〈修〉兩傳中。然《大學》亦絕不露出情字。古人言情者，曰「利貞者，性情也」，即性言情也。「六爻發揮，旁通情也」；「乃若其情」；「無情者不得盡其辭」；「如得其情」（皆指情蘊情實而言），即情即性也。並未嘗以已發爲情，與性字對也。「乃若其情」者，惻隱、羞惡、辭讓、是非之心是心。孟子言這惻隱心就是仁，非因惻隱之發見所存之仁也，後人往往錯會。性情之存發亦異，並心意之存發亦異。一心之中，若有兩存、兩發焉，將以心意爲主耶？將以性情爲主耶？任前人分解，曰：「心統性情。」終是泥水不清。〔註21〕

蕺山言認爲古人言情者，性是心之性，情是心之情，是「即性言情」耳，是「即情即性」者也。古人未嘗以「已發」爲「情」與「未發」爲「性」，將「情」、「性」字對。〔註22〕需說明的是蕺山認爲即情即性，即性言情非指一切之情皆是性，而是指「惻隱」、「羞惡」、「辭讓」、「是非」等四端之情方是情。蕺山之所以反對朱子者即在此。蓋因蕺山認爲朱子所言之情，只是已發之七情，而無四端之情，因朱子所言之情乃爲「七情」而無四端之情，故朱子之性情說乃是「性情相對」。〔註23〕於此需說明的是，筆者認爲蕺山對於朱子「心統性情」之學說實

　　總是不同角度上說「心」，則纏謂「心統性情」，便似將「性」與「情」分立對看，不如說「心之性情」，則直表心之本有此各形式也。

〔註21〕見《劉宗周全集》第二冊《商疑十則‧答史子復》，頁 407。

〔註22〕賴賢宗先生說：「『心之性情』有二義：（1）心、性、情三者合一（2）心爲性與情之主宰。」。見賴賢宗〈論劉蕺山「心之性情」反對朱子「心統性情」的理論根據（下）〉，《鵝湖月刊》第 19 卷第六期，頁 36。

〔註23〕賴賢宗先生說：「蕺山在此意識到朱子已提出和蕺山之『中和之情』同樣有中介功能的『敬』和『四端之情』，……朱子終因受阻於『理生氣』之論，而未

有誤解，蓋關於「情」，朱子實亦區分「四端之情」和「七情」，「四端之情」是心之發見處，是絕對至善，「七情」是心所發為情，而可能有不善。

第四節　一體之顯隱兩言——「中和」與「已發未發」

前文已言，「喜怒哀樂」即是「天道之元亨利貞」，即是「仁義禮智」之性。此一存有是即存有即活動者，所謂未發者，乃指其於穆不已是隱微藏密者；所謂已發則是指其呈顯於大化流行處言，故知已發未發實就顯密言，「性」非有已發、未發相異之二性，性只是一性。〔註24〕所謂「中」、「和」者亦復如是，依蕺山認為，「中」與「和」，是就天道之元亨利貞之氣機流行之表裏顯隱而言，天道之元亨利貞運於穆不顯處即是中；天道之元亨利貞氣機流行於大化中呈顯者即是和。此中和是一體不是二，非有前後時間上之不同。是以當有人問：「意屬已發，心屬未發否？」，蕺山曰：

> 人心之體，存發一機也。心無存發，意無存發也。蓋此心中一點虛靈不昧之主宰，嘗嘗存，亦嘗嘗發。所謂靜而未始淪於無，動而未

能領悟『心、氣、性（理）融合為一』的特殊存有學，因此『終未得中庸本旨』，甚至蕺山認為朱子在『理生氣』的存有學規模下，將『性與情對』，所以『情』只為『已發之七情』，而喪失了『四端之情』（中和之情）所可負擔的大義。這也是蕺山認為朱子『豈不毫釐而千里乎』，而為『擇焉而不精，語焉而不詳』的地方。」見賴賢宗〈對劉蕺山「心之性情」反對朱子「心統性情」之理論根據（下）〉，《鵝湖月刊》第 19 卷第 7 期，頁 36～37。

〔註24〕 朱子對於已發未發之定義乃是以未發為心體思慮未萌，事物未至之時，已發則是心體思慮已萌，事物已至之時。朱子曰：「思慮未萌，事物未至之時為喜怒哀樂之未發，當此之時即是心流行寂然不動之處，而天命之性體段具焉。以其無過不及，不偏不倚，故謂之中，然已是就心體流行處見，故直謂之性則不可。」見《朱文公文集》卷六十七〈已發未發說〉，《四部叢刊》本，1965年版，頁 1240。至於性與情之關係朱子則認為未發為性，已發為情，與蕺山所言之即性即情，以性言情之說不同。朱子曰：「性情一物，其所以分，只為未發已發之不同耳。若不以未發亡發分之，則何者為性，何者為情耶？」見《朱文公文集》卷四十〈答何叔京〉，頁 677。又曰：「情之未發者性也，是乃所謂中也，天下之大本也。性之已發者情也，其皆中節則所謂和也，天下之達道也。」見《朱文公文集》卷六十七〈太極說〉，頁 1242。又曰：「心主於身，其所以為體者，性也；所以為用者，情也，是以貫乎動靜而無不在焉。」見《朱文公文集》卷四十〈答何叔京二十九〉，頁 681。關於此一部分之分析，陳來先生論之甚詳，讀者直參之。見陳來《宋明理學·南宋理學的發展·朱熹》，1997 年 4 月 1 版第 4 刷，頁 172～173。

始滯於有也。知此則知《中庸》之說矣。從前解《中庸》者，皆（　）
也。未發，以所存而言者也。蓋曰：自其所存者而言，一理渾然，
雖無喜怒哀樂之相，而未始淪於無，是以謂之中；自其所發者而言，
泛應曲當，雖有喜怒哀樂之情，而未始著於有，是以謂之和。可見
中外只是一幾，中和只是一理，絕不以後際言也。後人以前微言中
和，既自說不通，又卻千方回護，費許多解說，終屬遁辭，與程子
體用一原、顯微無間之旨，相去千里矣。喜怒哀樂以四氣言，非以
笑啼詈罵言。笑啼詈罵時有去來，四氣無有去來也。不然，《中庸》
何故就七情中巧巧指出四字來，破天開荒一笑而已。〔註25〕

戴山認為所謂中者是一理混然而無喜怒哀樂之相，雖無喜怒哀樂之相，但非
謂無此喜怒哀樂之存有。所謂和者，雖有喜怒哀樂之情，然其亦未呈顯。是
以吾人可知，「中」與「和」者皆為無相之實存，皆就喜怒哀樂等四情而言，
只是「中」者是一理混然而無四情之相無四情之別，「和」者則是此理已有喜
怒哀樂之別，「中」、「和」者只是一理，只是一機，而非有前後之別，故戴山
謂「中外只是一幾，中和只是一理，絕不以前後際言也。」又曰：「存發總是
一機，中和混是一性。」中和混是一性，已發未發亦復如是，已發、未發亦
是一機而就顯隱不同言之，非真有已發、未發前後言之不同，戴山曰：

夫喜怒哀樂，非以七情言也。一心耳，而氣機流行之際，自其盎然
而起也，謂之喜，仁之德也；自其油然而暢也，謂之樂，禮之德也；
自其肅然而斂也，謂之怒，義之德也；自其愀然岑寂而止也，謂之
哀，智之德也。乃四時之氣所以循環而不窮者，獨賴有中氣存其間，
而發之即為太和元氣，是以謂之中，謂之和，性之德也。故人有無
七情之時，極無無四德之時。儒者苦於未發前求氣象，不已惑乎？
須知一喜怒哀樂，自其存諸中言謂之中，即天道元亨利貞運於於穆
者是也，陽之動也；自其發於外言謂之和，即天道之元亨利貞呈於
化育者是也，陰之靜也。存發總是一機，中和渾是一性。內有陽舒
之心為喜為樂，外有陽舒之色，動作態度無不陽舒者；內有陰慘之
心為怒為哀，外即有陰慘之色，動作態度無不陰慘者。推之一動一
靜，一語一默，莫不皆然。〔註26〕

〔註25〕見《劉宗周全集》第二冊《問答・答董生心意十問》，頁397～398。
〔註26〕見《劉宗周全集》第五冊《子劉子行狀》，頁47～48。

又曰：

> 存發總是一機，故中和渾是一性。……推之一動一靜，一語一默，
> 莫不皆然。此獨體（一作「覺」）之妙，所以即隱即見，即微即顯，
> 而慎獨之學，即中和即位育，此千聖學脈也。〔註27〕

又曰：

> 心體本無動靜，性體亦無動靜。以未發爲性、已發爲情，尤屬後人
> 附會。喜怒哀樂，人心之全體。自其所存者謂之未發，自其形之於
> 外者謂之已發。中外一機，中和一理也。若徒以七情言，如笑啼詈
> 罵之類，畢竟有喜時有不喜時，有怒時有不怒時，以是分配性情，
> 勢不得不以斷滅爲性種，而以紛然雜出者爲情緣，分明有動有靜矣。
>
> 〔註28〕

蕺山認爲喜怒哀樂即人心之仁義禮智，此四者乃心之氣機流行，是性之德，
非心之情。所謂喜怒哀樂之「未發」乃是喜怒哀樂存諸中，運於於穆不已隱
微而未顯發於外者，此即是「中」。所謂喜怒哀樂之「已發」乃是喜怒哀樂之
運行呈顯於化育處，顯發於外者，此即是和。「已發」與「未發」、「中」與「和」
不是時間上之前後言，而是就一氣之顯處言，因已發未發不是時間上之前後
言而是就氣之運行之顯隱處言，故蕺山曰「存發總是一機，中和渾是一性」。
因存發總是一機，中和渾是一性，故言已發之顯時必同時有隱微之未發，言
隱微之中時必同時有顯之和，是以蕺山曰：

> 內有陽舒之心爲喜爲樂，外有陽舒之色，動作態度無不陽舒者；內
> 有陰慘之心爲怒爲哀，外即有陰慘之色，動作態度無不陰慘者。推
> 之一動一靜，一語一默，莫不皆然。

就天處言，風雨露雷是四時之變，是四時發用，依體用一也而言之，則有風
雨露雷之用，必同時有風雨露雷之四時之體，四時與風雨露雷是一體之兩言，
就其發處言即爲風雨露雷，就其未發處即是四時。就人而言復如是，四德與
笑啼詈罵是一體之兩言，因笑啼詈罵是人之四德之變，故有笑諦詈罵之時必有
四德，就其發處言即是笑啼詈罵，就其未發處言即是四德。是以知「已發」
與「未發」乃是就心之體用言，就顯隱言，已發未發實非可離而言之，所謂
即體即用，而體用不離。故蕺山曰，內有陽舒之心，外必有陽舒之色，是知

〔註27〕見《劉宗周全集》第二冊《學言中》，頁490。
〔註28〕見《明儒學案》卷六十二〈蕺山學案·語錄〉，頁1533。

內外是一，只是一為內存，一為外顯，至此吾人得知蕺山所言之「已發」與「未發」、「中」與「和」乃是就一氣機之顯隱表裏不同處言之，運於於穆不已而隱者乃是「中」，呈顯於化育者乃是「和」，然此二者乃是一氣，非有前後之異，此二者之不同乃是體用表裏言，非有時位之前後言，故「已發」、「未發」、「中」、與「和」實為一體，只有表裏顯隱之不同，而非有「中」與「和」、「已發」與「未發」不同之四者，要之，其關係乃是一體之兩言，是即體即用，而體用不離者。

本章小結

本章所探討的核心問題是「性」與「情」之關係，筆者於本章中提出了幾點看法，

一、蕺山與「喜、怒、哀、樂」德性化，賦予「喜、怒、哀、樂」以「仁、義、禮、智」之內容，因之使「喜怒哀樂」四情成四德，成為人所本有，是人之本質非物感而後有之，故工夫不在於對治此四者。

二、蕺山將情分為四德之情與七情，四德之情是人所本有，然而七情則是性之變，故七情是經驗之存有，不是人之本質，因此七情是工夫所欲對治的對象。

三、筆者認為蕺山言「中」、「和」、「已發」、與「未發」是一體之顯隱兩言，非真正有中和、已發與未發之別。

第七章　道德主體的定向性及過惡的由來

　　於蕺山之前，宋明理學的心性論中，「意」此一概念範疇往往被視爲心理活動中的意念，視「意」爲心之所發。如朱熹便以「意」爲心之所發。在陽明學中「意」亦爲經驗層之存有，是心之活動，故陽明曰：「身之主宰便是心，心所發便是意」。蕺山對於「意」之看法與定位則異於此，在蕺山的心性理論中，蕺山將「意」當作是心之本體，反對將「意」視爲經驗層之心之作用，此爲蕺山學之特殊處，以下吾人將詳細開展此一思想理論的架構，並分析蕺山此說之理論意義。

第一節　「意」爲主體層之存在

　　於蕺山的學說中，蕺山將「意」視之心之本，「意」是比心更爲根本之概念範疇，蕺山認爲「意」是心之主，是心之存主，非爲作用層之「心之所發」，蕺山曰：

> 意者，心之所以爲心也。止言心，則心只是徑寸虛體耳，著箇意字，方見下了定盤鍼，有子午可指。然定盤鍼與盤子，終是兩物。意之於心，只是虛體中一點精神，仍只是一箇心，本非滯於有也，安得而云無？〔註1〕

又曰：

> 天下國家之本在身，身之本在心，心之本在意。意者，至善之所止也，而工夫則從格致始。〔註2〕

〔註1〕 見《劉宗周全集》第二冊《問答·答董生心意十問》，頁397。
〔註2〕 見《劉宗周全集》第二冊《學言》，頁458。

蕺山云「意」是心之所以為心，意是心之定盤鍼，心有此意方有定向，故謂「有子午可指」。意雖為心之定盤鍼，然而意與心之關係並不是就二個不同之獨立個體而言，言心乃就心為虛體而言，言意則指此虛體之精神，「意」與「心」實只是一心，亦即意是心之意，心是意之心，意非異於心卻內存於心而為心之主宰者。由於蕺山以「意」為心之所以為心者，是心之主宰，故蕺山認為「意」當是心之存主，非為心之所發，蕺山曰：

> 心之主宰曰意，故意為心本，不是以意生心，故曰「本」。猶身裏言心，心為身本也。〔註3〕

蕺山又說：

> 心所存主之謂意，非以所發言也。如以所發言，則必以知止為先聘，而緣止得行，轉入層節，非《大學》一本之旨矣。〔註4〕

又曰：

> 愚則以為意是心之體，而流行其用也。但不可以意為體，心為用耳。〔註5〕

又曰：

> 拂人不曰情而曰性，乃知好惡性也，乃知意以存言，非所發也，則誠意之說彰矣。〔註6〕

據前文，「心」是生生大化周流不息，為德性化之氣所形構者，而「意」則為此氣心之體，是心之所以能動之微而有主者，是心之所以為心者。因此可知，「意」此一存有並不是經驗作用層之存有，意之存有當是道德本體義之存有。蕺山以「意」為心之主宰，「意」之存有是道德主體義之存有，為心之定盤鍼，是心所以有定向之因，蕺山這樣的說法，實近於王一菴與王塘南之說，王一菴曰：

> 心虛靈而善應，意有定向而中涵。心之精神，無時不動，故其生生不息，妙應無方。然必有主宰于其中，而寂然不動者，是為意也。故意字，從心、從立，中間象太極圖中點，以主宰乎其間，不著四邊，不賴倚靠。

王一菴認為心是生生不息，是妙應無方者，而意即是此妙應無方之主者，依

〔註3〕見《劉宗周全集》第二冊《學言下》，頁528。
〔註4〕見《劉宗周全集》第一冊《大學古文參疑·第三章》，頁718。
〔註5〕見《劉宗周全集》第二冊《問答·答董生心意十問》，頁397。
〔註6〕見《劉宗周全集》第一冊《大學古文參疑·第三章》，頁726。

王一庵如此的說法，便賦予「意」主體性之地位，「意」不能是作用層之心之所發了。一庵又曰：

> 舊謂意者心之所發，教人審幾於動念之初。竊疑念既動矣，誠之奚及？對自身之主宰而言謂之心，自心之主宰而言謂之意。心則虛靈而善應，意有定向而中涵；非謂心無主宰賴意主之，自心虛靈之中確然有主者，而名之曰意耳。〔註7〕

王一庵認爲「意」是心之所以能生生不息，妙應無方者，淵然而有所定向者，故「意」當是心之主宰。雖「意」是心之主宰是心之體，然此意是心之意，意心是一而不是二也，意非存於心以心爲載具而有別於心之主體，故王一庵曰：「心則虛靈而善應，意有定向而中涵；非謂心無主宰賴意主之，自心虛靈之中確然有主者，而名之曰意耳。」除了王一庵將「意」視爲心之主宰外，王塘南亦認爲意是生生之密機，曰：

> 意，不可以動靜言之。動靜者，念也，非意也。意者生生之密機。有性而常生爲意，有意則漸著而爲念。未有性而不意者，性不意則爲頑空；亦未有意而不念者，意不念則爲滯機。

王塘南認爲，「意」與「念」之差別，乃在於「念」有動靜，而「意」則無動靜。「意」是心之意，是心之體，是心之所以爲心者。「意」是心之生生密機，而「念」則是此生生不息之密機之逐漸呈顯彰著者。依王塘南這樣的說法，吾人清楚可知，「意」與「念」之差別乃在於「意」是主體，而「念」是主體之作用。用由體來，故「念」是由「意」逐漸彰著而成者。塘南更進一步的說，「意」必然會逐漸彰著而成爲「念」，「意」如不能漸著而成爲念，則此「意」即爲滯機，是一死體。塘南以「意」必然漸著而成爲「念」，這就認爲人必然會有「念」。由王塘南之說吾人可知，「念」於王塘南處，非如蕺山所言，以「念」爲心之餘氣，〔註8〕而是肯定「念」是「意」之必然漸著必然發用者，塘南又曰：

> 性之一字，本不容言，無可致力。知覺意念，總是性是呈露，皆命也。性者先天之理，知屬發竅。知前更無未發，知後更無已發。合下一齊俱了，更無二功。故曰獨。獨者無對則一，故曰一貳。意者知之默運，非與之對立而爲二也。是故性不假修，只可云悟。命則

〔註7〕　見黃梨洲《明儒學案》卷三十二〈泰州學案・王一庵先生語錄〉，頁733～734。

〔註8〕　蕺山以「念」爲心之餘氣的說法，因顧及行文流暢，於此不擬討論而留於後文再作詳述，不便之處，當祈讀者見諒。

性之呈露，不無習氣隱伏于其中，此則可修矣。修命者，盡性之功。

又曰：

心之生理，本無聲臭，而非枯槁，實爲天地萬物所從出之源，所謂
性也。生理之呈露，脈脈不息，亦本無聲臭，所謂意也。

塘南認爲「知覺意念」皆爲性之呈露，皆是命，「意」是就「知」之動微處言
之，故塘南曰：「意者知之默運」，以意爲生理無聲臭脈脈不息之呈露。如此
吾人得知「意」「知」是一也。要之，塘南言「意」乃主凡有知之默運處，即
有此意，必有一意主乎其中。只是王塘南所言之意，又以「意必化爲念」，以
知覺意念，皆屬命，屬流行，而爲性之呈露。于知之流行處，方得言意念，
如此則意與念之本質皆是性，「意」與「念」當皆不是工夫所欲對治的對象。

蕺山言「意」與王一庵和王塘南基本上皆以「意」爲心之主宰，以「意」
爲主體性之存有，非爲作用層之存有。然而對於「念」之看法卻有不同。依
蕺山之說，「意」與「念」是學者最無法辨析之處，學者往往以「念」爲「意」，
〔註9〕以作用當本體，而使心學混亂不明，是以蕺山於學說上便嚴分意、念以
對治晚明儒學之弊。

第二節 「念」爲經驗層之存在

蕺山認爲晚明學者辨意不清，往往以「念」爲「意」，以「想」爲「思」，
蕺山對此頗有微詞，對於「意」與「念」之分別，提出了自己的看法，蕺山
認爲「意」是心之主宰，是恒存而無生滅、無眞妄的，「念」則爲心之餘氣而
有眞妄、有生滅者，蕺山曰：

心、意、知、物是一路，不知此外何以又容一念字？今（新本作「二」
字）心爲念，蓋心之餘氣也。餘氣也者，動氣也，動而遠乎天，故
念起念滅，爲厥心病（新本下云：「還爲意病，爲知病，爲物病」）。
故念有善惡，而物即與之爲善惡，物本無善惡也；念有昏明，而知
即與之爲昏明，知本無昏明也；念有眞妄，而意即與之爲眞妄，意
本無眞妄也；念有起滅，而心即與之爲起滅，心本無起滅也。故聖

〔註9〕 蕺山曰：自心學不明，學者往往以想爲思，因以念爲意。及其變也，以欲拒
理，以情偶性，以性偶心，以氣質之性分義理之性，而方寸爲之四裂。審如
是，則心亦出入諸緣之幻物而已，烏乎神！物以相物，烏乎人！烏乎人！見
《劉宗周全集》第二冊《原旨·原心》，頁327～328。

人化念歸心（「歸」新本作「還」，下云：「下於主靜」）。〔註10〕

又曰：

> 一念不起時，意恰在正當處也。念有起滅，意無起滅也。今人鮮不
> 以念爲意者，嗚呼！道之所以嘗不明也。如云生意，可云生念否？
> 念死道也。如云主意，可云主念否？念，忽起忽滅，無主者也。如
> 云言不盡意，可云言不盡念乎？如云不以辭害意，可以不以辭害念
> 乎？則意之不可僞爲念也彰彰矣。〔註11〕

心是天地周流不息大化之氣所充周，念則是心之餘氣。所謂餘氣者，乃心於
應物而怠之時其氣有所滯凝，不能如理而行，此時之心氣即謂之餘氣。因餘
氣者乃是心不能如理而行，不能如理而行即是遠天矣，故蕺山謂念乃是動而
遠乎天者也。由於念是物感而有之，故念之存在是作用層之存在，作用層之
存在非爲本體之存在，故其本質並不包含存在。本質不包含存在者，其存在
乃是偶然而非必然之存在。故「念」之存在非爲必然之存在，「念」之存在不
能是超越的，其存在隨著物感之變化而改變，故不具恆存性。因「念」之存
在不是超越的，也不是必然的，也不是恆存有，故「念」之存有是一有變動
生滅之存有，是以蕺山謂「念」有起滅。

　　復次，因盈天地間一氣也，人亦由此氣所形構。據前文知，氣是德性化
之氣，而此德化之氣有其內在之道德律則，人於未與物感而動之時，當是德
性之氣的純然呈顯，是一合於氣內在道德律則之存在，故曰人生而靜。然而
當此心遇物之時，因欲之故，是以此遠天而不能如理，此即謂動矣。而「念」
即由動而生起，故蕺山曰：

> 人生而靜，天之性也，感於物而動，性之欲也。欲動情熾而念結焉。
> 感有去來，念有起滅，起滅相尋，復自起（新本有「自」字）滅。
> 人心出入存亡之機，實係於此。甚矣！念之爲心祟也，如苗有莠。
>
> 〔註12〕

由於此心原是一氣周流不息更無餘氣，更無留滯者，故蕺山謂人生而靜，天
之性也。然人恆不能不應物，人於應物而怠之時，亦恆不能無欲之動，使心
有所留滯，而產生餘氣。有餘氣即不能如理而行，因心不能如理而行，則不

〔註10〕見《蕺宗周全集》《學言中》。
〔註11〕見《劉宗周全集》第二冊《問答·答董生心意十問》，頁 399。
〔註12〕見《劉宗周全集》第二冊《學言中》，頁 492。

免有過，過而不返則惡念形焉，故蕺山謂念爲心之祟，如苗之莠也。如此即知，「念」之存有於蕺山處乃是就作用層而言，是心之心理活動，有生滅現象，是作用層之存有，故「念」與「意」之不同處，即「意」爲本體層之存有，而「念」爲作用層之存有。

第三節　體用一原無間之「心、意、知、物」

　　在說明過「意」與「念」之關係後，吾人接下來所欲探討的是蕺山道德主體理論中的「心、意、知、物」之關係，關於蕺山所謂的「心、意、知、物」，蕺山認爲「心、意、知、物」當是體用不二者，是即體即用者，蕺山曰：

> 心無體，以意爲體；意無體，以知爲體；知無體，以物爲體。物無用，以知爲用；知無用，以意爲用；意無用，以心爲用。此之謂體用一原，此之謂顯微無間。〔註13〕

所謂「心無體，以意爲體」者，此「體」字所指者，當是指「心」之本質之內容而言，非常言之「體用」關係義，〔註14〕故蕺山謂之曰「心之所以爲心」。由於「心」之內容，乃是一定然之趨向，即是由「意」所主宰之定然傾向性，定然向於善，故云「心無體，以意爲體」，心意一也。如此，則「意」無體，以「知爲體」，是「意」之內容乃是「知」，「意」之內容爲「知」，是以「知、意」是一也，「意」不僅是能好惡者，亦是能知善知惡者。「知無體，以物爲體」，亦復如是，「知」之內容是「物」，故「知、物」即是一也。由於「心、意」一也、「知、意」又是一也、「物、知」又是一也，如此則「心、意、知、物」即爲一也是顯而可知，故蕺山曰：合言之，意爲心之意，知爲心之知，物爲心之物，不待言矣。〔註15〕「意」、「知」、「物」皆統攝於一心而爲一也，故蕺山謂「體用一原」也。此處吾人欲追問的是，所謂「物」者，其所指之義爲何？依蕺山，此處所言之「物」，當不是常識意義上之物（如蟲魚鳥獸），

〔註13〕見《劉宗周全集》第二冊《學言下》，頁531。

〔註14〕此乃參考勞思光先生之說，據先生說：「由於蕺山『體』字用法特殊，故套入習用語言中之『體用』觀念時，亦未嘗無解說上之困難，但學者如將此處所言之『體用』視爲蕺山之特殊語言，則既定其所用之『體』字之意義，即可推定其『用』字之特殊用法；不必求其必合於舊有之用法，則亦可避免語言困難矣。」見勞思光《新編中國哲學史》卷三下〈明末清初之哲學思想・劉宗周之學說〉，台北三民書局，1992年9月增訂7版，頁612。

〔註15〕見《劉宗周全集》第三冊上《四庫本劉蕺山集書遺・答史子復二》，頁630。

「物」當是指此心體具體之自覺活動，蕺山曰：

> 盈天地間皆物也。自其分者而觀之，天地萬物各一物也，自其合者
> 而觀之，天地萬物一物也，一物本無物也。無物者，理之不物於物，
> 為至善之體而統於吾心者也。雖不物於物，而不能不顯於物：耳得
> 之而成聲，目寓之而成色，莫非物也，則莫非心也。耳能辨天下之
> 聲而不可欺以清濁，吾因而致焉，并不可欺以一切清濁，所以致吾
> 心之聰也；目能辨天下之色而不可欺以淄素，吾因而致焉，并不可
> 欺以一切淄素，所以致吾心之明也。致吾心之聰明者，致吾心之良
> 知也。良知之於物，如鑑之於妍媸、衡之於高下、而規矩之於方圓
> 也。鑑不離物而定妍媸，衡不離物而取高下，規矩不離物而起方圓，
> 良知不離物而辨是非，一也。故曰：「致知在格物。」然而致吾心之
> 聰，非無不聞之謂心，聞吾至善而已矣；致吾心之明，非無不見之
> 謂也，見吾至善而已矣。聞吾至善，返於無聞矣；見吾至善，返於
> 無見矣，知無知矣。《中庸》曰：「君子戒慎乎其所不睹，恐懼乎其
> 不聞。」

又曰：

> 「不動而敬，不言而信。」其要歸於慎獨，此格物真下手處。故「格
> 物」即格其反身之物，不離修者是，而「致知」即致其所性之知，
> 不離止者是。〔註16〕

由於良知不能離物而辨是非，須有物而能辨是非，如此欲辨善惡亦當有物方
能辨之。因此，蕺山言聞吾至善，是致吾心之「聰、明」，故「聰、明」乃是
物。由於此物是指「心之本質內容」，且因心是即存有即活動，故「聰、明」
亦是為心之活動。如此，則所謂「物」者當是心體之內在本有之能力與活動，
故蕺山曰：「格物即格其反身之物。」又曰：

> 心非內也，耳目非外也，物非粗也，無物之物非精也，即心即物，
> 非非物，此謂一貫之。〔註17〕

又曰：

> 致知在格物，格其物有本末之物。〔註18〕

〔註16〕見《劉宗周全集》第一冊《大學古記約義·格物》，頁760。
〔註17〕見《劉宗周全集》第一冊《大學古記約義·格物》，頁760。
〔註18〕見《劉宗周全集》第一冊《大學雜言》，頁769。

蕺山曰：

> 物有本末，惟意該之；事有終始，惟誠意一關該之。物有本末，然
> 不可分本末為兩物，故曰：「其為物不貳。」終始雖兩事，只是一事，
> 故曰：「誠者，物之終始。」試就穀種推詳，此理甚明。如稻米中一
> 角白點是米之生意，由此發為根芽、苗葉、結實，皆自此一點推出
> 去，安得有兩物？今人只將苗處看意，以為麤幾，試問此苗從何來？
> 豈另有一物接向苗裏去？（新本「試就」下無）〔註19〕

所謂物者，乃物有本末之物，如所指之物當不是常識義之現象界具體存有之
經驗存在物，蓋現象界之具體存在物並無所謂何者是本物，何者是末物之屬
於價值判斷之物。「物」既是意之所賅者，是物有本末之物，此物雖有本末然
卻只是一不貳之物，是不可分為本末兩物者，是終始兩事而只是一事者。是
以吾人認為，蕺山所言之物當不是常識義之外於心之經驗存在物。蓋外於心
之經驗存有物自身是不能以本末、終始、不貳等價值判斷義之語詞名言謂之。
有價值判斷之活動，方能有價值判斷意之詞言，然而只有人方有價值判斷活
動，人以外之萬有只有生存活動，而沒有價值判斷活動。故筆者認為蕺山所
言之物當是就人而言，並非一般意之萬有。前輩學者認為蕺山所言之「物」
當是指「心之具體活動」，如勞思光先生即認為蕺山所言之「物」當是「具體
自覺活動」。〔註20〕然而筆者卻認為蕺山所言之「物」當非如勞先生所言之是
承於陽明而為「具體自覺活動」，蓋蕺山曾曰：

> 心是已發，意是未發。意之精神曰「知」，意之本體曰「物」。〔註21〕

蕺山明曰：「物」是「意」之本體。「物」即為本體，故「物」當非外於心之
現象界經驗層之存有物，亦非為心理之自覺活動義，蓋以物為心之自覺活動
義，則「物」僅為一活動義，而不能如蕺山所言之「物」，實具有本體之義，
無法突顯出其優位、絕對性、超越性，亦無法彰顯其本體之「本質即包涵存
在」義，其存有是一獨立而不待外緣之實存義。這樣的「物」又如何能是「意

〔註19〕見《劉宗周全集・學言下》，第二冊，頁 553〜554。

〔註20〕見勞思光說：「蓋如依常用語義者「物」，則「物」即指事物或存在講，則「知」
不能以此為「體」，固甚顯明。然蕺山之「物」字，亦是承陽明用法，指具體
自覺活動言；故蕺山此語，實即謂「知」以內外一切活動為內容也。」見勞
思光《中國哲學史卷三下・明末清初之哲學思想・劉宗周之學說》，台北三民
書局，1992 年 9 月增訂 7 版，頁 611〜612。

〔註21〕見《劉宗周全集・會錄》，第二冊，頁 611。

根獨體」之本體，而與「心」「意」「知」是一而不二之物呢？「物」又如何能是心之體呢？故筆者認爲如就蕺山學之整體而言之，「物」當非爲經驗義之物，亦非僅是一自覺活動，此「物」是一本體義之物，此本體之活動是自覺活動，此物之存有是一即存有即活動之存有，此物是一超越義之物，筆者這樣的說法，於蕺山高弟黃梨洲所言可證，梨洲曰：

> 夫心以意爲體，意以知爲體，知以物爲體。意之爲心體，知之爲意體，易知也；至於物之爲知體，則難知矣。……人自形生神發之後，方有此知。此知寄於喜怒哀樂之流行，是即所謂物也。〔註22〕

心之體是意，而意又以知爲體，知寄於喜怒哀樂之流行即是所謂之物，如此則梨洲所言之物即是一主體義之物。需說明的是，由於梨洲認爲知寄於「喜怒哀樂」四德之流行即謂之「物」，故知所謂「物」當是「喜怒哀樂」四德之流行而有主之者，此「物」當是一德性主體義之物，其內容即是「喜怒哀樂」。〔註23〕因之筆者認爲蕺山所言之「物」實與陽明的說法實有異，蓋陽明曾曰：「身之主宰便是心，心之所發便是意，意之本體便是知，意之所在便是物。」〔註24〕陽明此處所言之「意之所在便是物」此「物」實涵二義，一爲客觀外存於心之意志之對象物，亦可爲意識活動自身。〔註25〕如此，陽明所言之物

〔註22〕見《南雷文定前集》卷四。

〔註23〕勞思光先生曰：「蕺山由於將「喜怒哀樂」收歸心意中，故其論一切具體活動時，重點即在此『四情』或『四德』之運行上。故（）進步說，『知』之『以物爲體』，即是說作一切價值肯定或否定之功能，即以此四情之運行爲內容；得『中』即有肯定，失『中』即有否定，故即以此四情運行爲『體』也。」見勞思光《新編中國哲學史卷三下·明末清初之哲學思想·劉宗周之學說》，台北三民書局，1992年9月增訂7版，頁612。

〔註24〕見《陽明全書》卷一《傳習錄上》，頁38。

〔註25〕意之所在謂之物，所謂物者即是意之對象，意之對象可以是外在於心之客觀存在物，亦可以是主觀之心理活動。陳來先生說：「在王守仁這個『意之所在便是物』的定義中，作爲意之所在的物顯然包括兩種，一種是意所指向的實在之物或意識已投入其中的現實活動，一種是僅作爲意識之中的對象。就是說，在『意之所在便是物』中他并未規定物（事）一定是客觀的、外在的、現成的，這個意之所在可以是存在的，也可以是非存在的即僅僅是觀念的；可以是實物，也可以僅僅是意識之流中的對象。王守仁只是強調『意』一定有其對象，有其內容，至于對象是否實在并不重要，因爲他要強調的是意向行爲本身。……對於王守仁來說，『物』主要不是指現實的東西，而是指意向之物，即呈現在意識中的東西。」見陳來《宋明理學》，頁265～266。我們認爲就心之活動而言，實又可細分爲向外對客觀經驗事物之認知活動，另一種爲向內以心自身爲對象之自覺活動，陽明所指者或可涵蓋此二者。

是非是一主體，而是一為主體所籠罩關照之對象，非如蕺山所言之「物」是一道德主體。以「能」「所」關係言之，陽明所言者乃是「所」，而蕺山所言之物當是「能」。

因「物」於蕺山處是一道德性之主體，此主體乃是一虛明靈覺而能知者，是以蕺山謂物無用，以「知」為用。也因此吾人即知，「物」此一道德性之主體，不是一靜態之存有，而是一能動能知之存有。換言之，「物」此一存有是一即存有即活動者，而這就肯定了人之主觀能動性，肯定了人除了是德性之存有，人自身亦有辨別善惡是非之能力。

復次，由於人心之體之是一粹然至善者，且其又是一能知善知惡時，因其能知善知惡，又於知善知惡時，當下能好善惡惡，使此心呈現出定然趨於向善之意向性，故蕺山言知無用，以意為用。因意是吾人之心所以能定然向於善者，故知人除了是一粹然至善且能知善知惡外，其必然向於善，這就肯定了人有成德之內在動力與必然性。由於人之主體乃內在於心，因著心，故能將此主體之知善知惡、好善惡惡、定然向於善之特質彰顯出來，故蕺山曰「意無用，以心無用」，如此則知「心、意、知、物」於蕺山處乃是互為體用，體用一原無間者。心與知意物是體用一原互為體用，這就肯定了人乃是一至善之質，人不僅是一至善之質，其更具有一道德實踐之能力，及內在之趨動力。成德不單僅是人之目的，而且是一必然之目的，德性主體是一自己必然會要求實踐自己。

第四節　道德主體之「善的定向性」

由於「意」是心之主體，為超越性主宰，是「心之所以為心」，故「意」當為心之所存，非為心之所發，蕺山曰：

> 意者，心之所存，非所發也。朱子以所發訓意，非是。傳曰：「如惡惡臭，如好好色」，言自中之好惡一於善而不二於惡。一於善而不二於惡，正見此心之存主有善而無惡也，惡得以所發言乎？如意為心之所發，將孰為所存乎？如心為所存，意為所發，是所發先於所存，豈《大學》知本之旨乎？〔註26〕

「意」是心之體，是心之所存主，是心之主宰，非為心之所發，心之所以能

─────────────────

〔註26〕見《劉宗周全集》第二冊《學言》，頁459。

好善惡惡，能一於善而不二於惡，蓋因心有此「意」以爲之主，使心能定然向於善，故蕺山曰：「一於善而不二於惡。正見此心之存主有善而無惡也」。如以所發言「意」，則「意」便不是超越之主體，而成了一「心理活動」，「意」爲「心理活動」，則「意」對於心便無主宰作用，「意」對於「心」無主宰作用，則心便無法定向於善，無法一於善而不二而惡。心無「意」以爲之主宰，使心定然向於善，一於善而不二於惡，則心雖然是一至善之體，但也只是一個靜態之存有，而不是一能動之體。如此，心又如何能好善惡惡，心又如何能定然趨向於善，又如何能一於善而不二於惡？這一切都將無法得到合法的說明與理論依據。

心無法定然向於善，無法一於善而不二於惡，那麼就算心是粹然至善之體，這充其量也只能說明人的本質是善的，卻無法保證此善得以被實踐彰顯，如此，則道德的實踐是沒有其內在的根據與驅動力，道德的踐履亦沒有其必然性，心之活動亦非爲定然一於善而不二於惡之道德活動。心如只是一善之存有，卻無法好善惡惡，一於善而不二於惡，這樣的心只是一靜態之存有，非即存有即活動之心，於道德的實踐上並無主觀能動性，成德並無必然之保證。如以「意」作爲心之存主，以「意」爲心之體，非爲心之所發，則因「意」之本質是粹然至善，是「好善惡惡」者，是定然向於善者，心也因此是一於善而不二於惡，而成爲即存有即活動之主觀能動者，成德便得到保證。故蕺山謂一於善而不二於惡，正見此心之存主有善而無惡也。」是以蕺山反對朱子訓「意」爲心之所發，〔註27〕也因此蕺山反對陽明所言之「有善有惡者意之動」。〔註28〕蕺山曰：

　　意爲心之所存，則至靜者莫如意，乃陽明子曰：「有善有惡者意之

〔註27〕陽明亦認爲身之主宰便是心，心之所發便是意。意亦爲一心理活動，非爲心之本體。

〔註28〕勞思光先生亦說：案蕺山最不滿於陽明之說者，顯在於陽明以「意」爲「有善有惡」。然陽明所謂「有善有惡」乃指具體意念而言，故以「意之動」説之。蕺山則以爲「意」即是自覺心之定向能力，而以具體意念爲「念」；於是「意」只能説爲「好善惡惡」之自覺，而「有善有惡」者只是「念」。如此用「意」與「念」二字，即只以「意」表主宰性或自覺之定向能力，而將一切經驗內容抽去；另一面，凡有經驗內容之意皆名爲「念」。依蕺山如此用法，自不能説「意」爲「有善有惡」，然此是蕺山之語言，非陽明所用之語言也。見勞思光《新編中國哲學史》卷三下·〈明末清初之哲學思想（上）·劉宗周之學説〉，台北三民書局，1992 年 9 月增訂 7 版，頁 568。

動」，何也？意無所爲善惡，但好善惡惡而已。好惡者，此心最初之
機，惟微之體也。吾請折以孔子之言。《易》曰：「幾者，動之微，
吉之先見者也。」謂「動之微」，則動而無動可知；謂「先見」，則
不著於吉凶可知；謂「吉之先見」，則不淪於凶可知。曰：「意非幾
也。」意非幾也，獨非幾乎？〔註29〕

陽明以「意」爲有善有惡，有善有惡者，則意之善乃是相對之善，非爲絕對
之至善。是以可知陽明所言之「意」，其存在乃是經驗層之存在，是心之活動
義之存在，非爲超越之主體義之存在，故陽明所言之「意」與蕺山所言之「意」，
並不相同，陽明所言之「意」，當是「意念」之「意」，是心理活動義，是就
作用層而言。而蕺山所言之「意」，則是就「體」上言，意非爲作用層之存在，
而是主體之存在。故知陽明所言之「意」與蕺山所言之「意」雖然同名，然
而此二人並不在同一層次上來講「意」。

此外，需說明的是，由於蕺山所言之「意」乃是一主體義，其具有主觀
之機動性，故「意」能有好惡，其所好者善，其所惡者惡。「意」能好能惡，
則此「意」自身便具價值判斷之能力，亦具有價值判斷之活動。只是此「意」
之活動是極隱微的，動而無動相，亦不著於吉凶，故曰「動之微，吉之先見」。
因此蕺山反對陽明「有善有惡意之動」的說法。「意」作爲心之主體，爲道德
之所從出，其自身是粹然至善無惡者。「意」自身亦不僅是至善者，其亦是一
動態之存有，是一能好惡者之能動者。其所好者善，所惡者惡。其動是動而
無動相，是「動之微，吉之先見」。蕺山賦予「意」這樣的內容設準，「意」
絕對是一主觀能動之主體，而非爲心之意識活動；故蕺山所言之「意」其地
位與內容實質，實近似於陽明之「良知」。〔註30〕而陽明所言之「意」則如同

〔註29〕見《劉宗周全集》第二冊《學言》，頁459。
〔註30〕關於筆者這樣的說法，勞思光先生亦有相同的看法，勞思光先生曰：「依陽
　　　　明所用之語言看，則主宰性及定向能力諸義，皆當歸於『良知』，而『良知』
　　　　即『心之體』，就其發用言，固是『好善惡惡』，但就此能力本身言，則『良
　　　　知』既爲『善』及其所關一組詞語（包括其否定——即『惡』或『不善』）
　　　　獲得意義之根源，『良知』本身即不能再以此類詞語描述之；倘不然，則似
　　　　另有一『善』之標準在『良知』一能力之外成立，而『良知』不過符合此標
　　　　準而已。如此『良知』即不成爲『善』之根源矣。在此意義上，陽明說『無
　　　　善無惡心之體』，以保位『良知』之根源意義。」又曰：「陽明之『意之動』
　　　　相當於蕺山之『念』。」又曰：「陽明之『良知』包含『好善惡惡』及『知善
　　　　知惡』二義，故其中一部份相當於蕺山之『意』。」見勞思光《新編中國哲
　　　　學史・明末清初之哲學思想・劉宗周之學說》，台北三民書局，1992年9月

蕺山所言之「念」。〔註31〕由於意之好必然一於善而不二於惡，因之此意必好必於善，惡必於惡，意是有善而無惡者，蕺山曰：

> 意為心之所存，正從《中庸》以未發為天下之大本，不聞以發為本也。《大學》之教，只是知本。身既本於心，心安得不本於意？乃先儒既以意為心之所發矣。而陽明又有正心之說，曰：「知此則知未發之中。」然則來教所云：「好惡何解？」僕則曰：「此正指心之所存言也。《大學》自「知至」而後，此心之存主，必有善而無惡矣。何以見其必有善而無惡？以好必於善，惡必於惡也。好必於善，如好好色，斷斷乎必於此也；惡必於惡，如惡惡臭，斷斷乎必不於彼也。必於此而必不於彼，正見其存主之誠處。故好惡相反而相成，雖兩用而止一幾，此正所謂「幾者動之微，吉之先見」者。蓋此之好惡原不到作用上看，雖能好、能惡，民好、民惡，總向此中流出，而但就意中，則只指其必於此不於彼者，非七情之好惡也。「意」字看得清，則「幾」字纔分曉；「幾」字看得清，則「獨」字纔分曉。孟子曰：「其好惡與人相近也者幾希。」正此之謂也。難道平旦之時，未與物接，便是好人惡人，民好民惡之謂乎？《大學》以好惡解誠意，分明是微幾；以忿懥、憂患、恐懼、好樂、決裂處解正心，分明是發幾故也。〔註32〕

又曰：

增訂 7 版，頁 586～587。基本上我們頗同意勞思光先生所言「陽明之『良知』其中一部份相當於蕺山之意」這樣的說法。我們要進一步的指出二人相當的部分乃在於「意」同為好善惡惡，蕺山曰：「有善有惡者心之動，好善惡惡者意之靜，知善知惡者是良知，為善去惡者是物則。」《劉宗周全集》第二冊《學言》，頁 459。

〔註31〕關於此文字之意，古清美先生有精微之見解，古清美先生說：「〈誠意〉章雖以好惡講誠意，但蕺山將『意』往上提，從見善必好、見惡必惡的決定者來講，便是『不到作用上』、不落好惡中，是坐鎮在內、誠而至善的存主；故曰以好惡解誠意是『微幾』，正是『一機而互見』，而好惡之『意』也，就是『兩用而一幾』了。獨體、意根之所以能於善必好、於惡必惡，如心之定盤針，恆向乎善，因這獨體；意根是『天命之性所藏精處』。好善惡惡雖是作用顯發，但能『好善』的就是同時能『惡惡』的同一個體，亦即是一個存主的心體。而這個存主的心體又要顯發為『能分善惡兩端』之用，蕺山就用『幾』來說明這個特質；在體上貞定為善，用上自不會滑開，故『知幾』便成為蕺山講工夫極重要的一環。」見古清美《明代理學論文集·劉蕺山的誠體思想與其實踐工夫》，台北大安社出版社，1990 年 5 月 1 版 1 刷，頁 284。

〔註32〕見《劉宗周全集》第三冊上〈答葉潤山四〉，頁 438～439。

意根最微，誠體本天；本天者，至善者也。以其至善，還之至微，
乃見眞止；定、靜、安、慮，次第俱到，以歸之得，得無所得，乃
爲眞得。此處圓滿，無處不圓滿；此處虧欠，無處不虧欠……。而
端倪在好惡之地，性光呈露，善必好，惡必惡，彼此兩關，乃呈至
善。故謂之「如好好色，如惡惡臭」。此時渾然天體用事，不著人力
絲毫。於此尋箇下手工夫，惟有愼之一法，乃得還他本位，曰獨。
仍不許亂動手腳一毫，所謂誠之者也。此是堯、舜以相傳心法，學
者勿得草草放過。〔註33〕

「意」之好惡是本有的，不待物感而後有之，故曰「好惡不在作用上看」。至
於「意」之好惡則不同，因意爲心之體，是爲心之所存主，是粹然至善者，
其好惡乃一於善而不二於惡。由於「意」之好惡是定然一於善而不二於惡，
如此則道德之實踐便得到內在的驅動力。此外，由於「意」之好惡是先於經
驗而本有的，不在作用上才有好惡，此好惡無待於感性經驗之物便已內在於
「意」而作爲「意」之內容。所有之好惡乃皆由「意」自身之所出，於無物
之時亦知其所好所惡者爲何。因此吾人可知「意」之好惡是有其內在之根據，
是爲一自律的非爲它律的，非待外物而後有好惡，此好惡之存有是恒有而無
起滅。就「好惡」之自身而言，意之好惡自身乃爲道德價值之判斷與選擇。
就「好惡」之對象而言，其對象乃是道德之行爲活動，並非經驗界之具體實
存之萬有。如更進一步的說，只有人才能有道德行爲活動，因此吾人可知，「意」
之好惡之對象，僅就人之行爲活動而言。〔註34〕就好惡判斷之標準言，好惡
判斷之標準乃是一道德之理性，是一道德的尺度，故蕺山謂曰「好必於善，
惡必於惡」。蓋因好要能必於善，則其必先預設「意」此一主體能知何者謂善，
能「知」即表示能「判斷」，如此於理論上必先預設此一主體能判斷善惡。有
判斷，即需有其判斷之標準。「知」既以善惡爲對象，以道德行爲活動爲對象，
則其判斷之標準亦當是道德的律則。

復次，由於「意」之好惡，除了其對象是人之道德行爲活動，其標準是
道德之法則之外，其於知善知惡之同時，其必同時好善而惡惡，故蕺山曰：

予嘗謂好善惡惡是良知，舍好善惡惡，別無所謂知善知惡者。好即
是知好，惡即是知惡，非謂既知了善，方去好善，既知了惡，方去

〔註33〕見《劉宗周全集》第二冊《學言下》，頁535～536。
〔註34〕此處之行爲包括了心理活動與具體行爲活動。

－106－

惡惡。審如此，亦安見其所謂良者？乃知知之與意，只是一合相，
分不得精粗動靜。〔註35〕

由於知善知惡之時必同時好善惡惡，且其好惡所好者必於善，所惡者必於惡。
於此間並無「自由意志」的空間，人並無選擇之的自由與空間。這就一方面
肯定了人有內在道德實踐之趨向性，突顯了人有道德實踐之能力，卻也預設
了人有不容己的定然向於善之本質。

第五節 「體」之一機互見與「用」之兩在異情

承前文所言，「意」之好惡是一於善不二於惡，其所好者必於善，其所惡
者必於惡。而這樣的「意」有其內在之道德法則，作為其判斷與實踐（好惡
之實踐）之律則，故意之「好惡」，並不待於外物才有「好惡」，其於無物之
時，便已有所惡所好，蕺山曰：

「如惡惡臭，如好好色」，蓋言獨體之好惡也。原來只是自好自惡，
故欺曰「自欺」，謙曰「自謙」。既自好自惡，則好在善，即惡在不
善。〔註36〕

由於好惡是自好自惡，不待物感而起，故其好惡是心體本有之好惡。既為本
有，不待物感而有之，則其好惡是一時俱顯，好時即知所惡者何，惡時亦同
時能知所好者何，所謂一機而互見，蕺山曰：

意有好惡而無善惡，然好惡只是一機。《易》曰「幾者動之微，吉之
先見者也」是也，故莫粗於心，莫微於意。〔註37〕

又曰：

「如惡惡臭，如好好色」，蓋言獨體之好惡也。原來只是自好自惡，
故欺曰「自欺」，謙曰「自謙」。既自好自惡，則好在善，即惡在不
善；惡在不善，即好在善，故好惡雖兩意而一幾。若以所感時言，
則感之以可好而好，感之以可惡而惡，方有分用之機。然所好在此，
所惡在彼，心體仍是一箇。一者，誠也。意本一，故以誠還之，非
意本有兩，而吾以誠之者一之也。〔註38〕

〔註35〕見《劉宗周全集》第二冊《學言下》，頁525。
〔註36〕見《劉宗周全集》第二冊《學言下》，頁522～523。
〔註37〕見《劉宗周全集》第三冊上〈答葉潤山民部〉，頁387～388。
〔註38〕見《劉宗周全集》第二冊《學言下》，頁522～523。

又曰：

> 言所惡，則不必更言所好矣。所惡在彼，所好在此，故曰好惡兩用
> 而一機。〔註39〕

前文已言，意之好惡，非為感性經驗之好惡，而是先驗之好惡，是本有之好惡，其好惡於好時即知惡者何，其惡之時即知所好者何，此即兩用而一機。感性之好惡則不然，感性經驗之好惡需待物感而後有之，故其於感於物而好時並無法同時知其所惡者何，需待另一物感後方能知之，故云感性經驗之好惡是兩在而異情。〔註40〕故蕺山曰：

〔註39〕見《劉宗周全集》第一冊《大學古文參疑・第三章》，頁725。

〔註40〕唐君毅先生說：蕺山論人之修養工夫，乃以誠意為宗。此其所謂意，全不同於慈湖陽明龍溪所謂意念之意。此意乃內在的存主於吾人之心之中，以使此心之天情之運，周流不息，誠通誠復，其發於外皆本於中而形為和，恆知定向乎善而無移，有如心中之定盤針，「淵然在中，動而未嘗動，靜而未嘗靜」者……蕺山之所謂意，則既為存主於心中，亦為使心之所發，恆知定向乎善中，如心中之定盤針。故此意亦即吾人之自然表現的知愛知敬之善中之「知」之所依，亦吾人之知善念知惡念之「知」之所依。人之知愛知敬，愛敬發乎自然，亦人之自然之定向乎善之事。在此知愛知敬之中，此知隨敬而起，而知即在此愛敬之中；愛敬純為善，此知亦只是善而無不善。此知愛知敬之善，雖不同於上文所謂第一義之善之純為內在之一元生意流行之善，然自其為直接依於意之定向於善，而自然發出者言，亦為不與不善相對之絕對，而此知，亦即同於此惻隱恭敬之心之情之自身中之自知。至於在佑善惡之知中，則此知初在善惡念之外，乃一面知善，一面知惡，而同時好善惡惡者。此亦陽明之所已言。然蕺山之進於陽明者，則在言此好善惡惡，乃依於此良知中之意，而為「覺有主」之主。此意之一面好善，一面惡惡，乃好必於善，惡必於惡。「好必於善，如好好色，斷斷乎於此；惡必於惡，如惡惡臭，斷斷乎不於彼。」必於此而必不於彼，乃正見其存主之誠處，「故好惡相反而相成，兩用而止一幾」。由此「意之好惡一機而互見」，不同於起念之好惡之「兩在而異情」。見唐君毅《中國哲學原論・原性篇》，台北臺灣學生書局，1984年2月全集校訂版，頁476。

古清美先生亦說：「〈誠意〉章雖以好惡講誠意，但蕺山將『意』往上提，從見善必好、見惡必惡的決定者來講，便是『不到作用上』、不落好惡中，是坐鎮在內、誠而至善的存主；故曰以好惡解誠意是『微幾』，正是『一機而互見』，而好惡之『意』也就是『兩用而一幾』了。獨體、意根之所以能於善必好、於惡必惡，如心之定盤針，恆向乎善，因這獨體、意根是『天命之性所藏精處』。好善惡惡雖是作用顯發，但能『好善』的是同時能『惡惡』的同一個體，亦即是一個存主的心體。而這個存主的心體又要顯發為『能分善惡兩端』之用，蕺山就用『幾』來說明這個特質；在體上貞定為善，用上自不會滑開，故『知幾』便成為蕺山講工夫極重要的一環。」見古清美《明代理學論文集・劉蕺山的誠體思想與其實踐工夫》，台北大安出版社，1990年5月1版1刷，

> 意之好惡，與起念之好惡不同。意之好惡，一機而互見；起念之好
> 惡，兩在而異情。以念為意，何啻千里？〔註41〕

至此，吾人可以很清楚的知道，「意」與「念」之分別，乃在於「意」是一先驗之存有，其好惡是於其好之時必同時知所惡者何，其於惡之時，必知所好者何，「意」之好惡可謂是一機互見。「念」之好惡則不然，「念」是經驗之存有，其好惡需待物感而後有之，於所好之時，不知所惡者何？於所惡時，不知所好者何，好惡是兩在而異情。〔註42〕蕺山此之說，實將「意」「念」嚴分，蕺山並將「意」上提至本體之域，如此「意」便不是作用層之會生滅之「心理活動」，而是主體層具有主宰力能使心定然向於善之「道德主體」。「意」自身必然趨向於善，則人不僅是一至善之靜態存有，亦具有實現與趨向於善之能力，這就肯定了人有向善、向道之能力，並為人具有此道德實踐之能力，提供了理論上的說明。

　　於此需說明的是，雖然「意」提供了人向善之成德之驅動力與趨向性，指出了人必然會往善之方向前進。這樣的說法尚便使「善」、「德」成為目的，而人必然向此目的前進，並不是人已完成或實踐了道德，只是說人有向善之潛質，故董瑒曰：

> 子又曰：「心所向曰意，正如盤鍼之必向南也。只向南，非起身至南
> 也。朱子曰「知止則志有定向」，凡言向者，皆指定向而言。意，志
> 也。心所之曰志。如云志道、志學，皆言必為聖人的心，仍以主宰

頁 284。

〔註41〕 見《劉宗周全集》第二冊《學言中》，頁 485。

〔註42〕 「念」是感性經驗，感性經驗之好惡，必先有一對象方能知所好者何，所惡者何，這樣的好惡自身並無內在先存的道德法則做為好惡判斷之律則，這樣的好惡並無道德之意涵。此種感性經驗之好惡，是心之情感之好惡，就「好惡」自身而言雖然是一種判斷與選擇，然其判斷之標準並不是依於道德理性，而是依於情感。就好惡之對象而言，此種好惡之對象可以是經驗界實存之萬有，亦可以是一般之行為活動，並未限定於道德義之行為活動。且而此種好惡於好之時不知所惡者為何，於惡之時不知所好者為何，好與惡是兩在而異情，例如喜歡某樣東西的同時，心並不同時知道所厭惡的東西為何？此種感性經驗之好惡，其好惡於無物之時並不存在，故此種好惡並非是恒在的，而是有起滅的，其於心中並無內在恒常之根據。心之好惡無內在之必然根據，則此心必隨感性之物流轉，而無必然向於善之定向，心無必然向於善之定向，則成德並無內在之驅動力，如此成德則僅能為一偶然，並無必然。因此這種感性經驗之好惡絕對無法對心的活動提供道德踐履（趨向於善）之動力，是以這種感性之好惡是無法成為道德行為活動之律則。

言也。然意者心之中氣，志者心之根氣，故宅中而有主曰意，靜深
而有本曰志。〔註43〕

要之，「意」雖爲心提供了方向性之說明，使心定向於善。然而這也只是一種
意向性，尚未即是善，如此人性不僅是善，而且人性也是傾向善。

第六節　「妄」──過所以成之因

依蕺山，人心之本質是至善而無惡。人心是至善而無惡者，則何以人會
有過呢？此是蕺山所必回答之問題，依蕺山之說，氣於運動變化之時，有不
能無過、不及之差，是「妄」、「過生焉」，蕺山曰：

惟是氣機乘除之際，有不能無過、不及之差者，有過，而後有不及，
雖不及，亦過。過也，而妄乘之，爲厥心病矣。乃其造端甚微，去
無過之地，所爭不能毫釐，而其究甚大。〔註44〕

由於人與萬有同爲氣所形構，氣於乘除運動變化造作之際又不能無過與不
及，因氣機之運動變化不能恰如其理而過之，故妄因之形焉。有妄，則人心
亦不能無心病之生。人心雖有「妄」產生，然此「妄」就心而言並非是心之
本質，只是「心」此一動態存有在流行的過程之中，未能如「心」自身之法
則而行，「妄」只是心之發用時的一種狀態，一種不如理之狀態，猶如缺理，
猶如人之元氣缺乏，非眞有妄過之本質，〔註45〕故蕺山曰：

〔註43〕見《劉宗周全集》第五冊《劉子全書抄述》，頁766。
〔註44〕見《劉宗周全集》第五冊《改過說一》，頁20。
〔註45〕何俊先生說：「氣處於乘除之際，呈以動態，無過與不及實是流化中的一個片
段，任何動態過程中的片段被抽出作靜態分析，必不可能完美，因此其無過
與不及本身不足以被認爲是一種罪過，而只能構成爲一種機會，眞正的禍首
是「妄」。而妄顯顯不屬於原初的本體──理與氣，這便無疑是從本體論上
徹底根除了罪過的源頭，確立起無可動搖的善的心性本體。」見何俊〈劉宗
周的改過思想〉，收錄於《劉蕺山學術思想論集》，台北中央研究院中國文哲
研究所1998年5月初版，頁139～140。於此筆者欲說明的是，雖然蕺山言「妄」
之產生是氣機乘除之際不能不有之者，然這是就妄之「發生」意而言，言「妄」
是必然發生者，並非言其爲心之本質而爲必然存在。蓋能爲一物之本質者，
其是一物之所以爲物者，既是一物之所以爲物者，其便具有就此一物而言之
「不可變性」（種差）與相對之「必然性存在性」。蓋物之本質如能改變，則
物即非原本之物，例如人之所以爲人者，即爲人之本質（種差），此本質（種
差）不能改變，一改變則人便不是人了，也因此其包含了就一物而言之必然
存在（相對於一物而言，物在其必存在）。而「發生」則不同，本無而後有之

「妄」字最難解，直是無病痛可指。如人元氣偶虛耳，然百邪從此
易入。人犯此者，便一生受虧，無藥可療，最可畏也。程子曰：「無
妄之謂誠。」誠尚在無妄之後。誠與僞對，妄乃生僞也。妄無面目，
只一點浮氣所中，如履霜之象，微乎微乎。〔註46〕

又曰：

妄，獨而離其天者是。〔註47〕

依文意可知，妄非於心體外另有一個有自性之獨立存有，而是此心之體違離
性天之善者，違離即謂之妄，故蕺山謂之曰「妄無面目，只是一點浮氣所中」。
是以吾可知所謂妄可謂爲心體發用時其所呈顯者，乃爲（偏離性天之理）善
之缺乏，故蕺山曰：「如人元氣偶虛耳」。於此需說明的是，此處所謂善之缺
乏，非謂心體是善之缺乏，而是指心體發用時未能如自身之理之狀態，故謂
之妄。心體其自身爲至善者，未嘗有善之缺乏，凡言善之缺乏者，皆就心體
發用處言，非就心體自身之言。由於「妄」是氣機乘除之際所生，其存有是
隱微幾微之存有，是心之極隱微而不易覺察之狀態，處於尚未起念、過尚未
形成之前，故蕺山謂之曰：「妄字最難解，直是無病痛可言。」雖心體於發用
之時未能如其理，然因心體之本質爲至善之心體，仍爲一能覺察之能動心，
故心體於發用時，心體乃有自己以自己爲對象之覺察之能力，覺察自己是否
能如理以行。由於心偏離性天之善是有妄，因有妄，則有僞之生。是以蕺山
曰：

人心自眞而之妄，非有妄也，但自明而之暗耳。暗則成妄，如魑魅
不能畫見。然人無有過而不自知者，其爲本體之明，固未嘗息也。
一面明，一面暗，究也明不勝暗，故眞不勝妄，則過始有不及改者
矣。非惟不改，又從而文之，是暗中加暗、妄中加妄也。故學在去
蔽，不必除妄。〔註48〕

由於人心有妄，且心體無有過而不自知，然明究不勝暗眞不勝妄，故過乃有

才可謂發生，妄是氣機乘除之際方有之，推言之則氣機若不乘除，便不會有
妄產生，故言「妄」之生是一種發生，非爲氣本質之有，故言「妄」之存在，
就其根源言非爲必然存在。不過因氣是活動生生不息之氣，故「氣」必然有
乘除之時，故就發生而言，於蕺山處是爲一必然發者。

〔註46〕見《劉宗周全集》第二冊《人譜續篇三・紀過格》，頁11～12。
〔註47〕見《劉宗周全集》第二冊《人譜續篇三・紀過格》，頁11。
〔註48〕見《劉宗周全集》第二冊《人譜・改過格》，頁21。

不及改者，過因之生焉。如此可知過之根源，乃根源於妄。因「妄」於人心上終無存在之根據，故改過以成德便有可能，道德實踐也方有其可能與存在之價值。於此需說明的是，依蕺山所言，人之本質乃爲善質，之所以會有「過」，蕺山乃歸因於「妄」所致，蕺山此說似乎說明了「過」惡之根源。然而蕺山於進一步說明「妄」之所以生之因，是歸於則是氣機乘除之際不得不有之（不能無過）者，而將「妄」之發生歸於必然，這就又未能說明「妄」生成之因。

結　語

　　本文集中的探討了蕺山學中的道德主體理論，關於理氣之關係，蕺山謂理氣無先後，理氣只可以形上形下而言之，不可以先後而言。蕺山認為「氣」充周於天地之間，是萬有之存在之根源，有此氣方有此天，有此氣方有此地，有此氣方有此人，故曰「天得之以爲天，地得之以爲地，人得之以爲人」。是以吾人可知，氣可謂是萬有之所以能爲萬有者，是萬有所以存在之因。

　　復次，此氣自身有其內在之法則，此氣自身之內在之法則即是理，理與氣之關係當是理爲氣理，是氣之所以爲氣者，是氣之性，氣之所有種種運動變化皆依此理，此理是氣自身之內在律法，其情況就如同原子有原子之理，水有水之理，原子之排列，帶電荷之電子的分佈或是水的三態變化，皆依其內在之律則而不違，這樣的理是就水中見出，是就物質中看出其內在之律則，此「理」實可謂爲物質之理，此理雖爲水之理，然此「理」不能即名之爲水，其是水就其變化而有序言。蕺山之「理氣」思想亦當如是觀，蓋氣之運動變化皆依氣自身內在之律則而行。氣之種種運動變化皆依此內在之律則而行之不違，則此氣自身之內在之律則可謂是此氣自身之主宰。至於此氣自身內在之主宰爲何，依蕺山，即是理。故蕺山曰：「氣即理也」，「理即氣之理」、「理只是氣之理，有是氣方有是理，非理能生氣也。」但既有是理，則此理尊而無上，遂足以爲氣之主宰，氣若其所從出者。蕺山認爲天地間萬有乃氣之運動變化而成，而此氣之運動變化則依氣自身內在之法則而行，因此可謂理爲氣之主宰，這樣的理乃是一種氣理。此理雖是氣理，然不能即是氣，理只就氣之變化而有序言之。

　　筆者認爲蕺山此說實深富意義，就實際的認識而言，蓋蕺山認爲理爲氣

之理，理是太極創生之妙，是氣之所以能生生者，此氣依著此理，如此蕺山便賦于氣一內在之律則與理性。又因「理」具道德義，是以蕺山亦賦于氣道德之義含，乃本著德性與義理以說氣。如此形器世界乃是有一內在之理性，此形器世界是一有秩序的世界，此世界乃是一有道德秩序的世界。另一方面就回應晚明儒學學風與釋道之論而言，此種以「理為氣之理」、「理氣是一體之兩言」、「理是氣自身內在之法則」而此氣之內在之法則當就氣上見之說法，實可挽救晚明儒學學者與道釋之言性者往往流於「蕩之以虛玄」、「參之以情識」、「支離」之弊，使人認識到，道德天命之證成不能忽略人自身及人所處之氣世界，蓋此一形下之器世界與人皆由一道德性義之氣所形構，雖天道是不無形可不可見，然因形上與形下不離，道器、體用是一，是以人如欲掌握與實踐形上之天命、天道，實可由此形器世界入手，蓋此形器世界是有形具象而為人所可以直接掌握的，如此便可救挽蕩之以虛玄之弊。復次，蕺山以理為氣自身之內在法則，賦于氣一客觀之道德律則。如此，便提點了言心者，當重視心之內在之超越律則，不可專以知覺言心，如此便可避免「參之以情識」之危險。

　　蕺山認為盈天地間只一氣而已矣，有此氣時即有此理，方有此理，氣之外別無一可離氣而獨立存有之實體——「太極」或「理」。所謂「太極」、「理」者即是「道」也，因理乃是無形無象，是形而上者，復又因為「氣」之種種運動變化造作皆依此理，是以尊之謂「太極」。故言理為太極非言理離於氣，非認為理是比氣更根本之獨立存有者，言太極乃是為尊其為氣之主宰者。因此若言太極為一能獨立實存有者，蕺山認為此亦不恰當，蓋如此則「理」亦為一物，既為一物，則其即為有限，有限者又如何能生生不息，如何能變化萬有於無窮？依蕺山這樣的看法其實已透露出幾點訊息，其一是「理」與「氣」之關係，蕺山認為就形下世界之認識而言「理氣」是不離，當是一也，理氣是理就形下之氣中指出其形而上者。理氣之關係非如朱子所言之理先氣後，非有理而後有氣耳。

　　其二是理氣的關係當是「理為氣之理」，「氣立而理因之寓焉。」是理乃「氣自身之法則」，是氣之所以能一陰一陽者也。就形下之世界而言，天地間只一氣而已，是以吾人可知，蕺山所謂之「理」非精神性實體，「理」乃為形下之氣自身之形而上之主宰法則，因氣之種種運動變化創生皆依此氣自身之律則而行，是以尊此氣自身之法則——「理」為太極，非於氣之外有一比氣

更根源之實體存在。

　　其三,蕺山認爲就吾人所存在之世界乃是一氣世界,「所謂天地間只一氣」者是也。天地間一氣,但分理分氣而言,分形上形下言,實爲一體之兩言。就自然界萬有存在所依憑之質料因、形式因乃是氣也,因有此氣之諸妙合變化,是以萬有得以具體而存在焉。然此氣之所以能有諸種種妙合變化運動變化,實乃氣有其內在自身之動力因,此動力因謂之爲「理」。理雖爲氣之動力因然理又不僅是氣之所以能動之因,此理又爲氣之運動變化所依循之律則,氣之種種變化皆依此「理」而行,非一無目的無序偶然之變化,是以「理」又爲氣之身之法則。蕺山這樣的說法其實已預設了「氣」之運動變化非爲無序的,相反的蕺山認爲宇宙之中種種的運動變化,皆有其理序,亦即理,如此則天地宇宙是一有規律性之宇宙。可說是因氣乃爲天地間萬有存在之根據,而理乃此氣自身之律則,是以理即氣也。而蕺山理即氣,氣即理的說法乃克服了天地間一氣,氣爲萬有存在之最根源,卻又依理之律則而運動變化之困難。

　　其四是蕺山言盈天地間一氣,盈天地間一理也,據本文所論證得知,於蕺山處,理是氣之內在法則,此法則是一德行義,如此蕺山所言之氣乃爲一德性義之氣。

　　其五是蕺山認爲盈天地間只一氣,這道器、理氣是一、形上需就形下中見,離器無所謂道,蕺山此說之理論效益乃是提醒了吾人於從事道德踐履之時,當注意人自身所處之形下之氣界,道德之踐履當從形下之氣世界著手。蕺山這樣的說法實可救挽晚明儒學「蕩之虛玄」、「參之以情識」、「支離之弊」。

　　其六,蕺山言「理氣不相離」,「理於氣中見」,使得主觀之心性有了內在之客觀之形上之道德法則,有了形上之超越之根據。蕺山認爲這樣一來便可解決儒學心性論由孟子、象山、陽明以來性天之尊隱沒不顯之病。此爲本文之總結。

　　其七是蕺山於「心性論」的說法亦是一體兩言之道德主體理論架構,心是德性義之氣心,是創造性之德性實體。此心雖以「靜」爲樞紐,所謂靜者非爲寂然不動者,而是「循理爲靜」,故此心乃爲一主觀能動之覺照本體,是一即存有即活動之心。而心與性之關係是,性是心之理,是內在於心而不異於心之心自身之內在法則。心性之關係當是即心言性即性即心。

　　其八是,蕺山之所以將「四時」與「四德」與「四氣」和「四情」合而

言之，其目的是將「喜、怒、哀、樂」德性化，以之爲「四德」，肯定「喜怒哀樂」四者是人所本有，其非爲人所對治之對象。蕺山另立了七情，以之爲性之所變，是過與不及者，以此爲工夫所當對治之對象。蕺山此說其實是正面肯定了人有情之存在，而反對過與不及之情。

其九，蕺山認爲人因有「意」，故人有一道德實踐的定向性──定然向於善，這就肯定了人有向善之可能，肯定了人有主觀能動性。

其十，蕺山主張需將「意」「念」嚴分，認爲「意」之存在爲主體層存在，而「念」之存在爲作用層之存在，故「意」是一機互見而「念」則爲兩在異情。

要之，我們認爲蕺山學的理論型態當是「一體兩分」之型態，是一德性之氣化論者，心性理氣形上形下皆是一體之兩言，故蕺山學當不是勞思光先生所言之「合一說」，亦非牟宗三先生與莊耀郎先生所言之唯心論者，亦非侯外廬先生、陳來先生所言之唯物之氣論者。此乃因蕺山肯定形下之氣世界，並將此氣世界設定爲道德義，故不可以蕺山學爲物質之唯氣論，蓋如此便忽略了超越之道德義，便不能對治流於情識之弊。亦不能將蕺山學視爲唯心論，蓋如此便忽略了現象經驗界，亦無法對治「蕩之虛玄之弊」。故本論文提出第三個論釋理論系統，此即是「道德化之氣論」，如此方可兼顧現象與超越的道德界。

於此我們有一個尚未能解決的困難，此困難是蕺山既肯定氣是氣質，而人是由此善質所形構而成的，因此蕺山亦肯定人之質是善。人之質既是善，那麼成德之要當只在恢復人之本然之質，使人能如其理而行即可，何以蕺山又建構了龐大的工夫規約以爲成德之法？蕺山是爲了糾矯晚明儒學流於空虛浮泛缺乏眞工夫之弊，還是蕺山對於人並無信心，認爲惟有以刻苦嚴毅的眞工夫，成德方有可能。

此爲本文之總結。

於此需說明的是本研究由於將問題之焦點集中於蕺山的道德主體理論，因此對於從宏觀角度上而言在蕺山學中最重要的工夫理論隻字未提，似乎頗有將蕺山學割裂支離之嫌。筆者之所以隻字未提，其因實乃是蕺山學的工夫理論、成德之方，目前學界研究已多，且與筆者題目並無直接的關係，因之筆者認爲實無多加著墨之必要。此外，探討蕺山學之道德主體理論，對於蕺山學中之「意根」與「獨體」實不當遺漏，然而本文卻仍是隻字未提，其因

亦是蕺山學之「意根」、「獨體」、「誠意」、「慎獨」自牟宗三先生開創研究弘規之後，一時之間這幾個概念範疇便成爲研究蕺山學的核心問題，至今學界研究之規模與論釋系統仍不出牟先生之矩矱。由於研究已多，又自覺對於「意根」、「獨體」、「誠意」、「慎獨」這幾個命題之研究，目前仍無法提出不同於牟先生之看法，因此便將這些命題略而不談，這是本論文最大的缺憾。

參考書目

（各類皆依出版年代先後排序）

一、原　典

（一）經　部

1. 《詩集傳》（四部叢刊廣編本），朱熹，臺北臺灣商務印書館，1981 年。
2. 《四書章句集註》，朱熹，臺北鵝湖出版社，1984 年初版。
3. 《十三經注疏》（阮元重刊宋本），臺北藝文印書館，1989 年 11 版。

（二）史　部

1. 《明史紀事本末》，谷應泰，臺北三民書局，1956 年初版。
2. 《清史》，清史編纂委員會編，臺北國防研究院，1961 年版。
3. 《明史藝文志廣編》，清・倪燦等，臺北世界書局，1963 年。
4. 《浙江通志》，沈翼機等，臺北華文出版社，1967 年。
5. 《紹興府志》，李亨特總裁平恕等修，臺北成文出版社，1967 年。
6. 《東林列傳》，陳鼎，臺北新文豐出版公司，1975 年。
7. 《宋元學案》，黃宗羲，臺北河洛圖書，1975 年版。
8. 《明代史》，孟森，臺北華世出版社，1977 年修訂版。
9. 《東林始末》，蔣平階，上海上海書店，1982 年版。
10. 《明儒學案》，黃宗羲，北京中華書局，1986 年 1 版 1 刷。
11. 《明史》，張廷玉，臺北鼎文書局，1991 年 5 版。

（三）子　部

1. 《盱壇直詮》，羅近溪，臺北廣文書局，1960 年版。
2. 《王龍溪語錄》，王畿，臺北廣文書局，1960 年再版。
3. 《朱子大全》，朱熹，臺北臺灣中華書局，1965 年台 1 版。

4. 《象山全集》，陸九淵，臺北臺灣中華書局，1965 年台 1 版。

5. 《張子全書》，張載，臺北臺灣商務印書館，1968 年版。

6. 《二程遺書》，程顥、程頤，臺北臺灣商務印書館，1968 年版。

7. 《宋學淵源記》，江藩，臺北商務印書館，1968 年台 1 版。

8. 《朱子遺書》，朱熹，臺北藝文印書館，1969 年版。

9. 《王龍溪全集》，王畿，臺北華文出版社，1970 年初版。

10. 《學蔀通辨》，陳建，臺北廣文書局，1971 年版。

11. 《羅豫章集》，羅從彥，臺北中文出版社，1972 年版。

12. 《白沙子全書》，陳獻章，臺北河洛圖書出版社，1974 年版。

13. 《焚書》，李贄，臺北河洛圖書出版社，1974 年版。

14. 《藏書》，李贄，臺北臺灣學生書局，1974 年初版。

15. 《續藏書》，李贄，臺北臺學生書局，1974 年初版。

16. 《讀四書大全說》，王夫之，臺北河洛圖書出版社，1974 年版。

17. 《王心齋全集》，王艮，臺北廣文書局，1975 年版。

18. 《小心齋札記》，顧憲成，臺北廣文書局，1975 年初版。

19. 《周子全書》，周敦頤，臺北臺灣商務印書館，1978 年版。

20. 《困知記》，羅欽順，臺北中國子學名著集成編印基金會，1978 年版。

21. 《日知錄》，顧炎武，臺北中文出版社，1978 年版。

22. 《王陽明全書》，王陽明，臺北正中書局，1979 年版。

23. 《南雷集》，黃宗羲，臺北商務印書館，1979 年台 1 版。

24. 《劉子全書及遺編》（上、下），劉宗周，臺北中文出版社，1981 年版。

25. 《漢學師承記》，江藩，臺北學海出版社，1985 年初版。

26. 《朱子語類》，朱熹，臺北華世出版社，1987 年版。

27. 《黃宗羲全集》，黃宗羲，臺北里仁出版社，1987 年版。

28. 《鮚埼亭集》，全祖望，臺北文海出版社，1987 年版。

29. 《高子遺書》（四庫全書·1292 冊），高景逸，臺北商務印書館。

30. 《性理大全》，胡廣，山東友誼出版社，1989 年第 1 版。

31. 《聖學宗傳》，周汝登，山東友誼出版社，1989 年第 1 版。

32. 《理學宗傳》，孫奇逢，山東友誼出版社，1989 年第 1 版。

33. 《劉宗周全集》，劉宗周，臺北中研院文哲所，1996 年初版。

二、思想史

1. 《清代學術概論》，梁啓超，臺北中華書局，1956 年台 1 版。

2. 《中國思想通史》（第四卷，下冊），侯外廬，北京人民出版社，1957年第1版。

3. 《中國近三百年學術史》，錢穆，臺北臺灣商務印書館，1957年。

4. 《明代思想史》，容肇祖，臺北臺灣開明書店，1962年3月臺1版。

5. 《宋明理學概述》，錢穆，臺北臺灣學生書局，1977年修訂再版。

6. 《中國哲學史論》，任繼愈，上海人民出版社，1981年初版。

7. 《晚明理學思想通論》，陳福濱，台北環球書局，1983年9月初版。

8. 《中國哲學原論·原性篇》，唐君毅，臺北臺灣學生書局，1984年2月全集校訂版。

9. 《中國哲學原論·原教篇》，唐君毅，臺北臺灣學生書局，1984年2月全集校訂版。

10. 《中國近三百年學術史》，梁啓超，臺北中華書局，1987年2月臺11版。

11. 《宋明理學史》，侯外廬等，北京人民出版社，1987年1版1刷。

12. 《哲學論集》，唐君毅，臺北臺灣學生書局，1990年2月全集校訂版。

13. 《明清之際儒家思想的變遷與發展》，林聰舜，臺北臺灣學生書局，1990年10月初版。

14. 《新編中國哲學史》（三上、三下），勞思光，臺北三民書局，1992年9月，增訂7版。

15. 《明中晚期理學的對峙與合流》，于化民，臺北文津出版社，1993年2月初版。

16. 《中國哲學十九講》，牟宗三，臺北臺灣學生書局，1994年3月初版6刷。

17. 《中國哲學史》，馮友蘭，臺北臺灣商務印書館，1994年5月增訂臺1版第二次印刷。

18. 《中國前近代思想的演變》，溝口雄三，臺北國立編譯館，1994年12月初版。

19. 《理學的演變》，蒙培元，福建人民出版社，1998年4月2版2刷。

三、研究專著

1. 《王陽明致良知教》，牟宗三，臺北中央文物供應社，1980年再版。

2. 《劉宗周評傳》，衷爾鉅，濟南齊魯書社，1982年8月。

3. 《陳乾初大學辨研究》，詹海雲，臺北明文書局，1986年8月初版1刷。

4. 《黃宗羲心學的定位》，劉述先，臺北允晨文化，1986年10月28日頁1～29。

5. 《道德與道德實踐》，曾昭旭，臺北漢光出版社，1989年4版。

6. 《陽明學述要》，錢穆，臺北正中書局，1990 年初版 8 刷。

7. 《中國心性論》，蒙培元，臺北臺灣學生書局，1990 年月初版。

8. 《中庸義理疏解》，楊祖漢，臺北鵝湖出版社，1990 年 8 月 4 版。

9. 《大學義理疏解》，岑溢成，臺北鵝湖出版社，1991 年 8 月 4 版。

10. 《中國文化之精神價值》，唐君毅，臺北正中書局，1991 年月臺 10 版。

11. 《王陽明傳習錄》，陳榮捷，臺北臺灣學書局，1992 年 2 版。

12. 《陳乾初研究》，鄧立光，臺北文津書局，1992 年 7 月初版 1 刷。

13. 《從陸象山到劉蕺山》，牟宗三，臺北臺灣學生書局，1993 年 3 月再版 3 刷。

14. 《蕺山學派哲學思想》，衷爾鉅，山東教育出版社，1993 年 12 月 1 版 1 刷。

15. 《思辯錄》，勞思光，臺北東大圖書，1996 年 1 月初版。

16. 《心體與性體》，牟宗三，臺北正中書局，1996 年 2 月 10 版。

17. 《天》，張立文主編，台北七略出版社，1996 年 11 月初版。

18. 《劉蕺山哲學研究》，東方朔著，上海人民出版社，1997 年 3 月 1 版 1 刷。

19. 《明遺民九大家哲學思想研究》，陶清著，台北洪葉文化，1997 年 6 月版。

20. 《性》，張立文主編，台北七略出版社，1997 年 7 月初版。

21. 《理性與價值》，楊國榮著，上海三聯書店，1998 年 5 月 1 版 1 刷。

22. 《心靈的秩序》，陳根法主編，上海復旦大學，1998 年 5 月第 1 次版。

23. 《理學範疇系統》，蒙培元，北京人民出版社，1998 年 5 月 1 版 2 刷。

24. 《實踐理性批判》，康德，北京商務印書館，1999 年 4 月 1 版 1 刷。

四、論文集

1. 《史學方法論文選集》，杜維運‧黃俊傑，臺北華世出版社，1979 年初版。

2. 《中國思想史論集》，徐復觀，臺北臺灣學生書局，1988 年 8 版。

3. 《陽明學學術討論會論文集》，梁尚勇，臺北臺灣師大人文中心，1989 年 3 月。

4. 《明代理學論文集》，古清美，臺北大安出版社，1990 年初版。

5. 《中國學術思想史論叢七》，錢穆，臺北東大圖書公司，1993 年 12 月 3 版。

6. 《理性與良知 —— 張東蓀文選》，張汝倫編選，上海遠東出版社，1995

年 6 月 1 版 1 刷。

五、學位論文

1. 《劉蕺山及其理學》，康雲山，高雄師範學院國文研究所碩士論文，1979年 6 月。

2. 《劉蕺山的生平及其學術思想》，詹海雲，臺灣大學中文研究所碩士論文，1979 年 6 月。

3. 《劉蕺山理學思想研究 —— 以性善、主靜、慎獨說為主》，劉哲浩，政治大學中文研究所碩士論文，1981 年 6 月。

4. 《劉蕺山思想研究》，曾錦坤，臺灣師範大學國文研究所碩士論文，1982年 5 月又見於《國立臺灣師範大國文研究所集刊》第 28 集，頁 593～643。

5. 《劉蕺山之成學經過》，王俊彥，文化大學中文研究所碩士論文，1984年 6 月。

6. 《劉蕺山的功夫理論與形上思想》，杜保瑞，臺灣大學哲學研究所碩士論文，1989 年 3 月。

7. 《劉蕺山慎獨說及其道德形上學基礎之研究》，徐成俊，臺灣大學哲學研究所碩士論文，1990 年 5 月。

8. 《劉蕺山的慎獨之學之研究》，林炳文，文化大學哲學研究所碩士論文，1990 年 6 月。

9. 《劉蕺山的道德世界 —— 從經世、道德命題到道德內省的實踐歷程》，孫中曾，清華大學歷史研究所碩士論文，1991 年 4 月。

10. 《劉蕺山哲學研究》，余建中，中央大學哲學研究所碩士論文，1993 年 5月。

11. 《王陽明與劉蕺山工夫論之比較》，莊淮芬，臺灣師範大學國文研究所碩士論文，1993 年 6 月；另見於《國立臺灣師範大學國文研究所集刊》第 38 期，1994 年月，頁 735～832。

12. 《劉蕺山心性學研究》，曾文瑩，中央大學中文研究所碩士論文，1996年 6 月。

13. 《晚明之儒學道德哲學與世俗道德範例研究 —— 劉蕺山人譜與了凡四訓、菜根譚之比較》，袁光儀，臺灣師範大學國文研究所碩士論文，1997年 6 月。

六、單篇論文

1. 〈劉宗周〉，錢穆，《宋明理學概述》，臺北臺灣學書局，1977 年 4 月，頁 416～437。

2. 〈論明儒學案之師說〉，陳榮捷，《幼獅月刊》第 48 卷第 1 期（總 307），1978 年 1 月，頁 6～8。

3. 〈讀劉蕺山集〉，錢穆，《中國學術思想論叢》（七），臺北東大圖書公司，1979 年 7 月，頁 268～278。

4. 〈論劉蕺山學派思想的若干問題〉，張豈之，《西北大學學報》1980 年第 4 期（總第 28 期）1980 年 11 月，頁 13～19；《複印報刊資料——中國哲學史》，1980 年第 12 期，1981 年 3 月 7 日，頁 77～83。

5. 〈論劉宗周的哲學思想〉，袁爾鉅，《中國哲學史研究》1981 年第 2 期（總第 3 期）1981 年 4 月，頁 69～71 轉 61。

6. 〈劉蕺山所謂「離氣無理」之思想意義〉，陳福濱，《晚明理學思想通論》，台北環球書局，1983 年 9 月，頁 62～66。

7. 〈劉蕺山以「性為體，心為用」重慎獨之學的意義〉，陳福濱，《晚明理學思想通論》，台北環球書局，1983 年 9 月，頁 106～118。

8. 〈劉蕺山言誠意之學及其殉節之道德實踐〉，陳福濱，《晚明理學思想通論》，台北環球書局，1983 年 9 月，頁 172～191。

9. 〈劉蕺山、黃道周學說之時代意義及其評價〉，陳福濱，《晚明理學思想通論》，台北環球書局，1983 年 9 月，頁 194～195。

10. 〈劉蕺山之性有無善惡論（上）〉，劉哲浩，《哲學與文化》第 11 卷 9 期（總第 124 期），1984 年 9 月，頁 19～26。

11. 〈劉蕺山之性有無善惡論〉（下），劉哲浩，《哲學與文化》第 11 卷 10 期（總第 125 期），1984 年 10 月，頁 37～44。

12. 〈劉宗周〉，袁爾鉅，《中國大百科全書全·哲學卷》，北京中國大百科全書出版社，1985 年 10 月，頁 501。

13. 〈劉宗周慎獨哲學初探〉，張踐，《中國哲學史研究》1985 年第 4 期（總第 2 期），1985 年 10 月，頁 72～79。《複印報刊資料——中國哲學史》1986 年第 4 期，頁 95～102。

14. 〈劉蕺山對陽明致良知說之繼承與發展〉，古清美，《臺大中文學報·創刊號》，1985 年 11 月，頁 367～396。

15. 〈蕺山學派的慎獨學說〉，袁爾鉅，《文史哲》1986 年第 3 期（總第 174 期），1986 年 5 月 7 日，頁 49～55；《複印報刊資料——中國哲學史》，1986 年第 6 期，頁 73～79。

16. 〈劉宗周的思想矛盾和「慎獨」、「誠敬」之說〉，步近智，《浙江學刊》，1986 年第 3 期（總第 38 期），1986 年 6 月 10 日，頁 74～82。

17. 〈論蕺山學派的學術思想〉，袁爾鉅，《甘肅社會科學》，1986 年第 6 期，頁 69～77。轉 61。

18. 〈劉蕺山對周濂溪誠體思想的闡發及其慎獨之學〉，古清美，《幼獅學誌》第 19 卷第 2 期，1986 年 1 月 31 日，頁 79～111。

19. 〈黃宗羲對於蕺山思想的繼承〉，劉述先，《黃宗羲心學的定位》，臺北允

晨文化實業股份有限公司，1986 年 10 月 28 日，頁 1～29。

20. 〈從劉蕺山的慎獨之學看明末學風的轉變〉，曾錦坤，《晚明思潮與社會變動——中國社會與文化學術研討會論文集》，淡江大學中文系主編，臺北弘化事業股份有限公司，1987 年 12 月，頁 141～175。

21. 〈劉蕺山與黃梨洲——從「理學殿軍」到「經世思想家」〉，林聰舜，《晚明思潮與社會變動——中國社會與文化學術研討會論文集》，淡江大學中文系主編，臺北弘化事業股份有限公司，1987 年 12 月，頁 177～219。

22. 〈論蕺山之治念說〉，南相鎬，《臺大哲學年刊》第 4 期，1981 年，頁 61～66。

23. 〈劉蕺山與黃梨洲對禪佛的批評〉，陳郁夫，《師大國文學報》第 17 期，1988 年 6 月，頁 153～163。

24. 〈「即物求知」、「離物無知」——論蕺山學派的認識論〉，衷爾鉅，《浙江學刊》1988 年第 4 期（總第 51 期），1988 年 8 月 10 日，頁 64～70。

25. 〈晚明王學演變的一個環節——論宗周對「意」的考察〉，楊國榮，《浙江學刊》，1988 年 8 月 10 日。又見於《王學通論——從王陽明到熊十力》上海上海三聯書店，1990 年 12 月，頁 143。

26. 〈簡論劉宗周的心性思想〉，鮑博，《孔子研究》1988 年第 4 期（總第 12 期），1988 年 12 月 25 日，頁 106～111。

27. 〈劉蕺山誠意之學探析〉，夏瑰琦，《中國哲學史研究》1989 年第 2 期（總第 36 期），1989 年 4 月，頁 85～90。

28. 〈王學主意說論要〉，錢明，《浙江學刊》1989 年第 5 期（總第 58 期），1989 年 7 月 10 日，頁 51～57。

29. 〈劉宗周「慎獨之說」淺議〉，張申，《社會科學戰線》1990 年第 1 期（總第 50 期），1990 年 1 月 25 日，頁 136～139。

30. 〈蕺山心論及其對傳統心學的總結〉，張懷承，《中國文化月刊》第 128 期〈蕺山心論及其對傳統心學的總結〉，張懷承，1990 年 6 月，頁 4～19。

31. 〈論劉蕺山哲學中（善之意向性）——以「答董標心意十問」為核心的疏解與展開〉，林安梧，《國立編譯館館刊》第 19 卷第 1 期，1990 年 6 月，頁 107～115。

32. 〈劉宗周、陳確、黃宗羲的心性情合一說〉，蒙培元，《中國心性論》，臺北臺北臺灣學生書局，1991 年 1 月，頁 439～485。

33. 〈明末大儒劉宗周之人生價值觀——從「敬身以孝」以釋之〉，張永儁，《哲學與文化》第 18 卷第 2、3 合期（總 201、202 合期），1991 年 2 月，頁 142～151。

34. 〈論劉宗周對理學傳統理學觀念的修正〉，王鳳賢，《孔子研究》1991 年

第 2 期（總第 22 期），1991 年 6 月 25 日，頁 102～110。

35. 〈論劉宗周心學的理論構成〉，董平，《孔子研究》1991 年第 4 期（總第 24 期），1991 年 12 月 25 日，頁 85～95 轉 44。

36. 〈清初浙東劉門的分化及劉學的解釋權之爭〉，李紀祥，《第二屆國際華學研究會議論文集》，臺北中國文化大學出版部，1992 年 5 月，頁 703 ～728。

37. 〈王學的罅漏和劉宗周對王的補救〉，馬振鐸，《浙江學刊》1992 年第 6 期（總第 78 期），頁 127～130；《複印報刊資料・中國哲學史》，1993 年第 1 期，頁 78～81。

38. 〈從朱子與劉蕺山的心性論析其史學精神〉，蔣年豐，《國際朱子學會議論文集》，鍾彩鈞主編，臺北中央研究院中國文哲所籌備處，1993 年 5 月，頁 1115～1138。

39. 〈明末清初的人譜與省過會〉，王汎森，《中央研究院歷史語言所集刊》，第 53 本第 3 分，1993 年 7 月，頁 679～712。

40. 〈論劉蕺山「心之性情」反對朱子「心統性情」的理論根據〉（上、下），賴賢宗，《鵝湖月刊》，第 19 卷第 6 期（總第 222 期）1993 年 12 月，頁 12～18；第 19 卷第 7 期（總第 223 期），1994 年 1 月，頁 34～39。

41. 〈論劉宗周的意〉，張學智，《哲學研究》，1993 年第 9 期，1993 年 9 月 25 日，頁 61～67；《複印報刊資料——中國哲學史》1993 年第 11 期，頁 97～103；《哲學與文化》第 21 卷第 3 期（總第 238 期），1994 年 3 月，頁 260～269。

42. 〈以劉宗周為代表的蕺山學派〉，王鳳賢、丁國順，《浙東學派研究》，杭州浙江人民出版社，1993 年 9 月，頁 237～259。

43. 〈論劉蕺山「慎獨」之學〉，張學智，《中國文化月刊》，第 170 期，1993 年 12 月，頁 22～35。

44. 〈劉宗周的學術思想〉，陳敦偉，《浙東學術史》，管敏義主編，上海華東師範大學出版社，1993 年 12 月，頁 297～309。

45. 〈劉宗周的「慎獨」學說是什麼一回事？他為什麼要提倡這一學說？〉，朱義祿，《中國哲學三百題》，台北建宏出版社，1994 年 9 月初版 1 刷，頁 430～432。

46. 〈宋明理學的殿軍——劉蕺山〉，蔡仁厚，《中國文化月刊》，第 192 期，1995 年 10 月，頁 18～24，1995 年 10 月

47. 〈聖學論述中的道德問題——以劉宗周人譜為例〉，劉人鵬，《明代經學會國際研討會論文集》，林彰、蔣秋華主編，臺北中央研究院中國文哲研究所，1996 年 6 月，頁 485～516。

48. 〈劉宗周與黃宗羲政治哲學比較〉，方同義，《寧波師院學報（社科版）》，

1996 年第 4 期（總第 66 期），1996 年 11 月，頁 14～18；《複印刊資料——中國哲學與哲學史》1996 年第 12 期，1997 年 2 月 7 日，頁 97～101。

49. 〈劉宗周的性學思想和晚明的性學思想〉，陶清，《明遺民九大家哲學思想研究》，臺北洪業文化事業有限公司，1997 年 5 月，頁 159～231。

50. 〈清初思想趨向與劉子節要〉，王汎森，《歷史語言研究所集刊》，第 68 本第 2，1997 年 6 月，頁 417～448。

51. 〈劉蕺山與明代理學的基本走向〉，崔大華，《中州學刊》，1997 年第 3 期，1997 年 9 月，頁 58～64。

眞性情的體悟與窮究
——李贄思想中私利觀點的探討

劉亞平　著

作者簡介

劉亞平

國防醫學院醫學士暨藥理學碩士

英國劍橋大學精神藥理博士

美國加州大學醫學院 Harbor 院區精神醫學部訪問學者

文化大學同步暨逐步口譯班結業

作者為資深精神科專科醫師

目前任教於國防醫學院生理系

負責行為神經科學與精神疾患引發大腦功能異常之教學與研究

作者曾獲第四十一屆國軍文藝金像獎散文類首獎。因對歷史有高度興趣乃於公餘之便考入東吳大學歷史研究所就讀，受業於黃兆強教授。畢業論文旨在對李贄思想中之私利觀點作進一步探討。

提　　要

　　李贄，字卓吾，福建晉江人，十六世紀中國明代晚期的重要思想家，亦是一個離經叛道且極富爭議的代表人物。以其特殊的人生經歷與求真窮究的精神，李贄得以站在一個絕佳的制高點去重新思考傳統中國文化中的私欲概念。承接前人的研究，本書進一步就私欲概念與李贄著名的童心說做一連結及論述，探討此一連結在其整個思想體系中扮演何種角色，並與大環境的內外在因素有無相互呼應或矛盾之處。在第一及第二章中，作者介紹了李贄思想中的幾個重要轉折之處與其獨特的個人風格及抗壓模式，以及其凡事窮究之求真精神如何落實於他的思想轉變之中。第三章闡釋童心說係李贄思想中最重要之結晶及此說與人的內在私欲如何連結，並推證萬民私利的合理化過程。在第四章及第五章中，論述的重點是以童心說為基礎的私欲理論如何被外展到儒道釋三教互攝的晚明時空中去思考。末章作者比較了東西方不同文化在理解私欲觀點上的差異，並以李贄對當代與後世的影響作結。本書試圖將視角放大，以心理史學的處理方式探究時代背景與李贄思想之間的互動與交融。

目

次

引　言

　　在中國歷史上，總會有些被傳統視爲離經叛道的人。這些人替人間諸事做了一番獨特的解讀，他們或訴諸文字，或表現於作爲，替歷史下了不同的註腳。在這些人物之中，明朝中晚期的李贄（1527～1602）絕對有資格在此被提出來討論。李贄，號卓吾，又號宏甫，別號溫陵居士，泉州晉江（今屬福建）人。卓吾生於嘉靖年間（嘉靖六年，西元 1527 年），二十六歲時中福建鄉試舉人，之後的日子經歷了一連串家庭的變故，四十歲後其實已無宦意，稍有餘暇，則訪學問道。五十一歲時知府雲南姚安，此其行政官職的最高點，五十四歲（萬曆八年，西元 1580 年）致仕，其後開始著書立說。《藏書》一出，已表現出一代宗師的架式。"童心說"的出現，更把他推到了爭議的高峰。譽者有之，謗亦隨之。當然，一個文化人的養成絕非一日之功，其思想的凝聚與精鍊，是需要時間再三催化的，而且即便傳主某種程度上有其內在的使命感，外在環境的制約與牽成亦爲型塑其整體思想的關鍵力量。至於爲什麼會在那樣的一個年代，出現那樣的一個人物與思維的範式，又爲什麼會在我們這一個年代，產生對該思維如是的批判與理解，這更是值得探究的。對本文的傳主李卓吾而言，他的思想幾經流變，但都不脫做爲一個思維主體對什麼是眞性情的徹底窮究。"童心說"的出現，其實是對現世人心爲何不得安穩，即如何處理私慾自利與道德良知的焦慮與矛盾上，提供了一個哲學上的有力說帖。本書擬針對卓吾這方面的思想與其時代背景，作一整理與論述。

第一章　人群中的孤獨者

第一節　問題意識與文獻回顧

　　卓吾思想中的一個重要環節，是對人性議題的處理。筆者在本書中所希望探究的，是卓吾在人性議題中對“私”這個部份的處理。人性中的私利思想，在歷史上大致上是歸於心性論的議題。心性論實際上是一個綜整的稱謂。換句話說，它並非是一個非常定論的指稱，而是一個包含各種相容或對立的學說。舉其大要者，有孟子的性善論；〔註1〕荀子的性惡論；〔註2〕告子的性無善無惡論；〔註3〕以及董仲舒及王充的性有善有惡論。〔註4〕總括來說，先天自然之性曰生性論；後天習得的社會性曰習性論。〔註5〕因是之故生性論對

〔註1〕孟子將仁看成是一種「不忍」去說明他的性善觀點。《孟子‧公孫丑上》中說道：所以謂人皆有不忍人之心者，今人乍見孺子將入於井，皆有怵惕惻隱之心。非所以內交於孺子之父母也，非所以要譽於鄉黨朋友也，非惡其聲而然也。由是觀之，無惻隱之心，非人也；無羞惡之心，非人也；無辭讓之心，非人也；無是非之心，非人也。惻隱之心，仁之端也；羞惡之心，義之端也；辭讓之心，禮之端也；是非之心，智之端也。人之有是四端也，猶其有四體也。

〔註2〕《荀子‧性惡篇第二十三》中提到：人之性惡，其善者偽也——故必將有師法之化，禮義之道，然后出于辭讓，合于文理，而歸于治。用此觀之，人之性惡明矣，其善者偽也。

〔註3〕告子曰：性、無善無不善也。或曰：性、可以為善，可以為不善；是故文、武興，則民好善；幽、厲興，庶民好暴。見《孟子‧告子上》。

〔註4〕董仲舒認為：善如米，性如禾，禾雖出米，而禾未可謂米也；性雖出善，而性未可謂善也。見《春秋繁論‧實性篇》。又王充也有類似的觀點：周人世碩，以為人性有善有惡，舉人之善性，養而致之則善長；性惡，養而致之則惡長。如此，則性各有陰陽，善惡在所養焉。見《論衡‧本性篇第十三》。

〔註5〕燕國材，《中國古代心理學思想史》（台北：遠流出版社，2001），頁251及266。

先天自然之性的處理只能歸結到前述的性善、性惡、性無善無惡與性有善有惡這四種論點。但值得注意的是這四個向度幾乎都是漢代以前的論點，大致而言可以看成是儒家的處理方式。而本書的傳主卓吾，是明代中晚期的人，因此在他身上漢代以後歷史推移的影響就不能不加以慎重考量。

　　從漢代到明代中晚期的歷史推移過程中，筆者認爲在文化上有兩件事是特別值得注意的：一個是思想體系的擴大與包容（如佛教或道教對原本儒家思想的影響與互攝）；另一個則是知識份子對傳統知識體系的反撲。這種擴大與包容甚至反撲，是純粹指思想體系而言的，並非政治實體上的變化。更有甚者，後者的變化往往是朝相反亦即箝制與打壓的方向走去的。明代初期政府頒布五經正義，試圖建立一種政治正確（political correctness）即是一例。〔註6〕只是越是如此，思想體系上的反撲亦越強烈，亦即越是朝著更大的擴大與包容來解套政治上的禁錮。據此，卓吾所代表的就絕對不只是他個人而已了，而可能是一個時代的縮影，以及知識份子如何因應儒學以外的思想體系，並在之後的一連串反思中如何自處的問題。卓吾對“私”議題的處理是在他的後期思想中出現的，因此是在他已經解決（或至少嘗試去解決）對知識體系的反思問題後才來處理的議題。所以一方面這代表了較爲成熟且完整的概念；也較能夠有意義地連結到他的一些重要的核心論述（如童心說），因此賦與了對“私”議題處理上一個更具理論架構的哲學體系。

　　對卓吾思想的研究，長久以來自是不缺，這方面的研究主要來自於日本學者、大陸學者與臺灣學者三方面。在日本學者方面，島田虔次的《中國近代思維的挫折》之中有一章節專門論述卓吾的“童心說”。在島田的概念裡，卓吾的思想是中國近代思維的一個頂點，因爲卓吾的童心是陽明良知的成年版，是良知的真正獨立與長大，是從內（理論）到外（實踐）的徹底完成，是一種「思想達到其邏輯歸結的終極」。〔註7〕溝口雄三在《中國前近代思想的演變》一書中，進一步將卓吾的思想放入整個明清思想史的脈絡來看。溝口的問題意識其中之一就是要釐清島田所謂的挫折到底在哪裡？〔註8〕溝口

〔註6〕意指某個時代當時的主流政治方向或價值判斷，通常可由國家機器藉由社會控制所主導，但居於其間之人往往渾然不覺。

〔註7〕島田虔次著，甘萬萍譯，《中國近代思維的挫折》（南京：江蘇人民出版社，2005），頁91及99。

〔註8〕溝口雄三著，索介然、龔穎譯，《中國前近代思想的演變》（北京：中華書局，1997），頁19。

的前提是認為神與人的分裂是為近代的源頭，繼而衍生出了相對於天理的人欲的自立，相對於外在規範的內在自然人。〔註9〕在將這樣的論點放入思想史的脈絡來看之後，卓吾的思想正是明清以來整個思想發展的一部分，所以島田的所謂挫折並不存在。其實，島田與溝口的研究似乎是籠罩在一個更大的架構之下，即內藤虎次郎對中國近代分期問題的延伸，而卓吾的思想成為要完成這個架構的重要棋子。

　　大陸學者方面，嵇文甫很明確地將卓吾列為左派王學的大將，並為狂禪派的代表人物。照嵇氏的看法，卓吾等人所得力的不是枯槁寂滅的禪而是大活動的祖師禪，這是因為「當時儒釋疆界已被衝破，王學左派諸人多走向祖師禪」。〔註10〕容肇祖的《李卓吾評傳》則以編年方式為卓吾作年譜，並確認卓吾是陽明與王艮的一脈傳人，只是其適性主義與自由思想是「王守仁一派學說到了最極端的方面了」。〔註11〕

　　一九四九年後，卓吾的角色因著不同的政治正確性而有多次不同的定位。早期侯外廬從唯物史觀去理解卓吾，〔註12〕之後的高潮當是文革中的「儒法之爭」。一九八一年張建業的《李贄評傳》總結了在此之前的研究成果，雖然試圖將卓吾從單一的宣傳角色中解放出來，但結論依然是「李贄不愧是一位頑強的堅決的反封建壓迫反傳統思想的英勇鬥士」。〔註13〕以同樣的書名，許蘇民在二○○六年也寫了一本《李贄評傳》，書中將卓吾的思想從哲學、史學、政治學、經濟學、宗教學各個不同層面予以探究，是目前大陸學者方面較完整且全面性的整理。

　　無獨有偶的是，對卓吾的思想著述與寫作年代的關係，大陸學者與臺灣學者均予以高度重視。如林海權一九九二年的《李贄年譜考略》〔註14〕與林其賢一九八八年的《李卓吾事蹟繫年》，〔註15〕均詳盡考證而依著述繫年，為往後研究卓吾思想脈絡演變提供了極高的參考價值。

〔註9〕　溝口雄三著，索介然、龔穎譯，《中國前近代思想的演變》（北京：中華書局，1997），頁21。
〔註10〕　嵇文甫，《左派王學》（上海：開明書店，1934），頁78。
〔註11〕　容肇祖，《李卓吾評傳》（臺北：臺灣商務印書館，1973），頁95。
〔註12〕　侯外廬，《中國思想通史》（北京：人民出版社，1960）。侯認為卓吾具有戰鬥性格與革命思想，將其定位為中國早期的啟蒙思想家。見原書第四卷第24章。
〔註13〕　張建業，《李贄評傳》（福州：福建人民出版社，1981），頁268。
〔註14〕　林海權，《李贄年譜考略》（福州：福建人民出版社，1992），頁1～430。
〔註15〕　林其賢，《李卓吾事蹟繫年》（台北：文津出版社，1988年），頁1～190。

　　臺灣學者林其賢四年後又出版了《李卓吾的佛學與世學》，〔註16〕與江燦騰一九八八年的論文〈李卓吾的生平與佛教思想〉〔註17〕同爲探討卓吾思想中佛學成分的重要文獻。陳清輝一九九三年的《李卓吾生平及其思想研究》則是將卓吾三教合一的思想做了整理與歸納。〔註18〕劉季倫在一九九九年出版的《李卓吾》，對卓吾如何自我掙扎，在內在義的苦海與超越義的彼岸之間如何擺盪的心路癥結有極深刻的描畫與論述。〔註19〕

　　如前所述，卓吾思想如何受到佛教衝擊而有所轉折，近年來台灣學者江燦騰等已有專文論及。〔註20〕但此處的問題意識在於揭櫫釋家不餘遺力的卓吾，如何去看待"私"的議題，因爲後者顯然與廣義的佛教概念有預期上的差距。對於這個議題，目前鮮有專論，惟可散見於一些書冊或論文的某些章節中。如台灣學者劉季倫〔註21〕與大陸學者許建平〔註22〕及許蘇民的專書。〔註23〕在這些研究中指涉到人性中私利的部份主要有兩個結論。其一即強調道德的人性論觀點與合理的私人利益，與卓吾學主不欺、志在救時的思想體現相應，是與卓吾毫無僞飾的個性有所關連。〔註24〕另外一指涉，主要由武占江、董文武兩位學者在其論文〈性善論的千古迷失及良知坎陷問題〉提出的，強調人性私欲的如何面對與處理應是卓吾與耿定向長期筆戰（即李耿論戰）的主要癥結點，而後者即是童心說出現的主要緣起。〔註25〕承接這些先前的研究，本書希望剖析的是卓吾如何將所謂人的私利部份與他的童心說做實質上的連結，這個連結在其整個思想體系中扮演何種角色，又或這個連結與卓吾個人的學理脈絡（如儒道釋三家的影響）與大環境的外在因素（如明代中晚期的時空背景）有無相互呼應或矛盾之處。以下的章節即係對此一議

〔註16〕林其賢，《李卓吾的佛學與世學》（台北：文津出版社，1992年），頁165～245。

〔註17〕江燦騰，〈李卓吾的生平與佛教思想〉，《中華佛學學報》（台北：1988），第2期，頁267～323。

〔註18〕陳清輝，《李卓吾生平及其思想研究》（台北：文津出版社，1993），頁341～394。

〔註19〕劉季倫，《李卓吾》（台北：東大圖書公司，1999），頁33～56。

〔註20〕江燦騰，〈李卓吾的生平與佛教思想〉，《中華佛學學報》（台北：1988），第2期，頁267～323。

〔註21〕劉季倫，《李卓吾》（台北：東大圖書公司，1999），頁140。

〔註22〕許建平，《李贄思想演變史》（北京：人民出版社，2005），頁198。

〔註23〕許蘇民《李贄評傳》（南京：南京大學出版社，2006），頁341。

〔註24〕同上揭，第三及第五章。

〔註25〕武占江、董文武，〈性善論的千古迷失及良知坎陷問題－從李贄與耿定向的爭論談起〉，《河北師範大學學報》，28：5（2005），頁142～147。

題的引導、鋪陳與論述。第一章（即本章：人群中的孤獨者）係分析卓吾成長背景、一生中之重大轉折與具卓吾特色的處遇方式。第二章（求眞精神的窮究）強調這種卓吾式特色的處遇方式即求眞精神，並探討此一凡事窮究之求眞精神如何落實於卓吾各個時期思想轉變中。第三章（人性私欲與童心說）闡述童心說爲卓吾思想中求眞精神的結晶與集大成，並如何與人性私欲有所牽連。第四章（佛儒之間：私欲理論的困境與新解）試圖論述這種以童心說出發的私欲理論在晚明三教合流氛圍下的可能意義。第五章（晚明的時空因緣）則將這層意義放大到整個晚明的時空背景下來理解。末章（餘論）就東西方對私利觀點之處理做一比較，最後並以推證卓吾對當代與後世的影響作結。本書試圖以心理史學的處理方式，結合年鑑學派的擴大視角，探究時代背景與卓吾思想之間的互動與交融。

第二節　轉折的人生

卓吾自幼是一種孤獨、寡交、好義、倔強、自律與自信的多重性格特徵。〔註26〕這種特徵配合上泉州當地吸收了內陸與海洋的多元影響，形成了勇於創建的精神。〔註27〕其後生活上的奔波與重擔紛沓而至（四年府學、設館教書、糊口四方），〔註28〕一家老少十七口的照料均由他一人承擔。生活上的風霜刀劍，苦難相逼對他早年的性格產生了一定程度的衝擊。也許是生活之必需，此時的他無暇思考太多事情，基本上走的是傳統儒家的路子。在中舉之後的近二十年裡，卓吾大多是浸染於四書五經的那種以他律爲主的心理意識，〔註29〕少年時代的稜角自是銷蝕不少，在這一二十年卓吾是崇拜孔子的，其行徑大致說來也是儒家式的奉孔子之語爲圭臬。對其幼年敢衝敢撞的個性而言，青年期的確是卓吾思想上的一次重要轉折，但顯然並非終點。

卓吾四十歲前後的一二十年裡，是處於壯年歲月。此時的他因朝廷職務之派任而客居各處，但行事光明磊落，讀書求道亦未曾稍歇。但不幸地家庭屢遭不幸，老老少少六位親人相繼離世，一次次的喪事，令他多次經歷死亡的感受與體驗死亡的恐懼，於是思考生死的問題，遂成爲他生命中的大事，

〔註26〕許建平，《李贄思想演變史》（北京：人民出版社，2005），頁23。

〔註27〕按：泉州在當時是國際性的海港，自由風氣盛行。

〔註28〕李贄，〈與焦弱侯〉，《續焚書》，卷一，頁38。收錄於張建業主編之《李贄文集》，全七冊之第一冊，（北京：社會科學文獻出版社，2000）。

〔註29〕許建平，《李贄思想演變史》（北京：人民出版社，2005），頁32。

而弄清楚生死之大學問則成爲他此後求道的重要目的。

卓吾之後赴姚安任官，在姚安的三年任內，可說是他這生中一個更重大的轉折點。卓吾常說自己五十歲以前不過是一隨聲而吠的犬，五十歲大病之後，苦讀佛經，方才悟道。

> 余自幼讀聖教不知聖教，尊孔不知孔夫子何自可尊，所謂矮子觀場，
> 隨人說研，和聲而已。是余五十以前眞一犬也，因前犬吠形，亦隨
> 而吠之，若問以吠聲之故，正好啞然自笑也已。五十以後，大衰欲
> 死，因得朋友勸誨，翻閱貝經，幸於生死之原窺見斑點，乃復研窮
> 《學》、《庸》要旨，知其宗實，……於是遂從治《易》者讀《易》
> 三年。〔註30〕

所以卓吾的壯年到老年，可以說才是他思想開花結果的結晶期。「化當世莫若口，傳來世莫若書」，〔註31〕這句話對這時的卓吾來說，是再貼切不過的了。卓吾的幾部重要著作皆成書於此一時期。尤其是萬曆十二年以後與耿定向長達十數年的筆耕論戰，更是朝野矚目。卓吾於萬曆三十年被讒入獄，最後在獄中自戕而死，〔註32〕時年七十六歲。

第三節　誰爲我伴

任何哲學家所解決的任何議題，某種程度上其實都是反映他自身的根本問題，都是把自身放到"他者（the other）"的角色上去深究的辯證結果。所以，卓吾要解決的議題是從他自己關切的安身立命之所在出發，復追溯於千百年來人類在慾望與道德上的終極矛盾問題。要解決這一矛盾，就先必須把人從複雜的人際網路中抽離。當然，實際上要抽離主體這件事的本身就是非常不切實際的，唯一能做的恐怕就是做重心的調整，將道德主體的我放大到存在主體的我。在中國的文化系統中，道德主體的我是建構在固有的五倫關係中。〔註33〕據此，惟有將五倫的關係重新釐清才行。五倫可以說是中國

〔註30〕李贄，〈聖教小引〉，《續焚書》，卷二，收錄於張建業主編之《李贄文集》，全七冊之第一冊（北京：社會科學文獻出版社，2000），頁63。

〔註31〕韓愈，〈答張籍書〉。

〔註32〕乘獄卒疏忽以剃刀引頸自傷，隔一日後辭世。

〔註33〕劉季倫對此有進一步的闡釋，即「個體性不免滅頂於五倫關係網絡中，道德主體越強，個體性之汨沒亦越甚」。參劉季倫，《李卓吾》（台北：東大圖書公司，1999），頁88。

儒家特有的東西，在五倫中，人的意義是被人與人的關係所定義。「五倫」
出自《孟子‧滕文公上》：「父子有親、君臣有義、夫婦有別、長幼有序、朋
友有信。」〔註34〕在這五種互動的關係中，最重要的是父子關係，由於父子
關係是與生俱來的，因此「孝」也就成為人與生俱來必然要面對的一「倫」，
因此釋家的剃度出家與奉養父母的孝，基本上是矛盾的。

> 然以余斷之，上人之罪不在於後日之不歸家，而在於其初之輕於出
> 家也。何也？一出家即棄父母矣。〔註35〕

「一出家即棄父母矣」，這是對人世間情意的最大割捨。對主張積極入世的
儒家而言，五倫（君臣、父子、夫妻、長幼、朋友）是一個層次化了的社
會倫理準則，那麼以強調出世為經綸的佛教學理就自然是離經叛道了。傳
統的五倫中以孝為先。君臣關係可以看成是孝的擴大表現，自古忠臣出自
孝子之門。故「忠」是孝道的完善化，是五倫中的大義。是以我們說「孝」
是五倫的根本。至於兄弟與夫婦之間的關係，可以看成是孝的延伸。朋友
有信，則是忠的延伸。在這裡，卓吾對五倫的重新界定承襲了晚明知識份
子的自覺意識，特別是泰州學派從王艮、何心隱等的一脈，人生的重心不
但是孝悌思想之實踐於家庭倫理之中，家庭倫理之外的關係也成為了重
點，〔註36〕以往老師是在父子倫相稱，而今以朋友倫相稱。父子是命定的，
無法改變的，朋友是自己交的，有很大部份是屬自主的，是後天的結盟。〔註
37〕在這裡我們看到了一種對傳統五倫關係衝撞出來的缺口，透過這樣的缺
口凸顯了個體在社會中的本身的價值，這個價值本來就不是要冀望從道德
上去理解，而是要從本身存有性的積極意義上去理解。卓吾在朋友處尋得
自身的認同，在這些向傳統挑戰的言論書信往返中，卓吾與這些朋友們在
當時其實都冒了一些風險的。卓吾的一些重要著述，最先讀到的大概都是
他的那些好友至交，並且一定要好友們評點過後方才心中石頭落地，可見

〔註34〕《孟子‧滕文公上》。

〔註35〕李贄，〈復鄧石陽〉，《焚書》，卷一，收錄於張建業主編之《李贄文集》，全七
　　　　冊之第一冊（北京：社會科學文獻出版社，2000），頁12。

〔註36〕張璉，〈從《心齋王先生全集》論王艮的新人倫觀〉，明人文集與明代研究學
　　　　術研討會，2000年於台北國家圖書館國際會議廳。

〔註37〕照 Max Weber 的說法，父子或家庭倫似乎接近所謂的血緣共同體（community
　　　　of blood）；而朋友倫接近所謂的信仰共同體（community of faith），參見 Max
　　　　Weber 著，簡美慧譯，《中國的宗教》，頁392。劉季倫對此有進一步的闡釋，
　　　　即「在卓吾身上，儒家式的血緣共同體，已經由信仰共同體取而代之了」。參
　　　　劉季倫，《李卓吾》（台北：東大圖書公司，1999），頁126。

其眞誠，以及對朋友之看重與託付。

> 不知兄何日可來此一批閱之。又恐弟死，書無交閱處，千難萬難捨
> 不肯遽死者，亦只爲不忍此數種書耳。有可交付處，即死自瞑目。
> 〔註38〕

筆者認爲朋友這一倫在卓吾身上也出現了另外一層的意義，他在〈答駱副使〉中說：「其勢不得不閉戶獨坐，日與古人爲伴侶矣」。在《續焚書》卷一，〈答焦弱侯〉一文中說：「山中寂寞無侶，時時取史冊披閱，得與其人會觀，亦自快樂，非謂有志於博學宏詞科也」。所以，當時卓吾鑽研古籍，不是爲了功名利祿之爭，亦非終南捷徑之盼，而是爲了眞正能與古人爲友。〔註39〕這種獨坐家中，批閱史冊，十足吳敬梓「從今後伴藥爐經卷，自理空王」的況味。〔註40〕山中寂寞無侶，遂與古人爲友，其實就是試圖同理於古人。冠蓋滿京華，斯人獨憔悴。在熱鬧人群中感到孤獨，乃性格如卓吾者之通性，難怪卓吾一直有自古知音幾希的感觸。

> 何代無人，特恨無識人者，何世希音，特恨無賞音者。〔註41〕

誰爲我伴，我與誰從？卓吾現世的朋友並不少，但並非每個人都像焦竑、耿定理、劉東星或公安三袁一樣，可委以生死之託。所以這必定是一種長久以來既存的焦慮。向古人處尋得同理與慰藉，誰曰不然？後現代主義的學者也許認爲再怎麼同理也無法究得其極，因爲歷史既無法重演，情境不一，何理可同？但至少這不失爲一種訓練內觀及照見的好方法。中國的文人與古人爲友，多少都有點自絕於外的興味在裡頭。到了卓吾這裡，自絕於外提供了最佳的機會去磨鍊他的心智，成就了更爲底蘊的內在自覺。無獨有偶的是，卓吾在最後竟也用了一種最極端的“自絕”（萬曆三十年在獄中自戕而死）走完了人生的最後路程，乃爲其求仁得仁的最終一搏。

〔註38〕 李贄，〈與焦弱侯〉，《續焚書》，卷一，收錄於張建業主編之《李贄文集》，全七冊之第一冊（北京：社會科學文獻出版社，2000），頁32。

〔註39〕 筆者按：孟子的想法是：「一鄉之善士，斯友一鄉之善士；一國之善士，斯友一國之善士；天下之善士，斯友天下之善士。以友天下之善士爲未足，又尚論古之人，頌其詩，讀其書，不知其人可乎，是以論其世也，是尚友也」。從末句的……頌其詩，讀其書，不知其人可乎……可以推得這裡的尚友，是尚古人爲友的意思。見《孟子·萬章下》。

〔註40〕 吳敬梓，《儒林外史》，第五十六回。

〔註41〕 李贄，《初潭集》，又序。收錄於張建業主編之《李贄文集》，全七冊（北京：社會科學文獻出版社，2000），頁2。

第四節　自我療育

　　大凡人都需要被理解、被關心。在現世中找得到，在現世中找；在現世中找不到，於古人中找，直至心有戚戚焉乃止。如同最有力氣的大力士不能舉起自己一樣（關鍵點不在於這個人力氣有多大，而是要有槓桿的媒介，由另一個人在另一端將其舉起），理性的終極無法推究到最源頭或所謂的第一義。人憑自己的力量了解自身既成絕望，遂只能求助於能了解自己的另一個人。士為知己者死。肯赴死任，因其知己而已。平輩朋友中，焦竑在卓吾心中的地位是不做第二人想的。焦竑年紀比卓吾少上十來歲，是萬曆朝的狀元，聰明、用功，且人品高潔。卓吾一生中找朋友，可以說就是要找像焦竑這樣的人，他是卓吾勝己之友的頭號人選。

> 　僕則行遊四方，效古人之求友。蓋孔子求友之勝己者，欲以傳道，
> 所謂智過於師，方堪傳授是也。吾輩求友之勝己者，欲以證道，所
> 謂三上洞山，九到投子是也。〔註42〕

但是常讓卓吾失望的，也是焦竑。焦竑忙於科考，嘗無暇旁顧，以至於卓吾幾次想找他均未果。〔註43〕這對卓吾而言可能傷害不小，卓吾個性孤傲，看得起並想要與之為友朋者其實不多，偏偏最希冀者嘗不能如其所願，遂益感孤獨。

> 　獨雁雖無依，群飛尚有伴。可怜何處翁，兀坐生憂患！可憐何處翁，
> 兀坐生憂患。〔註44〕

其實卓吾的孤獨感，豈僅只是在友朋之間呢？他幼年失恃，在最需要母愛的年齡卻得不到母愛，孤獨感而乃形成，貫穿的力道之強勁，甚至成為籠罩其一生久久揮之不散的陰影。

> 　居士生大明嘉靖丁亥之歲，時維陽月，得全數焉。生而母太宜人徐
> 氏沒，幼而孤，莫知所長。〔註45〕

從發展心理學的角度來看，發展過程的每一個階段，都有其重要的任務。〔註46〕

〔註42〕李贄，〈與耿司寇告別〉，《焚書》，卷四，收錄於張建業主編之《李贄文集》，全七冊之第一冊（北京：社會科學文獻出版社，2000），頁25～26。

〔註43〕許建平，《李贄思想演變史》（北京：人民出版社，2005），頁140。

〔註44〕李贄，〈夜半聞雁〉，《焚書》，卷六，五言四句，收錄於張建業主編之《李贄文集》，全七冊之第一冊（北京：社會科學文獻出版社，2000），頁222。

〔註45〕李贄，〈卓吾略論〉，《焚書》，卷三，收錄於張建業主編之《李贄文集》，全七冊（北京：社會科學文獻出版社，2000），頁78。

〔註46〕莎莉・甌茨、戴安娜・巴巴利亞合著，黃慧真譯，《發展心理學》（台北：桂冠圖書公司，1995），頁6。

若某個階段當下的功課沒有完成，這一缺憾會在往後的每個階段，以不同的形式或面貌呈現出來。而這中間每個階段完成與否，與需求感的滿足（the gratification of needs）程度有著重要的關聯。幼年的母愛正是馬斯洛（Maslow）需求層系（hierarchy of needs）中的最底層，乃是生理需求與心理安全感的重要來源。〔註47〕卓吾在這上面的匱乏，無疑地對其人格或其後的行事作風上有著重大的影響。目前的研究顯示，幼年與母親的分離經驗可能是成年後憂鬱病的病因模式。〔註48〕筆者無意此時將議題導入卓吾性格或精神狀態的評估或分析上面去，因為這已超出本書的範圍，但仍願意強調其所代表的正面意義，〔註49〕即雖然在某些不利的環境之下成長，卓吾並沒有走入自暴自棄一途，這是極其難能可貴的。他一直用極強的自我力量，試圖以自己的方式替那些缺失或那些缺失的後遺症做彌補的動作。他雖然不擅於交朋友，但仍渴望與重視交友。從朋友處得不到的，遂向古人處求藥方。他努力向經籍中找答案，尋求不果遂繼續窮究於釋門。而對生死問題的急切關注不就正好對照出童年安全感的失落情緒？我們看到的是他奮力一搏並成功地將孤獨感轉化為正面的能量，〔註50〕在這裡孤獨感可以是一種心理狀態，也可以成為一種超越自己的內在驅力，卓吾即是一例。

有了以上的了解，卓吾以與古人為友來處理在現世中遇到的挫折，實為其極為合理與自然的因應之道。這中間最方便的法門當從儒家由朋友倫處觀己而得之。在這裡，悟佛至深如卓吾者，由觀自在的"觀"或"照見"來破題己身之所依的五蘊；以朋友倫（包括前述的與古人為友）來當做自身以外的參照坐標以之進行對自身的觀察，這應只是第一層的理解。又，就釋家而言，以照見五蘊來求得理解自身，其參照坐標已非單一的現象界事物，此乃更高層次的自覺，應該更是卓吾終生所冀求者。

〔註47〕馬斯洛（Maslow,AH.1908～1970），提出著名的需求層次理論（Need-hierarchy theory）。參 Maslow,AH."A Theory of Human Motivation."*Psychological Review*, 50.（1943）：370～396.

〔註48〕Stewart RC. "Maternal depression and infant growth: a review of recent evidence". *Matern Child Nutr*.3,no.2.（2007）：94～107.

〔註49〕若從精神醫學專業的角度看去，這是一種正面的自我治療（self-medication）。

〔註50〕承 49，一些基礎醫學的研究也顯示，被孤立養育長大的個體，反而可能有較佳的挫折忍受力（frustration tolerance）。見 Liu,YP."The effects of isolation-rearing on attentional function and impulse control in rats: behavioral and neurochemical studies."*A dissertation submitted to the University of Cambridge for the degree of Doctor of Philosophy.* May 2002.

第二章　求眞精神的窮究

　　卓吾的一生，如果能用一句話去涵括，筆者認爲就是求眞精神的窮究。從橫的方向來說，這種求眞的精神表現在他各個方面的生活層次。他爲官求眞，交友求眞，修道求眞，做學問更是求眞。從縱的方向來說，這種求眞的精神也表現在他各個時期的人生歷程中。他的少年時期的桀傲與早熟；青年時期接受儒家行徑的規範，科考與任官；壯年時期家庭屢遭不幸，感悟極深，發憤從做學問中找答案；老年時期獨特立行，遭受排擠，轉而著書立說，以思想流傳後世。這其中的每一階段可以說都是堅持不做"假"人，求做"眞"人，〔註1〕一路走來，始終如一。可說是個一息尚存，永矢弗諼的典範性人物。本書探討的既是卓吾思想中某些特定的觀點，當然首要是要從他的做學問的求眞談起。大凡人在做學問的時候，開始的階段幾乎一定是接受性與吸收性的。但當我們發現此路不通或因爲有新的知識體系進來而必須修正原方向但又不得其解的時候，我們會怎麼做呢？我們可能本能性的會避免自找麻煩，會避免節外生枝，盡量不要讓自己的知識系統與主流的知識系統背離太遠。〔註2〕而卓吾又是怎麼做的呢？卓吾五十歲之前折節潛心王學，循從龍溪的對立性空。〔註3〕大約五十歲之後，將他的性空思想融合了佛家

〔註1〕這裡或可看出道家思想對卓吾有一定程度的影響，特別是其"求眞"的部份，如莊子認爲要先成爲"眞人"，然後其知識體系方可成立：「所謂人之非天乎？且有眞人而後有眞知」。見《莊子・大宗師》。

〔註2〕按：個體過去的經驗與自我的知識系統的建立有絕對的關係。當自我經驗與而外在或所謂主流知識體系相牴觸的時候，常常是認知功能上智慧成長的關鍵時刻。

〔註3〕許建平，《李贄思想演變史》（北京：人民出版社，2005），頁19。

因緣的體自空。〔註4〕五十五歲以後，至黃安作客耿定向家，注釋《老子》、《莊子》，遂將道家的思想滲入，而成其特有的自然眞空。〔註5〕這一路走來每一次轉折都是一個在做學問上求眞精神的窮究。窮究之後進而修通，遂成一家之言。現就其窮究過程的幾個重要轉折論述如下。

第一節　從陽明的四句教法說起

前述五十歲之前的性空理論，是他思想發展上的初試啼聲，大約成型於他任職南京刑部之時（45～50 歲）。他這時所思考與研究的，主要是針對陽明學說的反思。卓吾最早正式直接接觸陽明之學大約是在他四十歲任職北京禮部時與徐用檢從趙大洲講學始之。〔註6〕趙爲王艮的再傳弟子，卓吾之後爲泰州學派的一員健將，冥冥中似乎有其因緣。卓吾在此之前當然不可能不知道陽明之學，但以他不會輕易向任何人折節向學的個性，四十歲開始潛心王學，意義更是重要。我們或許可以這樣說，像心齋（即王艮）和卓吾這樣的人，不容易輕易被任何知識系統說服的。他們向某人折節向學的過程，自然不會像一般人那樣以純然接受性的赤誠與擁護蓋過了反思，而大半是反思之後帶著一堆疑惑甚至詰難出發，看看這位名師的功力到底如何，能幫我解惑到甚麼程度，有時乍聽一席話驚爲天人，回去細想又覺不對，隔天還要再回來詰問。〔註7〕

從另外一方面來看，趙大洲在卓吾四十歲時的那次會面，講授的是《金剛經》而非《傳習錄》，所以若說卓吾對佛學的因緣其實是在更早，即對王學有興趣的同時甚至更早對佛學亦已產生濃厚的興趣，應該也是通的。這也呼應了卓吾不循各家各派的名實之爭，而直心於眞道，即誰能解惑於我，即折節向學於誰的一貫精神。

陽明心學解了卓吾心中的大惑，似乎替其離經叛道提供了一個學術上的接納空間。但用力既深，產生新問題的力道也就更強（可見卓吾的"求眞與窮究"是眞率的本然之性，否則誰敢向當紅的王學產生理則上的疑惑）。從之後卓吾的著述中可以了解，〔註8〕此時的他對陽明傳教經典的四句教法產生了

〔註4〕許建平，《李贄思想演變史》（北京：人民出版社，2005），頁 92。

〔註5〕許建平，《李贄思想演變史》（北京：人民出版社，2005），頁 138。

〔註6〕林其賢，《李卓吾事蹟繫年》（台北：文津出版社，1988 年），頁 24。

〔註7〕按：心齋折節於陽明即是一例。

〔註8〕李贄，〈郎中王公〉，《續藏書》，卷二十二（理學名臣），收錄於張建業主編之《李贄文集》，全七冊之第四冊（北京：社會科學文獻出版社，2000），頁 500。

反思，當然之後也拓展甚至走出了陽明的四句教法。

　　王陽明的四句教法是：「無善無惡是心之體，有善有惡是意之動，知善知惡是良知，爲善去惡是格物」。〔註9〕很明顯的，這也就是一個三有（意、知、物）與一無（心）的概念。而這個概念也是陽明心學中本體論與心性論最重要的基礎。但事實上卓吾在此一時期，〔註10〕與其說是宗法王陽明，不如說是師從王陽明的學生王畿（王龍溪）。我們可以這麼說，卓吾對心學的折服是從陽明心學開始的，但通過一段精研後而產生的種種疑惑也來自陽明心學，於是乎卓吾其思想遂由王陽明的四句教法轉而傾向王龍溪的“四無說”。〔註11〕〔註12〕

　　對於王龍溪，卓吾初聞其思想應是在北京禮部任上經由友人李逢陽及徐用檢的引介，〔註13〕之後在南京刑部任上又曾親炙於龍溪，至此以後「無歲不讀二先生之書，無口不談二先生之腹」。〔註14〕卓吾認爲龍溪已得悟大道，所以其講學「明快透髓，自古至今未有如先生者」，〔註15〕並且「字字皆解脫門。既得者讀之足以印心，未得者讀之足以證入」。〔註16〕王龍溪將心、意、知、物四者視爲同源一體的東西，也因此皆歸於無。許建平認爲這裡的“無”看似受佛教“萬物皆空”的影響，但細究起來其實並不相同。釋家所謂的“空”是著眼於因緣的相續與流轉而言的。所以並非一切物體本來不存在，而是指任何事物都是由一種以上的因緣和合而成，因此是萬事萬物皆非獨立實體的這樣一種概念下的“空”，所以叫做“體自空”，這是就空間的橫斷面來看。另外若從時間的縱斷面來看，事物既然都是處於因緣不息的輪轉之

〔註 9〕　王陽明，《傳習錄下》，《王陽明全集》（上海：上海古籍出版社，1992 年），頁117～8。

〔註10〕　按：於南京刑部任上，卓吾四十四至五十歲，約隆慶四年至萬曆四年，即其性空理論的形成期。

〔註11〕　許建平，《李贄思想演變史》（北京：人民出版社，2005），頁 66～67。

〔註12〕　李贄，〈郎中王公〉，《續藏書》，卷二十二（理學名臣），收錄於張建業主編之《李贄文集》，全七冊之第四冊（北京：社會科學文獻出版社，2000），頁 501。其實卓吾鍾情龍溪之四無說，似乎可以連結到他之後與佛教的一連串因緣。

〔註13〕　林其賢，《李卓吾事蹟繫年》（台北：文津出版社，1988 年），頁 24。

〔註14〕　按：二先生指的即是王龍溪與羅近溪。見李贄，〈羅近溪先生告文〉，《焚書》，卷三，收錄於張建業主編之《李贄文集》，全七冊之第一冊（北京：社會科學文獻出版社，2000），頁 115。

〔註15〕　李贄，〈復焦弱侯〉，《焚書》，卷二，收錄於張建業主編之《李贄文集》，全七冊之第一冊（北京：社會科學文獻出版社，2000），頁 42。

〔註16〕　同上揭，頁 44。

中，故並沒有一個實際的性本體，即"性也是自空的"，故"性自空"。如今天現在的你與昨天過去的你已非同一人，故實際上來說它並非完全同一的本體。總結來說，佛教認為萬物皆為體自空與性自空，此為其"無"的基礎概念。而卓吾從王龍溪之說，將"無善無惡"強調成是將善惡視為對立依存的關係，一方消失，則與之依存的另一方也必定隨之消失，是故無惡即無善（就像沒有了愚昧即顯不出智慧）。〔註17〕據此，卓吾的性空之學顯然是沿襲自龍溪而非陽明。所以說卓吾贊同王龍溪的作法，在理論上把心之本體的體先抽出來講，才能克服陽明四句教法中「心」這個最源頭的本體為"無"，而「意、知、物」三個由「心」所派生者如何會為"有"的矛盾。〔註18〕亦即若心之本體是無善無惡之無，則由心之本體而生的意、知、物，其本性當然也只能是無。但本心一但處在"無"的狀態，要如何運作呢？這恐怕還得從求真的精神上去著手。

第二節　論心之有無

　　因為要求真，就得面對自己，但用甚麼樣的態度來面對自己就是重點了。在態度上，其一當然是勤奮問學，從外面層層抽絲剝繭般地把那些外飾拿掉；另一種則是直搗黃龍式的直接深入核心的作法。前者較接近傳統儒家的作法，後者則代表了王門心學的教導。當然這裡只是舉出較具對比性的兩種，其他如以極為嚴峻的自我對待方式來面對自我，亦常可在一些宗教性的求道歷程中看到：如傳統天主教教士的鞭苔自我，特別是在出現慾望的時候；或者如某佛學宗派，用禁食當作一種修煉方式。這些方式在前提上似乎都是將欲望當成具有負面意義的標靶，欲除之而後快。這與卓吾的做法有很大的出

〔註17〕許建平，《李贄思想演變史》（北京：人民出版社，2005），頁68。

〔註18〕卓吾之後又從王龍溪的"無"更進一步地深化到五蘊皆空的性空說。這裡的空，卓吾把它叫真空，是超越有無的。證據主要來自萬曆八年（按，即大病之後第二年）的〈心經提綱〉《焚書》卷三。該文中說道：「其實我所說色，即是說空，色之外無空矣；我所說空，即是說色，空之外無色矣，非但無色，而亦無空，此真空也。」這種轉變，許建平認為不是無為教類，而是有為教類，即是存有一種來自懼怕生死的心理與超脫生死的強烈願望做為動力的，如《焚書》卷四的〈六度解〉有言：「此與無為教何異乎，非吾類也。」〔見許著《李贄思想演變史》（北京：人民出版社，2005），頁109。〕筆者認為這種有強烈願望做為動力的有為教類可以說與就是卓吾窮究與求真之性情的一種體現。

入。卓吾的做法顯然不是自虐式的，而是有系統的將此議題深化，其深化的
對象就是仔細的將那顆 "本心" 重新再找出來窮究。

　　所以，為了要求真，就得面對自己，而在用了王門心學的方法窮究了之後，
一個無法迴避的事實出現了。即在面對自己那顆心的時後候，能否虛應？即便
外在的一切都可虛應其事，但面對自己的時候，還能虛應嗎？人要如何能真正
地真誠面對自己？更嚴重的是，如何能面對一個從理則上推去，最後居然發現
本心是處在 "無" 的狀態呢？換句話說，對卓吾與龍溪而言，這是一種心、意、
知、物，俱為無相對於心是無，而意、知、物是有的辯論。這樣的辯論，無獨
有偶的，與近代佛教中的一個重大爭論似乎遙相呼應，即日本駒澤大學佛教學
部的松本史朗 [註19] 與谷憲昭 [註20] 在八〇年代的中期對一些佛教思想的正當
性提出嚴厲抨擊，特別是如來藏思想與本覺思想到底是不是佛教這一問題提出
否定的看法。當時此論一出，學界大嘩，隨即招致包括日本學者如平川彰，甚
至德國學者如 Lambert Schmithausen 的激烈反應。 [註21] 松本史朗等人是提出
了甚麼樣的論點被如此的激烈反應呢？簡言之，松本針對一乘思想作了長期研
究後，認為如來藏思想的結構就是一種基體說（dhatu-vada）。松本認為，某一
種（佛教）思想若具有 "dhatu-vada" 的特色時，這種思想即不是真正的佛陀本
懷。 [註22] 筆者認為，就文本的表徵而言，這雖然是八〇年代的中期對漢化佛
教思想的一種具批判性的討論，但若對其情境的本相深究之其實是要對這些較
具有一元論形上學色彩的佛教思想進行反撲，也就是說一方面是中觀系統空宗
強調因緣的體自空，另外一方面則是如來藏系論證本性中真如（即所謂阿賴耶
識）的自存性。照松本史朗與谷憲昭的說法，如來藏思想既然認為阿賴耶識為
一切的基體，所以並非真正的佛陀本懷。

　　回到卓吾這裡，卓吾循從王龍溪的作法，在理論上把心之本體的體先抽
出認定其為 "無" 的 "空" 性，在筆者看來這明顯的是受中觀系統空宗強調
因緣的體自空的影響較大；但其後的童心說，強調返回童真一念，又是較為

〔註19〕松本史朗，《緣起與空：如來藏思想批判》（東京：大藏出版，1989），頁 11
　　　　～97。
〔註20〕谷憲昭，《本覺思想批判》（東京：大藏出版，1989），頁 134～158。
〔註21〕臺灣學者呂凱文曾撰文對此有詳盡介紹，參呂凱文，〈當代日本「批判佛教」
　　　　思潮〉，《正觀雜誌》，1999 年第 10 期，頁 7～44。
〔註22〕按：如果不顧及太枝葉的部分，傳統佛教大致上是以 "空" 這樣的觀點做為
　　　　一切後續論述的源頭，所以松本的論點認為如果是正統的佛教就不應該有任
　　　　何一元色彩的所謂基體之存在。

貼近如來藏系中真如自存性的觀點。此部分的歧異如何連接與解釋應另為一重要待解決之課題。但無論如何卓吾在其時有這樣的想法，〔註 23〕似乎可以間接的說明為什麼之後他對佛教有如此深的的淵源（或者也可以說成是因緣）。以理則來看，這當然可能是卓吾與龍溪受到當時佛教整個氛圍影響的一種結果；還有一種可能就是歷史的必然性（即思想史內在理路發展之必然性，見本書第五章）。所以窮究的歷程雖然可能不一樣，但因為俱是求真精神的顯現，所以王龍溪會遇到的難題，卓吾也同樣會遇到。卓吾會遇到的難題，五百年後的學者（如松本史朗與谷憲昭）也同樣會遇到。

第三節　大病因緣

　　至此，卓吾在經歷了一連串人生的轉折後，將性空理論進一步深化，獲致了實質上的進展，但這已是在他的姚安知府的任上的事了。我們不要忘記，卓吾也是在此時（大約五十至五十一歲時，萬曆四年至萬曆五年之間）大病了一場，因此這場病，讓他更體會到求真的重要，轉而深研佛經。其概念遂由前述的"無善無惡"，轉到因緣觀點上的體自空，再進一步超越有相與無相而到離相的境界。所以他一方面否定了"實有"，另一方面也不認同完全的"空有"。

> 心本無有，而世人妄以為有；亦無無，而學者執以為無。有無分而
>
> 能、所立，是自罣礙也，自恐怖也，自顛倒也，安得自在？〔註24〕

所以普羅大眾認為的"有相"當然不對，知識分子若將之視為全然的"無相"，也是過了頭，〔註 25〕卓吾認為要在這種無罣礙的離相狀態下，"五蘊皆空"才能自然被照見，苦厄方能解脫。

> 斯時也，自然照見色、受、想、行、識五蘊皆空，本無生死可得，
>
> 故能出離生死苦海，而度一切苦厄焉。〔註26〕

萬物既是由因緣而起，故是因他物之依存而在，並非自己實際的存在，因之

〔註23〕按：即將心之本體認定其為"無"的"空"性。

〔註24〕李贄，〈心經提綱〉，《焚書》，卷三，收錄於張建業主編之《李贄文集》，全七冊之第一冊（北京：社會科學文獻出版社，2000），頁 93。

〔註25〕按：由此亦可發現卓吾雖為知識分子，但也常顧及普羅大眾的現實存在面，此點亦與其後的主張民生日用的童心說相契合。

〔註26〕李贄，〈心經提綱〉，《焚書》，卷三，收錄於張建業主編之《李贄文集》，全七冊之第一冊（北京：社會科學文獻出版社，2000），頁 93。

無其自性。所以緣起性空的空，並非眞的什麼也沒有，而是隨緣而聚，隨緣而分的無實體以及無自性而已。換句話說，從世俗觀點而言，客觀的事物是有的，但因其無實體，無自性，所以這裡的有其實是假的，故而叫"假有"。卓吾幾十年來所追求的生死大學問，至此已算是得其堂奧，恍然有悟。〔註27〕沒想到五十至五十一歲的那場大病，卻也成了促成這段新體認的重要因緣。大凡人經過一場生死大病，總會有一番新的體認。〔註28〕對於卓吾而言也是這樣，之前的他雖然經歷了多次至親之人的生離死別，但畢竟不是自己在生死線上掙扎，所以體驗當然可能是不同的。卓吾到任姚安後不久，便患了這場重病，用他的話來說是"大衰欲死"，而也就是這場使卓吾經歷死亡考驗的重病，竟成爲他悟道的契機。當時的他是懼死的，爲能免於死也爲了弄清生死的根源，他在友朋的勸誨下，翻閱佛經，也因此促成了之後的大澈大悟。關於卓吾大病的這件事，到底是在幾歲發生的，頗值得細究。

　　人的一生當然會生病，但會因爲生病後重新思考人生的方向，則非得是眞正的大病一場，病到已奄奄一息，鬼門關前走上一遭，方才有全新體悟的可能。像這種等級的大病，中國的士人往往會爲文記述，所以，卓吾那句有名的「大衰欲死」，就值得推敲了。按「大衰欲死，翻閱貝經」一語是見於其〈聖教小引〉之序中，〔註29〕而且既然大衰欲死在前，翻閱貝經在後，則其中之因果關係及順序，已相當清楚。從卓吾此文寫作的時間已是生命中最後的兩年來看〔註30〕，應已是替他自己做總結，所以當是深思熟慮之語。這場身體上的大病，最有可能的時間應該約莫在卓吾赴姚安任所之後，至黃安耿家之前。依卓吾給老上司駱問禮的信中提到：

〔註27〕許建平認爲卓吾此時的想法已非之前在南京刑部任上的性空觀點，而是弄通佛教十二因緣的理論基礎後，所得到的新體認，參許建平，《李贄思想演變史》（北京：人民出版社，2005），頁 117。筆者按：所以卓吾已從陽明的三有一無到龍溪的四無，再到這裡的有無不須對立。許建平並進一步闡釋，這種超越有相與無相而到離相的境界，其實就是龍樹的中觀思想，由於已離相，遂能解釋"緣起性空"以及"眞空假有"等概念。筆者按：但卓吾是否有受龍樹的影響，目前似乎沒有明確的證據。

〔註28〕從醫學的觀點來看，大病往往將體質做了徹底的調整，有可能因此促成體能或心智的重新整頓與再出發。

〔註29〕李贄，〈聖教小引〉，《續焚書》，卷二，收錄於張建業主編之《李贄文集》，全七冊之第一冊（北京：社會科學文獻出版社，2000），頁 63。

〔註30〕〈聖教小引〉中有提到《易因》刻刊之事，考《易因》刻刊約爲卓吾七十四歲避馮應京而往河南商城黃蘗山之時，故此〈聖教小引〉當爲卓吾在世最後兩年內所作。

是以開春便理舟楫，動遠遊之興，直下赤壁磯頭矣；而筋力既衰，

老病遽作，不得已復還舊隱，且賤眷爲累，亦未易動移也。〔註31〕

駱問禮是卓吾在雲南的老長官，與卓吾當有其私誼，卓吾與故人談到的痼疾，當然最有可能是這個故人在痼疾當初發生時是在場的，所以由此推斷，此大病時間極有可能當爲卓吾初到姚安不久，身體對雲南瘴厲之氣的環境無法適應所致。〔註32〕這樣推來，當爲卓吾五十至五十一或五十二歲左右的事。這個說法，顯然是站在身體上實質的疾病來看的。〔註33〕另外，台灣學者江燦騰則是站在心理上的觀點來看，認爲卓吾的大衰欲死，是迭遭家庭變故後的心理打擊。〔註34〕考卓吾連續的家庭變故主要是發生在四十至四十五歲之間，所以要比許文建議的時間早上幾年。筆者認爲要解決此一問題，一個有效的方法就是在那段時間裡有沒有實際接觸佛經的紀錄。以目前的資料看來，卓吾赴姚安任所之後，多次赴大覺寺禮佛參拜，並爲文記述，〔註35〕故五十一至五十二歲較有可能是他那句大衰欲死，翻閱貝經的確切時間（約爲萬曆六年，於雞足山大覺寺）。

第四節　李耿論戰

如果說卓吾的四十到五十歲期間是性空理論的形成期，是基於對王學的理解；而五十一歲大病一場之後的潛心佛學，也因緣地促成其性空理論繼續深化的話，那麼卓吾五十五到五十八歲期間在他的思想歷程上算是進入了另一個決定性的階段。在現實生活中的這段期間卓吾棄官與棄家，而在思想的生命中，他由佛教出發的真空觀，此時融入了道家的自托無爲的自然真空觀。〔註36〕前此，佛教的"空"與"無我"指涉了形體上的假有，而爲自性自體的真空，所以是沒有獨立的自性與永恆的實體的。但道家又與釋家不同，道

〔註31〕李贄，〈答駱副使〉，《續焚書》，卷一，收錄於張建業主編之《李贄文集》，全七冊之第一冊（北京：社會科學文獻出版社，2000），頁23。

〔註32〕許建平，《李贄思想演變史》（北京：人民出版社，2005），頁100～102。

〔註33〕許建平，《李贄思想演變史》（北京：人民出版社，2005），頁99。

〔註34〕江燦騰，〈李卓吾的生平與佛教思想〉，《中華佛學學報》（台北：1988），第2期，頁267～323。

〔註35〕《雞足山志》卷四記載："……故先生得久游于雞足。寓大覺寺，與水月禪人論法門，遂作《念佛問答》。又與同官論《二十分識》、《六度解》、《四海說》等。"

〔註36〕許建平，《李贄思想演變史》（北京：人民出版社，2005），頁150。

家眼中的 "空" 與 "無我" 乃是從大自然與人之關係著眼的。是故是個體消融於大自然中的忘我，萬物來自於自然又重新回歸到自然的 "空"，所以道家的 "空" 是指我既消融於自然，是以形體於焉不復存在。因此，在接受道家老莊的自然之性後，卓吾認爲既然自然之性無處不在（道在尿溺），故無染之自然而然之性方謂之眞，而 "有" 則成了受外力所染的 "有"。因此 "性空" 在回歸自然的本眞之下成了 "性本眞" 的 "自然眞空說"。

　　萬曆十二年，卓吾五十八歲，耿府與卓吾交情至深的耿定理逝世，卓吾與耿定向的衝突已是在所難免。從一封 "答耿中丞" 的信函中，即明顯地傳達了對耿府這位大家長的不滿，此信極盡譏諷之詞：

> 學其可無術歟，此公至言也，此公所得於孔子而深信之以爲家法者
> 也……則公此行，人人有彈冠之慶矣；否則，同者少而異者多，賢
> 者少而愚不肖者多，天下果何時而太平乎哉？〔註37〕

從此開啓了與耿定向長達十二年的論戰。這個論戰在卓吾生命中佔有至爲重要的地位，卓吾之後刻刊的《焚書》與《藏書》〔註38〕大多與李耿論戰有著絕對的關係，直接激勵卓吾的思想體系向前跨出了一大步。這個論戰事件的導火線更早還可以追溯到五年前（即萬曆七年）的何心隱被殺一事。卓吾認爲耿定向身居廟堂，何以未能在當時向張居正說情而營救之，講一套做一套，故要拆穿他假道學的面具。我們必須瞭解到的是，李耿論戰是一個非常動態的過程，始自耿定理病逝的萬曆十二年，止於耿定向的去世的萬曆二十四年。雙方誰也沒有想到這場論戰一打就是這麼久，這是一個且戰且走，兩人都覺得不服氣，覺得有話要說，如骨鯁在喉，不吐不快的文人爭峰。這中間一個最大的癥結點，就是如何面對或處理人性中私欲的問題。〔註39〕此時卓吾的思想何止單單精熟於儒學而已，而是如前所述經歷了多次的自我轉折，窮究

〔註37〕李贄，〈答耿中丞〉，《焚書》，卷一，收錄於張建業主編之《李贄文集》，全七冊之第一冊（北京：社會科學文獻出版社，2000），頁15～16。

〔註38〕大陸學者錢茂偉引明人顧大韶《顧仲恭文集》：「《藏書》百卷，只憑應德《左編》，恣加刪述，顛倒是非，縱橫去留，以出宋人之否則有餘，以析眾人之淆則未足」，所以認爲《藏書》不是一部原創型史著，而是對唐順之的《左編》所做的改編、評註甚至翻案。見錢茂偉，《明代史學的歷程》（北京：社會科學文獻出版社，2003），頁337。這對卓吾來說其實並不是第一次，之前他的《初潭集》即是對《世說新語》與《焦氏類林》的改編與評註。見張建業主編之《李贄文集》，全七冊之第一冊（北京：社會科學文獻出版社，2000），頁28。

〔註39〕武占江、董文武，〈性善論的千古迷失及良知坎陷問題–從李贄與耿定向的爭論談起〉，《河北師範大學學報》28：5（2005），頁142～147。

與修通了儒道釋各家，進而形成了自然眞空觀的概念。所以鬱積多年的能量在反擊耿定向的此一機緣下迸發而出，就絕非只是儒學內部像是朱陸辯論的思想筆戰而已。

從四百年後的今天來看，這件事最重要的應是卓吾在反擊過程中水到渠成地產生了童心說。

第三章　人性私欲與童心說

　　自然既是以其原始本眞的方式進行運作，則私欲的表現乃自然能量最直接的本然之理，故以直心出發的自然私欲說遂成爲一重要論點。這一個思想體系發展到了這裡，我們自然不會驚訝爲什麼卓吾執著地進行了一場與耿定向長達十多年的文筆論戰，因爲在這段過程中他完成了對儒學與所謂理性思想的徹底反思。

第一節　求眞與童心

　　萬曆二十年，卓吾六十六歲，提出了他的著名的"童心說"。〔註 1〕童心說的核心議題就是在問：我們可以找得到"眞"嗎？究竟什麼才是"眞"？它是怎樣產生的？而"假"又是什麼？是什麼造成了假？〔註 2〕在這裡，卓吾接續著他從眞空假有，自然眞空到自然私欲說的脈絡一路走來，希望得著一個無處不在的自然之性。而此自然之性，必須是要在沒有受到人力所染之前的那種自然而然的自然之性，則這個自然之性，方謂之眞。

　　然而，哪裡會有這樣的"眞"呢？卓吾認爲回到"人之初也"的最初一念即是。

〔註 1〕童心說並不是一本專書，而是一種思想概念，這個思想概念，總結了他之前
　　　　的研究心得，並貫穿其後的思路、著作及行事作風。《焚書》，卷三中收錄有
　　　　卓吾的〈童心說〉一文，該文寫成的時間，查林其賢的《李卓吾事蹟繫年》（台
　　　　北：文津出版社，1988 年）中並無紀錄。但據許建平，《李贄思想演變史》（北
　　　　京：人民出版社，2005），頁 231 與 269，可能爲萬曆二十年，時卓吾六十六
　　　　歲。
〔註 2〕許建平，《李贄思想演變史》（北京：人民出版社，2005），頁 269。

夫童心者，眞心也；若以童心爲不可，是以眞心爲不可也。夫童心
者，絕假純眞，最初一念之本心也。若夫失卻童心，便失卻眞心；
失卻眞心，便失卻眞人。人而非眞，全不復有初矣。童子者，人之
初也；童心者，心之初也。〔註3〕

所以卓吾肯定童心——最初一念和自然純淨的自然私心。這是卓吾在吸收儒
釋道三家思想精華後，而提出有別於三家中任何一家的卓吾式的童心說。大
陸學者許建平對此有極爲精到的延伸看法，許認爲童心說的創見之處在於將
善惡、淨染、眞假這三個概念的結構予以解構重組。一般而言，在儒家及釋
家的觀點上，善惡、淨染、眞假這三個組合中 善、淨、眞是在一邊，而惡、
染、假是在另一邊，是故心善則心淨，心淨則心眞，心眞方能與自性相接而
成就於彼岸。但在卓吾的童心說中認爲善惡、淨染、眞假 這三個概念的關
聯並非是可以斷然劃歸如前述之兩邊的。〔註4〕在這裡眞與淨在一邊而假與
染在另一邊應是較無問題；但眞假跟善惡卻有可能是矛盾的。如佛教認爲的
無明是惡，儒學認爲的情欲是惡，但無明或情欲這些佛教與儒學的惡在卓吾
的童心說中，是一種從自然眞空與自然私欲一路下來的自然而然的本然之
性，〔註5〕所以應被視爲最具有“眞”的內涵才對；反而傳統倫理道德上的
仁義禮智的所謂“善”的內涵，在童心說中則被視爲假，所以不但不是眞反
而應是眞的對立面。〔註6〕所以“童心者，人之初也”是應該推崇的，而也
因此我們的最初一念，即本來的自然私欲，才最有可能是本來的眞。也因如
此，這樣的自然私欲的能量，是應該被適情適性地予以抒發才是。此說一出，
無疑地又在學界激起一陣軒然大波。這次卓吾將之前對自然心性的解釋，提
升到了反禁欲、反理性的哲學高度。影響所及，引起了晚明思想界、文學界
的啓蒙主義思潮。〔註7〕卓吾的思想從儒至道，又兼釋家，在不同的時空背

〔註3〕 李贄，〈童心說〉，《焚書》，卷三，收錄於張建業主編之《李贄文集》，全七冊
之第一冊（北京：社會科學文獻出版社，2000）。頁91。

〔註4〕 許建平，《李贄思想演變史》（北京：人民出版社，2005），頁287。

〔註5〕 筆者按：童心說是一個從陽明性空理論出發而一路窮究的終點，所以涵攝了
自然眞空與自然私欲等甚麼是“眞”的辯證轉折，亦請參考本書第二章之論
述。

〔註6〕 許建平，《李贄思想演變史》（北京：人民出版社，2005），頁288。

〔註7〕 錢茂偉認爲在思想史上卓吾的這一啓蒙竟成空谷足音，在當時並沒有被直接
的傳承或延續，殊爲可惜。錢認爲卓吾走得太前面，反而成了歷史上的祭奠
品。參錢茂偉，《明代史學的歷程》（北京：社會科學文獻出版社，2003），頁
357。

景下益顯其崢嶸之處，然而這個思想上的啓蒙者，畢竟走得太快。走在時代的前面的人，其實是孤獨的。卓吾也不例外，他的思想一直受到非議。不管是在當代還是在後世，對這一代奇人的謗與譽似乎從來都沒有停止過。

　　行筆至此，可以體察出在卓吾的生命中一個一直在貫徹的強韌力道，那就是對什麼是眞性情的終極追求。中國歷史上的心學與理學，在此一終極追求的文化論戰一直未歇，處於晚明的卓吾顯然跳出了士大夫的思維窠臼，不再強調道問學與尊德性的孰是孰非，而是思考平凡老百姓到底在想些什麼？做些什麼？在這中間，卓吾對眞性情的追尋，窮究到了一個更根本也更務實的觀點，那就是在現世的紛擾中如何安頓私利與良知的問題。卓吾可以說是一個終身學習的典範，面對私利與良知的思考，其實是蘊涵了他對不同宗教或學派長期接觸後的反饋。

第二節　卓吾式的絜矩之道

　　所謂的自然私欲之能量，應該被適情適性地予以抒發，從而落實於生活，其實這就是卓吾所謂的穿衣吃飯即是人倫物理的論點。

> 穿衣吃飯，即是人倫物理；除卻穿衣吃飯，無倫物矣。世間種種皆衣與飯類耳，故舉衣與飯而世間種種自然在其中，非衣飯之外更有所謂種種絕與百姓不相同者也。〔註8〕

從實用的角度來看，這對於新經濟秩序的建立，具有重要的積極意義。卓吾的想法與論點，對於思潮的啓迪起了很大的打底作用。又譬如《大學》中提到：

> 所謂平天下在治其國者，上老老而民興孝，上長長而民興弟，上恤孤而民不悖，是以君子有絜矩之道也。所惡於上，毋以使下，所惡於下，毋以事上，所惡於前，毋以先後，所惡於後，毋以從前，所惡於右，毋以交於左，所惡於左，毋以交於右，此之謂絜矩之道。
>
> 〔註9〕

朱熹在《大學章句集注》裡，對此段有非常詳盡的註解，認爲這樣的絜矩之道可以提供一個尺度或典範好讓老百姓依循。

〔註8〕　李贄，〈答鄧石陽〉，《焚書》，卷一，收錄於張建業主編之《李贄文集》，全七　　　　　冊之第一冊（北京：社會科學文獻出版社，2000），頁4。

〔註9〕　《大學》。

長，上聲。弟，去聲。倍，与背同。絜，胡結反。老老，所謂老吾
老也。興，謂有所感發而興起也。孤者，幼而無父之稱。絜，度也。
矩，所以爲方也。言此三者，上行下效，捷于影響，所謂家齊而國
治也。亦可以見人心之所同，而不可使有一夫之不獲矣。是以君子
必當因其所同，推以度物，使彼我之間各得分願，則上下四旁均齊
方正，而天下平矣。惡、先，并去聲。此覆解上文絜矩二字之義。
如不欲上之無禮于我，則必以此度下之心，而亦不敢以此無禮使之。
不欲下之不忠于我，則必以此度上之心，而亦不敢以此不忠事之。
至于前后左右，無不皆然，則身之所處，上下、四旁、長短、廣狹，
彼此如一，而無不方矣。彼同有是心而興起焉者，又豈有一夫之不
獲哉。所操者約，而所及者廣，此平天下之要道也。故章内之意，
皆自此而推之。〔註10〕

而到了卓吾，這段的理解變成了：

此篇文字最有條理，當以三言得失處爲界限。第一截統言"絜矩"
也。然"絜矩"全在理財。〔註11〕

所以說到了卓吾這裡，把這段理解成爲了理財議題。《大學》裡接下來是這麼
說的：

是故君子先愼乎德。有德此有人，有人此有土，有土此有財，有財
此有用。德者本也，財者末也，外本内末，爭民施奪。是故財聚則
民散，財散則民聚。〔註12〕

這一段朱熹的解讀是朝向德與財的内外平衡關係去看待：

人君以德爲外，以財爲内，則是爭斗其民，而施之以劫奪之教也。
蓋財者人之所同欲，不能絜矩而欲專之，則民亦起而爭奪矣。外本
内末故財聚，爭民施奪故民散，反是則有德而有人矣。〔註13〕

而卓吾認爲這段還是在講理財，並且強調下節的「《楚書》曰」更是爲了強調
要理好財，要如何用人。

故"先愼乎德"六節，言理財也。然理財又在用人，故"《楚書》

〔註10〕 朱熹，《大學章句集注》。
〔註11〕 李贄，〈大學〉，《四書評》，收錄於張建業主編之《李贄文集》，全七冊之第五
册（北京：社會科學文獻出版社，2000），頁7。
〔註12〕《大學》。
〔註13〕 朱熹，《大學章句集注》。

曰"七節，言用人也。〔註14〕

可以看得出來卓吾對《大學》中的所謂絜矩之道，是有他自己的理解。這個理解不但與幾百年前的朱熹不同，就連與他關係匪淺的泰州學派創始人王艮也有所不同，王艮認爲：

> 格如格式之格，即絜矩之謂。吾身是個矩，天下國家是個方，絜矩則知方之不正，由矩之不正也。是以只去正矩，卻不在方上求，矩正則方正矣，方正則成格矣，故曰物格。〔註15〕

所以王艮的絜矩之道，是從己身安則國家安的程序正義上去理解，在行爲上便是對某一物進行"格"的動作。王艮直接了當地說：

> 吾身對上下前後左右是物，絜矩是格也。其本亂而末治者否矣，便見絜度格字之義。〔註16〕

換句話說絜矩之道是爲了把物格好所必得要有的重要配備。再怎麼看，這似乎也與卓吾的觀點有所出入。在卓吾看來，絜矩之道就是解決人民吃飯問題的理財之道。除了老百姓的民生議題，其他都非眞解。所以他才會說不會理財者，無法治國平天下，因爲財理的好，才比較容易解決民以食爲天的問題。

> 嘗論不言理財者，絕不能平治天下。何也？民以食爲天，以古聖帝明王無不留心於此者。〔註17〕

總的來說，卓吾的解讀方法是從最後的目的反推到前面的原因，以人民吃飯問題回推到的理財議題，再以之說明《大學》中絜矩之道的眞義。以今日的眼光來看，他的論點替市場經濟的轉型提供了一個強而有力的理論說帖。他鼓勵人們衝破富貴貧賤乃是所謂先天注定的命定論，認爲以自己的誠實勞動和節儉去發財致富，是不應被貶抑的。這種新經濟秩序應是各個利益並育而不相害，每一個人都從其間得到滿足。卓吾曾說：

> 只就其力之所能爲，與心之所欲爲，勢之所必爲者以聽之，則千萬其人者，各得其千萬人之心，千萬其心者，各遂其千萬人之欲。〔註18〕

〔註14〕李贄，〈大學〉，《四書評》，收錄於張建業主編之《李贄文集》，全七冊之第五冊（北京：社會科學文獻出版社，2000），頁7。

〔註15〕王艮，〈心齋語錄〉，收於〈泰州學案〉《明儒學案》。

〔註16〕同上揭。

〔註17〕李贄，〈大學〉，《四書評》，收錄於張建業主編之《李贄文集》，全七冊之第五冊（北京：社會科學文獻出版社，2000），頁7。

〔註18〕李贄，《道古錄》卷上，收錄於張建業主編之《李贄文集》，全七冊之第七冊（北京：社會科學文獻出版社，2000），頁365。

承此，既然追求利益，賺錢致富並沒有錯，則商賈社會地位卑賤的傳統偏見
便不足取。對於商人，卓吾表示了深切的同情。他說：

> 且商賈亦何可鄙之有？挾數萬之貲，經風濤之險，受辱於關吏，忍
> 詬於市易，辛勤萬狀，所挾者重，所得者末。〔註19〕

以此觀之，卓吾揭櫫的似乎不是立法者直接以禁制的手段，來迫使人民去做
某些事；而是訴諸某些社會條件或觀念的塑造，使得從事某些好事便有利可
圖，從事某些壞事便無利可圖；他訴諸的是一個最為直接且本然的東西，即
人類自利的傾向，從而間接勸善懲惡。所以臺灣學者劉季倫稱卓吾的這種想
法為「準經濟學的傾向」。〔註20〕

　　政府或立法者的角色到底該如何呢？在中國，長期以來政府對以商業形
式為基礎的經濟發展，一直是打壓多於鼓勵的，這通常可以從稅制的變動看
出來。漢武帝一些財政上的作為就是一個很好的例子。公元前119年，漢武帝
頒布了所謂的算緡令，其主要目的是將徵收稅基的範圍擴大到所有工商業者
和高利貸者。此舉當然引起強烈反彈，但商賈們若將營利所得之緡錢隱匿不
報，則處罰更重。〔註21〕公元前115年桑弘羊主理財政後，重申告緡令，更
使得中產以上人家也要納稅。漢武帝一方面的確從算緡、告緡這些稅制的推
動中，取得了巨大的收入，得以支撐對外用兵之所需，但另一方面付出的代
價是大批工商業者破產，財源萎縮，到頭來稅基反而變少。〔註22〕以現在經
濟學的觀點看來這無疑是殺雞取卵，竭澤而魚，以重稅的方式增加財源結果
反倒使財源或稅基減少。西方國家的重稅，雖是國家收入的重要來源，但累
進式的稅制，使大企業賺的多，繳的更多，某種程度上作到了避免了貧富差

〔註19〕 李贄，〈又與焦弱侯〉，《焚書》，收錄於張建業主編之《李贄文集》，全七冊之
　　　　第一冊（北京：社會科學文獻出版社，2000），頁45。

〔註20〕 此概念初始於劉季倫老師與筆者電郵書信中提及（dated on Nov. 24, 2006），
　　　　復於論文口試時得以進一步討論。大抵而言，卓吾雖然沒有明說，但論述中
　　　　已實具其義：「以為民至愚也，而可以利誘，至神也，而不可以忠告。於是為
　　　　之警井而八分之，使民咸知上之養我也……是故國未嘗有養兵之費，而家家
　　　　收穫禽之功；上之人未嘗有治兵之名，而人人皆三驅之選」。見李贄，〈兵食
　　　　論〉，《焚書》，收錄於張建業主編之《李贄文集》，全七冊之第一冊（北京：
　　　　社會科學文獻出版社，2000），頁88。所以，看似黃老無為，實則從自利處著
　　　　手而不說破。

〔註21〕 班固，〈食貨志第四〉，《漢書》。

〔註22〕 薩孟武認為歷代一些培養稅源的做法實際上可能適得其反，參薩孟武，《西遊
　　　　記與中國古代政治》（台北：三民書局，1984），頁127。

距的繼續擴大。這中間的關鍵點其實是在於如何處理"利的分配"。如果普天之下萬民私利的作為不能予以合理化，則讓經濟能夠向前發展的就只有政府的力量了。好一點或大有為者以政府的公權力直接做買賣（這裡又必須舉漢武帝的例子，漢武帝時桑弘羊的鹽鐵官營即是），〔註23〕差一點者直接從民間苛增稅收。自古帝王家天下，天下之財是其家財，不取是與民休息，應該立刻贏得萬民稱頌；取之則屬當然，雖有民怨又奈之如何。歷朝歷代殷鑑如此，往往開始時尚不致有立即之危險，到後來大勢已去時則改之晚矣。

　　所以能否將萬民私利予以合理化就是關鍵之所在了。國家積極方面不苛重稅，消極方面不去干涉民利。漢高祖與漢文帝在財政極端困難之時，採取的即是與他們的子孫漢武帝劉徹極不相同的作法。一方面「輕田租，十五而稅一」，另一方「面量吏祿，度官用，以賦於民」。〔註24〕這樣的政策一直施行到武帝之前為止，國家富了，是一種藏富於民的富，而不是殺雞取卵的富。然而高祖與文帝是真的想要將萬民私利予以合理化、極大化？還是當時的國力只得做道家黃老治術的安排？或許都有可能。我們至少可以這樣說，不論輕賦徭役，與民休息的黃老之術；或是殺雞取卵式的重稅富國，一個共同的部份是他們都站在統治者的角度，而非老百姓的角度。當時推行的經濟或財政策略顯然是時空背景與統治者性格使然的綜合結果，鮮有會是像卓吾一樣是一個從完整哲學體系修通出來的論點，即將一切回到人的本然，從尋常百姓的角度出發，最終必得要落實到一個萬民私利有理的觀點，這是一個將人性中真性情窮究與修通後的重要思想結晶。

第三節　理想與實際

　　卓吾的結論顯然的是一個從不同視野出發熟思後所產生的結果，我們接著必須要面對或解決的另一個重要課題，即一個"差距"上的問題；一個形而上與形而下的差距，一個理論上與實務上的差距，一個廟堂之上與廚灶之中的差距，此亦即千百年來中國智識主義發展上的一個危機。在卓吾所處時

〔註23〕桑弘羊，《鹽鐵論》。又按：史家為桑弘羊說話的著實不多。《漢書》中根本沒有他的傳；《續資治通鑑》卷66中說他"不加賦而國用足，不過設法以陰在民利，其害甚於加賦"；蘇軾說得更為尖酸："自漢以來，學者恥言商鞅、桑弘羊"，"言之則汙口舌，書之則汙簡牘"（《東坡志林》卷5）。卓吾則可能是歷史上少數替他講話的人之一。

〔註24〕班固，〈食貨志第四〉，《漢書》。

代（明中晚期）以前的中國社會，知識分子在心智上發展的最高標準往往是立功、立言、立德。但往往立是他們的事，做卻是別人的事；立的人不見得是做的人，而且大部分都不是。儒學的內聖外王在本質上是一種菁英主義的思想，菁英與世俗常常是脫節的，其關心的重點始終是如何成爲"聖人"的問題，至於如何成爲更基本的人的問題，如慾望或私利的處理，常常要不就是忽視，要不就是予以崇高化，用聖人的角度來解釋或要求。儒學能夠指向眞正的平民（或貧民），可能要算是左派王學王艮的泰州學派以後的事了。

　　人的本然存在，是利他的？還是自私的？當然是有討論空間的。但無可諱言，壓縮私慾，闡述人崇高性與利他性的性善論，一直是檯面上符合政治正確（political correctness）的主流意識。"仁"當然是孔子的核心思想，孔子相信人先天上就有合於倫理規範的本然特質；到了孟子乾脆更進一步把性善論中的重要基礎仁義禮智都看成是人先天的四端。所以向善的一方發展乃是本性上的必然之事，內在善性發揚到終極就是內聖外王的展現。儒學內聖外王的體系既是一個在性善基礎上的政治理想，私欲的存在或發揚不消說就顯得尷尬。但現實中私欲又是那樣的無所不在，它無疑是屬於操作面的，必須有方法或工具去駕馭，而非像性善觀點的崇高與無私只是一個理想的標竿擺在那兒供人頂禮膜拜而已。換句話說，要擺脫道德束縛進行對利益的處理，必須是要從較爲形而下的務實面去著手，必須有專門的知識、技術的協助才成，因此是有執的，〔註25〕而內聖外王之道如果是從本來的先天善性的良知發展出來的話，理應能在道德中無所逾矩，活動而自由，所以是無執的。〔註26〕良知如何能從無執到有執呢？牟宗三先生認爲唯有坎陷一途，〔註27〕良知一旦成功的坎陷爲有執的存在，遂能通過專門的技術開出新外王，以民主、科學的形式完成銜接傳統內聖的後續使命。牟宗三先生的貢獻即在於替前述的重要的差距提供了一個銜補的橋樑，牟先生當受以康德一脈德國哲學的影響甚深，良知坎陷論有十足哲學上的辨證意味，這個辨證如果成功，當對中國的歷史思想發展的解釋上成就了圓滿的收場。但問題是，良知如何能夠坎陷的恰到好處呢？怎能保證良知只是坎陷到新外王的民主科學的形式？而不是更往下墜落呢？牟宗三先生把良知賦予崇高的地位，也因此如何控制讓這高高在上的良知坎陷得當又成了一個必須解決的新議題（當知，從

〔註25〕按：指現象界或感觸界的。
〔註26〕按：指物自身或智思界的。
〔註27〕牟宗三，《現象與物自身》（台北：台灣學生書局，1975），頁122。

物理學的角度來看，因著重力的存在，物體得以墜落，如果坎陷看成是一種由上往下的墜落，則墜落前的高度越高，墜落時的速度越快）。

　　類似這樣的論述讓人直接想到的便是上個世紀新儒學的努力，這些努力的意義在於如何融攝西方文化以發展中國自身文化的理論。其中最著名的有兩位大家，一位即是前段提出良知坎陷說的牟宗三先生，另一位則是唐君毅先生。筆者認爲兩位先生都強調了一個程序上的機制，牟先生強調的是「良知坎陷以成就知識主體」這一命題；而唐先生則另闢蹊徑，將焦點放在文化一定要走向多元，但其本體仍應是以道德爲主的這一命題上。在這個辯證歷程中，道德既是起點，也是終點，若這個道德本體無法在客體（即文化）上獲得展現，則只是狹隘的主觀的道德生活，最終將乾枯窒息，無法完成黑格爾所謂的「絕對精神」乃至於自我實現其本質的完整過程。〔註28〕

　　道德心靈的不斷開拓，如果得以成功的話，可以涵蓋到整個宇宙萬物的每一個環節，以文化的多元性向外推拓，民主與科學自當涵蘊其內，最後遂完成「絕對精神」的自我實現。唐先生的這個說法其實可以上溯更早，陽明一脈的泰州學派就已有這樣的想法：

　　　鳥啼花落，山峙川流，饑食渴飲，夏葛冬裘，至道無餘蘊矣。充拓
　　　得開，則天地變化，草木蕃；充拓不去，則天地閉，賢人隱。〔註29〕

卓吾在這個論點上顯然也有他自己的看法，首先，卓吾直接挑戰了傳統性善論的根柢，對其罩門提出了質疑，他與耿定向關係的變化就是一個很好的例子。卓吾與耿筆戰多年，起因應是從何心隱的事情而來。何與卓吾同屬泰州學派，何也曾長期寓居於耿府。何之後得罪張居正而被羈押，耿懼於張居正的權勢，怕自己受到牽連，並沒有爲何求情，之後何被處死。卓吾對此可想而知非常氣憤，遂與耿公開決裂，卓吾的執著點在於耿說的是一套，做的又是另一套。說的都是孔孟之道，到眞正做的時候，還是把自身的利益放在最

〔註28〕唐君毅，《中國文化之精神價值》（台北：正中書局，1989），頁 504～524。
〔註29〕見黃宗羲，〈東崖語錄・泰州學案〉，《明儒學案》。又，此概念可能較早就已有，如《宋明學案》的〈上蔡學案〉中有謝上蔡在提到程明道如何向求問者解惑時的一段文字如下。曰：「昔有人問明道先生：『何如斯可謂之恕心？』先生曰：『充擴得去，則爲恕心。』『如何是充擴得去底氣象？』曰：『天地變化，草木蕃。』『充擴不去時如何？』曰：『天地閉，賢人隱。』察此，可以見盡不盡矣！」。又，其實更早在周易坤掛的文言解釋中就已出現：「……天地變化，草木蕃，天地閉，賢人隱……」。可見這一概念在中國歷史上一直是存在的。

重要的考量。講的時候是性善，做的時候是性惡，這其實就是中國版國王的新衣，長久以來在中國歷史上是只能做，不能說的事，卓吾卻將之說破，這需要何等的道德勇氣。

　　一些學者認爲，卓吾的貢獻就僅止於此，即他對人性論基礎的道德體系吹起了攻擊的號角。在思想史上的意義在於破壞，而非建設。〔註30〕但筆者並不這樣認爲。筆者認爲卓吾當然是有建設性貢獻的，這個貢獻就是童心說的提出。童心說的提出其實可以說是另外一種方便法門解決了前述那個重要的差距問題。童心說與良知坎陷最大的不同點，在於前者並沒有把人性先高高在上的予以崇高化，遂避免了坎陷或下落的過程。照牟先生的說法，良知必須坎陷，才能從無執到有執，才能從性善論的理想落實於世俗的運作。而照卓吾的說法看出去，只要扣緊了童心的本源，則高低、善惡、優劣這些容易被放到對立面的因子皆不存在，也就毋須進入坎陷的辨證。從童心出發，認清自己，盡己所能，讓利益的糾葛與處理在整個大環境中被疏濬，修通與磨合，最後一樣到達絜矩之道的彼岸。〔註31〕

　　人性是試煉，人生是道場，沒有經過實際的經驗與運作，任何理論都容易流於空談。嚴格說來，儒家在意義上能夠眞正內聖外王的人於現實中幾乎沒有出現過，這也許是一個略帶殘酷與無奈的歷史現實，但更爲殘酷與無奈的是千百年來能站出說出這件國王新衣的人幾乎沒有。在辯思這個問題上會有幾種層次存在：一種是當事人並沒有眞正地思考何者爲眞，只是人云亦云，把自己最珍貴的獨立思考交由他人（這裡的他人，可以是社會主流顯達或是先聖先賢）。另一種則是當事人經由不斷地窮究乃至於修通或了悟某種道理的眞。但麻煩的是他的結論跟主流的立論有明顯的差距，甚至背道而馳。他這時也許會產生一大堆懷疑，懷疑自己，懷疑別人，懷疑整個事情，然後再次出發，尋求答案。大抵人在產生懷疑的時候最容易把自己交給別人，交給某一位人生導師或種某一種宗教，若這種交付的關係一旦在此時建立，則終其一生信守不渝，至死靡它。

　　人到底能不能有獨立思考，是先驗上的問題，還是經由辯論或檢驗而產生

〔註30〕武占江、董文武，〈性善論的千古迷失及良知坎陷問題──從李贄與耿定向的爭論談起〉，《河北師範大學學報》28：5（2005），頁142～147。

〔註31〕卓吾循陽明一脈而擴充出去，從童心出發而達究竟之彼岸。若由前述牟唐二位先生的觀點來比較，卓吾的想法似乎較爲接近唐先生的將文化以多元面貌向外推拓，從而在客體上得以展現主體之絕對精神，所以才能成就於彼岸。

結論？可能不是馬上能說清楚的。但就醫學上大腦的運作來說，訊息的進入必定會留下紀錄，紀錄持續的進行，造就了腦神經在連結方式或連結密度上的定型，謂之為神經塑化（neuronal plasticity），〔註32〕此大腦神經的塑化一旦建立，要變動必須花更大的力氣。母語與第二語言的學習即是一例，母語不但只是一種語言而已，它更是一種最底層思考模式的確立，包含了極強的神經塑化，記憶存取等與認知結構有關的運作。要放棄母語式的文法架構而直接以第二語言來思考在常人是難以做到的。所以說想要推翻前一個較為底層或已根深蒂固的概念，其困難度可想而知。也因此獨立思考在理論上不是不可能，而是在現實上極為困難。舉人類的成長模式為例，任何一個新生命誕生之後，絕大部份的情況下，擺在他面前的是被安排好了的生活與思想模式。所以，當卓吾說出要回到父母未生我之前的真如一念時，可真謂石破天驚。從李耿的論戰中，雙方所認定的真理在論戰的過程中逐漸清晰化，本來可能只是打抱不平，替好友抱屈，但到後來竟成就了把思緒脈絡釐清的最好機會，成了童心說出爐的搖籃。童心說自是一個長久思想體系的總結，但在李耿論戰中得以出線，看來乃是時機所應然。卓吾個人的心境當然也在這十二年間幾逢更迭，由原來與世無爭的個性，隨著萬曆十四年的〈與耿司寇告別〉論戰升級被指為異端。既被指為異端，乾脆轉而狂怪，遂更復異端，而乃遣歸妻女，剃髮留鬚。在心理學上來看，這是可以說是一種投射性認同（projective identification）的表現，〔註33〕此一情緒的張力至萬曆十八年《焚書》到達高峰。此高峰並延續至萬曆十九年耿定向門人蔡毅中著《焚書辯》為焚書中對於耿氏的攻擊提出辯駁。卓吾當然再次反擊，反擊的力道遂表現於反理性傾向，並產生了代表其文學思想最精華的幾篇論文，如〈童心說〉、〈雜說〉、〈讀律膚說〉等，這些文稿大都成文於萬曆二十年，至此卓吾已六十六歲，之後逐漸復歸於與世無爭。

　　到目前為止我們探討到卓吾的確開展出了一套在面對人性私利觀點上獨特的思想系統，這套思想系統為何會如此形成？其影響因素與內在理路為何？這是筆者接下來想要探討的，一是從佛學以及佛道儒三教合流與否的觀點探討之；一則是從明代中期以後時代背景的影響探討之。

〔註32〕Park DC, Reuter-Lorenz P. "The adaptive brain: aging and neurocognitive scaffolding." *Annu Rev Psychol.* 60,（2009）: 173～96.

〔註33〕麥克・檀西，瓦特・柏客合著，林明雄、林秀慧譯，《認識反轉移關係》，（台北：遠流出版社，1989 年），頁 23。

第四章　佛儒之間：私欲理論
的困境與新解

　　承前所論，卓吾的童心說，是一種窮究精神與逆向思考的結晶，有助於將傳統中認爲人性穢澀與陰暗的一面，提升到了一個具有理論基礎的平台來探討。但如何從個體私利出發，延伸到與萬民眾生的福祉相關呢？如果無法做成此解，則人性的私欲只能是私欲。若能做此解，則無疑地替萬民眾生的人性私欲找到了能量出口與正當性。爲此，當從影響卓吾最深的儒釋兩家與他的互動，以及明代中晚葉思想流變上儒道釋三家互攝的問題論起。

第一節　饒益眾生

　　平凡老百姓到底在想些什麼？做些什麼？要解決這個問題，就要從百姓日用的角度去思考整個事情。在這裡，我們可以看到釋家與道儒之間一個重要的歧異，即在於對象關係上的齊一性不同。釋家視帝王將相與販夫走卒爲一樣的眾生，所以眾生平等；道儒則視其爲有不同程度的差別之分，因此，要把佔群眾中最大多數的平凡百姓納入指涉對象的話，則佛學的論點自有其優勢，不能忽視。其實，能落實從所謂百姓日用的角度去思考事情，也就成就了佛家的最終目的，即維摩詰經中的 "饒益眾生"。〔註 1〕

〔註 1〕饒益眾生一詞，在《維摩詰所說經》中總共出現有七次之多，分別爲：

菩薩取於淨國。皆爲饒益諸眾生故。　　　佛國品第一

遊諸四衢饒益眾生。　　　方便第二

以如是等無量方便饒益眾生。　　　方便品第二

　　既以眾生為標的，所以卓吾看重的是市井凡夫的真率之言，而非假道學的心口不一，處處是偽。而既然百姓之言真率可信，所以要知人性之真，當從百姓日用中觀察得知，而不是官僚士大夫的言行舉止。而且，饒益眾生是要替眾生帶來豐富的利益，而豐富的利益何用？最重要的就是為了要滿足眾生生命的需求。因此，譬如好貨好色等眾生的需求，就不應否定掉，而應承認其自然存在的合理性。像這樣的一路思考下來，卓吾遂提出他的“自然私欲說”。前此，卓吾長久以來一直想解決的問題之一，即如何調和概念本體與自然本體。而此時卓吾將人性或自然日用出發的自然真空說解釋成所謂的自然私欲說，從而人性的概念本體與現實本體在此一自然私欲的前提下便得以融合為一了。〔註2〕佛在回答長者子寶積時曾說：

> 眾生之類是菩薩佛土。所以者何。菩薩隨所化眾生而取佛土。隨所
> 調伏眾生而取佛土。隨諸眾生應以何國入佛智慧而取佛土。隨諸眾
> 生應以何國起菩薩根而取佛土。所以者何。菩薩取於淨國。皆為饒
> 益諸眾生故。〔註3〕

所以，佛的來源是眾生，佛不可能無根而自生，而佛的一切作為既然離不開眾生，眾生既有的現實面就不能不顧及。佛在回答時又說：

> 譬如有人欲於空地造立宮室隨意無礙。若於虛空終不能成。菩薩如
> 是。為成就眾生故願取佛國。願取佛國者非於空也。〔註4〕

這更是強化了此一觀點，實質化了的眾生現況是打造佛國重要的空地，要取徑佛國，就必需要有此一可茲育化的空地，而不是在一片荒蕪的虛空裡將概念本體實質化。所以將佛與眾生連結，是概念本體實質化的重要步驟。卓吾的自然真空說，其實也是這個道理。自然真空並非空當無一物，而是自然之性的無染之真，這裡所謂的空地，也就是卓吾在給梅澹然信中所謂的山河大地，究極來說，就是佛教中觀派真空假有裡的假有；〔註5〕而宮室就是卓吾所

樂饒益眾生。　　　　　　　　　　　　菩薩品第四
然其一世饒益眾生。多於彼國百千劫行。　　香積佛品第十
一切十方皆遣化往施作佛事饒益眾生。　　香積佛品第十
饒益眾生而不望報。　　　　　　　　　香積佛品第十

〔註2〕參許建平，《李贄思想演變史》（北京：人民出版社，2005），頁70～71。

〔註3〕《維摩詰所說經‧佛國品第一》。

〔註4〕同上揭。

〔註5〕許建平認為龍樹的中觀思想以及道家的自然真空說是卓吾轉向思考百姓日用
與心本自私的重要基石，參許建平，《李贄思想演變史》（北京：人民出版社，
2005），頁199及202。筆者按：卓吾受道家影響當無疑問，如其“求真”的

謂的清淨本源，說到究極，就是眞空假有中的眞空。

> 若無山河大地，不成清淨本源矣，故謂山河大地即清淨本源可也。
> 若無山河大地，則清淨本源爲頑空無用之物，爲斷滅空不能生化之
> 物，非萬物之母矣。〔註6〕

卓吾又說：

> 然則無時無處無不是山河大地之生者，豈可以山河大地爲作障礙而
> 欲去之也？〔註7〕

所以最後做成這樣的結論：

> 是猶欲取清淨本源於山河大地之中，而清淨本源已合於山河大地，
> 不可得而取矣；欲舍山河大地於清淨本源之外，而山河大地已合成
> 清淨本源，又不可得而舍矣。〔註8〕

如果說這是在理論上對《維摩詰所說經》的另解。那在實際行動上卓吾則更爲顛覆。他似乎用一種近於"遊戲神通"的方式作爲對理論的實踐。大陸學者許建平認爲李贄入妓院或酒肆正是他遊戲神通的實踐。〔註9〕並舉卓吾在無念和尚生日時，與眾僧同樂一事論證卓吾對維摩詰的遊戲神通顯然是熟悉的。〔註10〕

> 當是日，載酒（茶）載歌，載觴載詠，聊以爲歡，共登無遮道場，
> 永以爲好，不妨遊戲三昧。〔註11〕

維摩詰是毘耶離城中的名士，《維摩詰所說經》中對這位名士的敘述是：

> 爾時毘耶離大城中有長者名維摩詰。已曾供養無量諸佛深植善本。
> 得無生忍。辯才無礙。遊戲神通逮諸總持。〔註12〕

這些行爲舉止似乎是對戒律的一種挑戰，但事實上游戲神通其實在某種意涵上，是將佛從世人所賦與的純道德的意識形態中解放出來。筆者認爲這才是卓

部份契合於與莊子的先成爲"眞人"，然後其知識體系方可成立：「且有眞人而後有眞知」。見《莊子・大宗師》。但卓吾是否有受龍樹的影響，目前似乎沒有明確的證據。

〔註6〕 李贄，〈觀音問・答自信〉，《焚書》，卷四，收錄於張建業主編之《李贄文集》，全七冊之第一冊（北京：社會科學文獻出版社，2000），頁160。

〔註7〕 同上揭，頁161。

〔註8〕 同上揭，頁161。

〔註9〕 許建平，《李贄思想演變史》（北京：人民出版社，2005），頁217。

〔註10〕 同上揭，頁218。

〔註11〕 李贄，〈無念上人誕辰〉，《雜述》。

〔註12〕 《維摩詰所說經・方便品第二》。

吾強調"游戲人生"的眞正意義，也才符合他一貫地反虛假道德的作風。唯有將虛假道德做徹底之顛覆，才能將私欲合理化，也才能銜接到以饒益眾生爲歸結。如前所述，饒益眾生推到底必須落子於眾生的需求問題，對眞正的世間人子來說，需求無疑是一種欲望的彰顯，人永遠必須要爲自己想要什麼？如何要？要得是否心安理得的問題進行徹底的面對。對卓吾而言，這個由內在欲望牽成了的我執，形成了一種終其一生如影隨形的巨大不安。〔註13〕《維摩詰所說經》裡的游戲神通，也許替這個巨大的不安找著了安身之處。我們可以試著這樣理解，某一層次上來說，卓吾與維摩詰大士有著心理上的認同。維摩詰大士同卓吾一樣，都是在家眾，非出家眾。卓吾瞭解自己的狂狷，當知曉以在家眾的方式經營他的生活較爲方便。維摩詰大士是明瞭眾生之所欲的，提供眾生的無量方便，最後成就了饒益眾生，這自然是與卓吾的想法一致，而其游戲神通與卓吾的入酒肆之地等游戲式的人生有相似之處，維摩詰大士的生活較出家人似乎更能貼近現實紅塵中的眾生，也難怪被卓吾所推崇。〔註14〕在整個歷史上的佛教在家眾中，更貼近卓吾心目中認同理想的，除維摩詰大士外大概不做第二人想。卓吾強調的游戲人生可以更有一層積極的意涵，即是希望將佛從吾人意識中純道德的意識型態中解放出來，這種無關乎道德（non-moral）的解構，方能有效的將私欲合理化，也才能最後以饒益眾生爲歸結。

第二節　觀察者與被觀察者

　　如果說以饒益眾生爲私欲合理化找到了佛經上的說帖的話，這顯然是一種較爲外緣或實用上的作法。換句話說，若以體用之分來看，這只能是屬於"用"的部分。是否能接著找到本質上或"體"上面的的支撐點才是重點。筆者認爲這可以從卓吾的童心說深染於佛家的思想見其關連。

　　爲什麼說卓吾的童心說思想與佛家的因緣法關連甚深呢？這樣說吧，卓吾的童心說是一種以自己爲參照座標的內觀程序，一切道德的判斷，利益的處理，什麼事該做，什麼事不該做，都是回歸到自身的本初一念來加以定奪。所以這

〔註13〕劉季倫，《李卓吾》（台北：東大圖書公司，1999），頁33。
〔註14〕筆者按：其實不光是卓吾認同於維摩詰大士，維摩詰大士的形象，亦常被中國的士大夫們所借附，一個例子就是吳道子畫作中的維摩詰經變圖。關於中國文人士大夫與維摩詰經的關係，可以參考王志楣，〈《維摩詰經》與中國文人、文學、藝術〉，《中華佛學學報第五期》，1992年7月，頁263～298。

是一個"由誰來判定我"的議題。相對於卓吾的想法，我們可以舉亞當斯密（Adam Smith）"道德情操論（The Theory of Moral Sentiments）"中的一些概念來對照說明。斯密認為"同情"（sympathy）是對人類社會活動中各種行為所作之道德判斷的根源。現可舉一例來說明：如果我看到某甲在扶持一位眼盲的老婦過十字路口，我會同情於這樣的場景。也正因為我產生了同情，所以如果萬一我是某甲，我也會這麼做，也因此我認為這是一個正確且適當的行為。在這個關係中，一個是行為人（某甲），一個是旁觀者（我）。所以在不斷累積的人生經驗中，我們很清楚的知道，如果一旦行為人換成了是我們自己，而這個"我"在做某一些事情的時候，旁觀者是會怎樣看待或期待的。〔註15〕也因此，如果我的感覺及反應與他們的感覺及反應一致，就會獲得社會的贊許，反之亦然。又，如果我的反應與旁觀者的反應雖是一致，但程度太超過，我在察覺之後就會設法自制，直至調整到某一個平衡點（這可說是斯密所謂的"那隻看不見的手"的另一種說法）。用行為學派的觀點來看，"我"的思想行為其實是行為人與旁觀者在不斷的關係互動中，所產生的一連串制約（conditioning），增強（reinforcement），與社會化（socialization）的結果。這中間最為要緊的就是我要能察覺與感受到別人是怎樣在看待與評論我的。〔註16〕

在道德判斷中還有一個相當重要的部份，就是自省的工夫，也就是我自己贊不贊成我的這些行為。依斯密的意思，我自己贊不贊成我的所作所為，是把自己再次放在旁觀者的角度來進行判斷的。為了避免自欺，我們必需盡量讓自己變成"公正的旁觀者（impartial spectator）"，也就是應該設法「以他人看我們的那種眼光，或者以他人知道全部事實時將會用來看我們的那種眼光來看我們自己」。〔註17〕

我們現在再回頭看看卓吾思想與佛教的關連，卓吾的童心說既是一種以自己為參照座標的內觀程序，似已進入唯識學派的核心，其與上述斯密之論點的不同之處也就顯而自明了。在外觀上二者雖然都是自發性的行為，但對斯密而

〔註15〕施建生，〈道德情操論的精義〉，《台灣經濟研究月刊》（2009年3月），頁8～14。

〔註16〕筆者按：為什麼我們會有這樣的能力，至少在醫學上目前已經有了部份的解釋。研究者已發現人類大腦中，有一群神經細胞稱之為鏡面神經元（mirror neurons），即負責職司這種察覺與感受的能力。某些疾患如自閉症，可能就是缺乏這些鏡面神經元，所以罹病者無法感受到他人或旁觀者的反應。

〔註17〕施建生，〈道德情操論的精義〉，《台灣經濟研究月刊》（2009年3月），頁8～14。

言，這是一連串制約後社會化的結果；而對卓吾或唯識論者來說則是一連串去制約化（de-conditioning）的結果，透過這一連串去制約化，才能尋得每個人都既有的本然童心，也才能像宋代茶陵郁和尚的悟道偈中所說的一樣：

> 我有明珠一顆，久被塵勞封鎖；今朝塵盡光生，照破山河萬朵。
>
> ──宋代‧茶陵郁和尚

所以說狎妓對不對，婦道要不要守等這些尖銳且探底的問題，卓吾是沒有直接回答的。因為這涉及到你在去制約化後的本然面目是如何，所以是沒有標準答案的。但卓吾雖然並沒有直接表態回答，我們仍可以從一些輔證中看出蛛絲馬跡來瞭解他的根底想法，這裡要借用的是卓吾另一重要的貢獻，即他的文學思想與文學評論。

第三節　人性文學：童心說的最佳表徵

卓吾的童心說，是他文學思想中的重要基石。卓吾的文學思想，主要顯現在他的文學評論中，而這些被評論的對象中，最被推崇的竟然是小說，而非傳統的儒學經典。這當然可能是與他一路走來，思想上幾經轉折有所關連（縱向的轉變），但也反映了究竟何者才是文學的本質的問題（橫向的連結及後設的思考）。就卓吾的一生與其文學思想之間的關係，可以就幾部份來說明。

其一，這是一個縱向的轉變，卓吾雖然是一個所謂的文人，但早期的他對文學似乎並不特別熱衷，也沒有什麼對文學的評論出現。現存的資料顯示，代表卓吾文學思想最成熟的幾篇論文，如〈童心說〉、〈雜說〉、〈讀律膚說〉等，成文的時間大約均在萬曆二十年，即卓吾六十六歲時。為什麼會這樣呢？如果照學者許建平的說法，這是一種反理性化傾向的必然結果。筆者認為這應是遠因，換句話說也就是一種追求真性情的必然性，只是在萬曆二十年時水道渠成，遂於此時開花結果。但這應該還是有近因的。萬曆十九年，耿定向及其門徒對卓吾的攻擊力道加深，使得此論戰升級為全國性的思想論戰，〔註18〕到了這樣的地步，卓吾當然卯足全力，以更有力且更具說服性的論述還擊之。

如前所論，卓吾絕不是主動求戰的人，但只要應戰，必當全力以赴，並且在每次的應戰中，重新綜整其思緒，延伸其一貫的窮究精神，而乃每有新的體悟，開創一個新思想的里程碑。如借著李耿論戰，卓吾將心學的探討歸

〔註18〕 按：萬曆十九年，耿定向門人蔡毅中著〈焚書辯〉為焚書中對於耿氏的攻擊提出辯駁。

結於童心說，而又將此一童心說灌注於其文學思想之中。據此，這至少部分解釋了爲何在萬曆十九年（卓吾六十五歲）之後，卓吾在他的晚期思想中給與了文學極大的肯定與推崇。

其二，這可以是一個橫向的連結與後設的觀察。因爲眞正的文學，是回歸到人性的文學。小說則是以人性出發的重要文學型式。明末是傳奇小說大量出場的重要年代，這些小說緊扣了人性中自我主體性發展的積極面，因此也達到了它發展上的高峰。〔註 19〕這既是卓吾出場時的場景，當然對他有深遠的影響。卓吾認爲文章要出自眞心，不應從已被限定的聞見或道理中求之。〔註 20〕以傳統經論與傳奇小說相較，後者顯然自由度較大，也無怪會被他如此推崇並藉以提出"文出眞心"的主張。卓吾此論上承陽明一派良知學說，下開童心說的理論延伸。因爲童心者眞心也，並且"童子者人之初也"，"童心者心之初也"，所以眞心或不失童心，才是文章的至要。〔註 21〕卓吾雖推崇小說，但細究之還是有差別之分。這個差別，當然又與他的"文出眞心"有關，而乃有所謂畫工與化工之分。畫工是指專在結構上講求，文字上鍛鍊，像《琵琶記》即是，〔註 22〕但這樣的文章，幾經細讀後震憾力即漸漸減弱，所以雖是好文，但不是至文。看看他怎麼說吧：

> 夫所謂畫工者，以其能奪天地之化工，而其孰知天地之無工乎！今夫天之所生，地之所長，百卉具在，人見而愛之矣。至覓其工，了不可得，豈其智固不能得之與？要知造化無工，雖有神聖，亦不能識知化工之所在，而其誰能得之？由此觀之，畫工雖巧，已落二義矣。〔註 23〕

又說：

> 文章之事，寸心千古，可悲也夫！且吾聞之，追風逐電之足，決不在於牝牡驪黃之間；聲應氣求之夫，決不在於尋行數墨之士；風行

〔註 19〕 如湯顯祖的《牡丹亭》即是。湯從當時的社會思潮中吸取了人性觀的養料，把情與理，情與性的對立一度推到了前人與時人都未能達到的極端地步。他賦予情以個性意識的內涵，將至情視爲人性價值上的最高表現。任何外在力量，無論是人事的規範如天理，還是客觀的規律如死生，都無法抑制或扼殺它。

〔註 20〕 容肇祖，《李卓吾評傳》（臺北：臺灣商務印書館，1973），頁 102。

〔註 21〕 同上揭，頁 101。

〔註 22〕 筆者按：元末高明（1305～1359 年）改編自民間戲曲《蔡伯喈》，講述書生蔡伯喈與趙五娘的故事。

〔註 23〕 李贄，〈雜說〉，《焚書》，卷三，收錄於張建業主編之《李贄文集》，全七冊之第一冊（北京：社會科學文獻出版社，2000），頁 90。

> 水上之文，決不在於一字一句之奇。若夫結構之密，偶對之切；依
> 於理道，合乎法度；首尾相應，虛實相生，種種禪病，皆所以語文，
> 而皆不可以語於天下之至文也。〔註24〕

相對於畫工，化工，則不求工而自工。何以能如此？因為以自然為鋪陳之底，以真心為動念之始，所以雖幾經細讀，但感動依舊。《拜月亭》〔註25〕與《西廂記》〔註26〕即是如此，讀其文時：

> 如化工之於物，其工巧自不可思議耳。且夫世之真能文者，此其初
> 皆非有意於為文也。其胸中有如許無狀可怪之事，其喉間有如許欲
> 吐而不敢吐之物，其口頭又時時有許多欲語而莫可所以告語之處，
> 蓄極積久，勢不能遏。
>
> 一旦見景生情，觸目興嘆，奪他人之酒杯，澆自己之塊壘。訴心中
> 之不平，感數奇於千載。〔註27〕

好一個"奪他人之酒杯，澆自己之塊壘"。這是一種在別人的故事裡，流著自己眼淚的真情懷。唯出自真性情，方能如此；也唯有如此，方具深度共鳴的心理投射與舒發，故不但是好文，更是最上乘的至文。

　　在理解了卓吾的文學思想後，我們遂可以清楚地從他的一些文學評論中，理出卓吾對前面的狹妓對不對，婦道要不要守等這些尖銳且探底問題的看法。最鮮明的例證就是文君私奔的這件事。卓吾肯定且毫不遮掩的推崇卓文君的私奔行為。〔註28〕所以若以卓吾的觀點來看，對於丈夫過世後婦道要

〔註24〕李贄，〈雜說〉，《焚書》，卷三，收錄於張建業主編之《李贄文集》，全七冊之第一冊（北京：社會科學文獻出版社，2000），頁90。

〔註25〕筆者按：一說是元朝關漢卿所作，講述秀才蔣世隆與尚書之女王瑞蘭的故事。

〔註26〕筆者按：題材最早來自唐代詩人元稹所寫的傳奇《會真記》。元代時王實甫根據原著與後人陸續加入的諸宮調將《西廂記》改編成多人演出的戲劇劇本。

〔註27〕李贄，〈雜說〉，《焚書》，卷三，收錄於張建業主編之《李贄文集》，全七冊之第一冊（北京：社會科學文獻出版社，2000），頁90。

〔註28〕李贄，〈司馬相如〉，《藏書》，卷三十七（詞學儒臣），收錄於張建業主編之《李贄文集》，全七冊之第三冊（北京：社會科學文獻出版社，2000），頁719。又按：相如與文君私奔這件事，班固（漢書〈司馬相如傳第二十七〉）是遵從司馬遷的寫法的（史記〈司馬相如傳第五十七〉）。以文本的表微來說，大略是前貶（相如以琴音挑惹新寡的文君，復重賞侍者以通殷勤，最後二人亡奔）與後褒（相如作〈諭巴蜀檄〉建功於蜀地，拜中郎將，丈人卓王孫這時才懊悔為何沒早一點把文君嫁給相如）。但兩位史家會這麼花篇幅在史書中穿插這樣一則可歸為社會新聞的軼事，似乎也透露出一些嘲諷世道的意思，只是隱而不明罷了，公然地給予正面的評價，可能要算是明末的李贄了。

不要守這樣的問題，要看的不是社會的規範要不要守，而是這個當事人自己
要不要守。如果當事人感念與亡者的恩情，並且覺得自亡者死後，對愛情已
絕念（或者說昇華），則守之。這樣的守貞，是心甘情願的，是沒有絲毫勉強
的，是本著自己的本然之性而沒有雜染的，所以當然是一種"童心說"裡面
童心的顯現；反之，若當事人認為與亡者的恩情或緣份已盡，並且對未來的
愛情有著期待，所以不想一輩子守貞，則不守之。這樣的想法與行為，也是
本著自己的本然之性而為之的行為，當然也是一種童心的顯現，既是童心之
顯現，又為何要被譴責呢？再者，如果那些譴責的人，是基於他自身的童心
也就罷了，但如果那些譴責的人，是基於一些所謂外在的社會制約或規範，
實際上在這些人自己的內心深處恐怕也是不能遵守的，那怎能去要求別人
呢？（但實際上，「只許州官放火，不許百姓點燈」〔註29〕，這種自己做不到
只要求別人去做的情形比比皆是。）

最後在這裡必須一提的就是童心說的唯物成分與唯心成分的互攝問題。
這裡用互攝，其實很清楚的指明，它具有唯物成分，也具有唯心成分。卓吾
從民生日用出發而歸結到童心說，重視商賈的地位，也關照社會底層的聲音，
無可諱言的，一如一些大陸學者的觀點，這的確具有唯物主義傾向。但我們
也千萬不能忽略其唯心的成分，因為如果要把童心或最初一念之本心，作為
一種對社會是非評斷的最終依據，一定會涉及唯心成分的參與。而且，如果
卓吾要把童心說作為文學創作的基底，也很難沒有唯心運作的成份。所以我
們可以很清楚的看到卓吾雖然不是只有主觀的唯心，但的確受到陽明學派主
觀唯心主義心學理論的影響甚深。〔註30〕

總結來說，卓吾一方面承認人的私欲，對理學的"存天理，滅人欲"提
出批判。但另一方面他又深研與尊崇佛教，所以必需尋得共解。佛教既然把
由私欲出發的貪念認為是一切惡行的根源。因此若照此思維推出去，只能是
推得"私欲必然存在，貪念盡量減少"這樣的結果。如西諺所云：

> *You can't always get what you want.*
> *And if you try sometime you find*
> *You get what you need* 〔註31〕

〔註29〕陸游，《老學庵筆記》第五卷「只許州官放火，不許百姓點燈。」
〔註30〕敏澤，《李贄》（台北：萬卷樓，1993），頁51。
〔註31〕Lyrics extracted from the song "you can't always get what you want", In Keith Richards' best Stones album *Let It Bleed*, 1969。

所以私和貪之間必需有所平衡，卓吾必需從佛經中尋得有力的支撐點來平衡私欲和貪念，來實質化他一路走來的求真之旅與童心說。這個支撐點，就是佛學裡的饒益眾生（見本章第一節），在這個支撐點的主體性之本源上，童心說與佛教是較為一致的，因為都是起動了一種以自己為參照座標的內觀程序。卓吾應是掌握了此點，不但以之貫通其所學，使其思想體系更為完整，並且在實用的積極面上地提出了他對文學的正面肯定。

第四節　佛儒之間

在《史綱評要》中，卓吾對梁武帝蕭衍的專精佛戒而每每寬宥謀逆重罪，曾說「佛法立得心，治不得世」。[註32] 的確，對於一個著重於究竟個人本心的知識體系（釋家）而言，要將之推展出去處理眾人之心而成治國之道（儒家），並非易事。當然蕭衍的事例乃屬極端，但卓吾的掙扎可見一般。前面所謂的饒益眾生，既然可以看做是儒家兼善天下的一種概念之延伸，對卓吾來說當是極其貼切與自然的。但值得一提的是卓吾並非幼入沙門，而是成年後幾經磨難，自儒向佛，但又非純儒或純佛。所以他雖身處廟堂鎮日案牘卻思出世之塵勞不染，雖隱居龍湖幾近剃度但懷入世之悲天憫人。這種非純儒亦非純佛的個性，是他的殊勝，也是他的罩門。

除了與《維摩詰經》的因緣外，當然我們更應從卓吾的佛學著作或評論，剖析其對釋家的看法，以期瞭解這一段佛緣與之後童心說的關連性。卓吾的佛學論述，大都集中在《焚書》和《續焚書》裡，概略來看有四種形式。一是對某一經文列其綱要，如《心經提綱》；一是經文的縮編，如《華嚴經合論簡要》，這兩者沒有卓吾的評語或注解，因此比較難以討論；一是詩作、告文一類，如《除夕道場即事》、《禮誦藥師告文》；最後一類則是在其書信或小品中以答客問或自答自問的方式，藉某題以申論之，如《解經文》、《觀音問》《三教歸儒說》等。這中間當以第四種在答問之間的議論最能顯明其想法及立場。

〔註32〕李贄，〈梁紀〉，《史綱評要》，收錄於張建業主編之《李贄文集，全七冊》之第六冊（北京：社會科學文獻出版社，2000 年），頁 268。原文為：梁主專精佛戒，每斷重罪，則終日不懌。或謀逆事覺，亦泣而宥之。由是王侯益橫。卓吾對此評語為：佛法立得心，治不得世。但《史綱評要》一書到底是否為卓吾所撰，學界仍意見不一，此點可參見張建業主編之《李贄文集》，全七冊（北京：社會科學文獻出版社，2000 年）之第一冊前言部份，頁 27；以及散木著，〈批儒評法運動中王重民之死〉，《文史精華》（2005 年 第 11 期）。

　　這些議論可以從兩層的意義來細究。其一是在卓吾的童心說中是可否找到替私利辯護的思想相關的佛經文本或對文本的詮釋。另一層的意義倒可以看成是濡染於釋家之後的卓吾，如何澈底重新面對自己的思想紀錄。尤其是既然面對的是自己，就得將自己放到"他者"的位置來審查，誠懇地釐清自我私欲的運作情形。在《解經文》中卓吾指出：

> 比類以觀，則晦昧爲空之迷惑，可破也已。且眞心既已包卻色身，泊一切山河虛空大地諸有爲相矣，則以相爲心，以心爲在色身之內，其迷惑又可破也。〔註33〕

此處的"山河虛空大地"，在卓吾在給梅澹然信中也曾出現類似語句。

> 若無山河大地，不成清淨本源矣，故謂山河大地即清淨本源可也。〔註34〕

依前節（見本章第一節）所說，〔註35〕此比喻應出於《維摩詰所說經》。

> 譬如有人欲於空地造立宮室隨意無礙。若於虛空終不能成。菩薩如是。爲成就眾生故願取佛國。願取佛國者非於空也。〔註36〕

因此實質化了的眾生現況即是打造佛國重要的空地，這裡所謂的空地，也就是卓吾所謂的山河大地，實爲假有；而宮室就是卓吾所謂的清淨本源，實爲眞空。前面的章節推論中已經提過，卓吾的思想流變由陽明的性空理論出發，經過因緣的體自空、眞空假有、自然眞空、自然私欲，最後總結於童心說。在這中間最重要的轉折站就是中觀思想的眞空假有，〔註37〕這裡或許也可以解釋成代表空宗一脈的龍樹中觀思想對卓吾的影響。在〈觀音問・答澹然師〉中卓吾曾說：

> 蓋言成佛者，佛本自成，若言成佛，已是不中理之談矣，況欲發願以成之哉？〔註38〕

卓吾又說：

〔註33〕李贄，〈解經文〉，《焚書》，收錄於張建業主編之《李贄文集》，全七冊之第一冊（北京：社會科學文獻出版社，2000），頁127。

〔註34〕李贄，〈觀音問・答自信〉，《焚書》，卷四，收錄於張建業主編之《李贄文集》，全七冊之第一冊（北京：社會科學文獻出版社，2000），頁159～162。

〔註35〕見本章饒益眾生一節。

〔註36〕《維摩詰所說經・佛國品第一》。

〔註37〕見本書第二章。

〔註38〕李贄，〈觀音問・答澹然師〉，《焚書》，卷四，收錄於張建業主編之《李贄文集》，全七冊之第一冊（北京：社會科學文獻出版社，2000），頁156～158。

> 學人不疑，是謂大病。唯其疑而屢破，故破疑即是悟。

可是要在哪裡對這個"疑"進行窮究而到達"悟"的境界呢？卓吾認爲要從最懼怕處著手，也就是要從生死問題出發。

> 學道人，大抵要跟腳眞耳，若始初以怕死爲跟腳，則必以得脫生死、離苦海、免恐怕爲究竟。雖遲速不同，決無有不證涅槃到彼岸者。
> 若始初只以好名爲跟腳，則終其身只成就得一個虛名而已，虛名於我何與也？〔註39〕

卓吾在疑與悟之間，見其"眞"。而唯眞方能了悟中觀思想的眞空假有，而乃成佛於彼岸。所以先要能眞性情地面對自我，然後方能消溶自我，進而忘卻自我，而達涅槃。但儒與佛的重大不同也就在這個"自我"的概念。前者試圖強化這個角色，乃至於要用像五倫這種具有明確參照性質的座標系統來定義這個角色；後者則盡量做到不凸顯甚至消除這個角色，認爲這個角色帶來痛苦的一切根本來源─我執，所以只有減弱這個角色所帶來的意義，才能獲得眞正的自由。

以往儒家學者對釋家的攻擊，其實骨子裡大都包含著對老百姓棄農稼而入釋門，社會控制逐力有不逮的擔憂。韓愈的〈諫迎佛骨表〉即是一例。

> 所以灼頂燔指，百十爲群，解衣散錢，自朝至暮。轉相仿效，唯恐後時，老幼奔波，棄其生業。若不即加禁過，更曆諸寺，必有斷臂臠身以爲供養者。〔註40〕

這樣的擔憂其實可以看出來是走到法家一路的國家控制力於爲在何的極端擔心上頭去了。〔註41〕的確，若眞每個人都要去找"自我"去了，窮苦清高，不事生產，將置國家社會於何地？但事實上，學佛不一定要以窮苦爲清高，佛教也並不反對在家眾可以榮華富貴，可以營生聚財，如《大寶積經》〔註42〕中認爲在家菩薩如法集聚錢財，非不如法。只要合乎平直正求即可。又，既然有了財富，還要懂得怎樣處理自己的財富才是更重要的。《大寶積經》說要「給事父母妻子奴婢諸作使者。以如法財而給施之。所謂親友眷屬知識然後施法」。〔註43〕《雜阿含經》說「一分自食用，二分營生業，餘一分藏密，以

〔註39〕同上揭。
〔註40〕韓愈，〈諫迎佛骨表〉，《韓昌黎全集》，卷三十九。
〔註41〕薩孟武，《水滸傳與中國社會》（台北：三民書局，2005），頁29。
〔註42〕按：寶積即維摩詰所說經中佛在回答長者子之名。
〔註43〕《大寶積經》卷82郁伽長者會第十九。

擬於貧乏」。在《涅槃經》也指出除了生活所需之外，剩餘的要分爲四分，一分供養父母妻子，一分補助僕傭屬下，一分施給親屬朋友，一分奉事國家沙門。所以人間化了的佛教並沒有完全排斥經濟與生活上的私。應該說佛教是認爲唯有在清苦的情況下，比較能心思凝聚，歸本攝元。〔註44〕所以疏財富而致清虛，應當是一條較爲方便的法門，但並非唯一的法門。試想若五財在身，六欲不離，不是不能歸返涅槃大道，只是困難度太高罷了，所以這又回到是不是來自於本心的問題了。如果本心有一絲勉強，就算守得戒律，也難以入於涅槃。在佛與儒之間，卓吾走出了自己的道路。用一種近乎於游戰的人生來將他的孤獨性格融入，替他的某些離經叛道尋得了註腳，在茫茫人海中對自己誠實以對如卓吾者幾希，然而唯有這樣誠實以對，才能找到適合自己的路子。如此走在這條路上，完全沒有一絲勉強，當然一定是本心的全然顯現。他用這種方式來身體力行，開堂設教，雖是另類，但也不能否認是一種參佛入道的世間法。

第五節　緣起性空與眞如自性

如前所論，佛教對卓吾是有著重大影響的，而論者最常提出的問題就是卓吾受哪一宗派的影響較大或是說哪一宗派比較能解釋這卓吾一生的言行論述。對於這個部分，台灣學者江燦騰承續了聖嚴法師的研究，指出卓吾的禪學思想爲如來藏系，並確定卓吾的淨土思想，是禪宗立場的自力解脫淨土；〔註45〕大陸學者許建平則從十二因緣之緣起性空的角度，解讀卓吾的佛學思想當屬龍樹的中觀體系。〔註46〕卓吾的童心說奠基於自然眞空說，而自然眞空說是接續緣起性空的有機發展。當知中觀系統實自空宗一脈而來，〔註47〕這樣的思想與如來藏系的觀點自是不同。前者強調因緣的體自空；後者則論證本性中眞如（即所謂的阿賴耶識）的自存性。照日本學者松本史朗與谷憲昭的

〔註44〕星雲大師，《佛教對「經濟問題」的看法》（台北：香海文化事業，2008），頁70。

〔註45〕江燦騰，〈李卓吾的生平與佛教思想〉，《中華佛學學報》（台北：1988），第2期，頁267～323。

〔註46〕許建平，《李贄思想演變史》，（北京：人民出版社，2005），頁117。

〔註47〕從卓吾的心經提綱中可以看出他受空宗的影響，又大乘空宗的另一部重要經典《金剛經》亦與卓吾有著聯繫。依黃宗羲，《明儒學案》，卷十四，「太常徐魯源用檢」的說法，卓吾折節向學於徐魯源於北京即是從《金剛經》開始的。

說法，如來藏系的觀點較為接近一元基體論的知識法則，或者間接來說與有宗的體系是接近的。〔註48〕對已證悟者來說，有宗與空宗可能是可以並有並存而互通的。卓吾是不是已達證悟，當然已超過本文所要討論的範圍，這裡筆者所要強調的是卓吾鮮明的性格在矛盾與掙扎中呈現於對外在環境的一種反撲。他試圖在一種以激進批判為基調的前提下，〔註49〕與傳統的知識體系挑戰，繼而打造一個較與世俗貼近的實踐法則。這是一個極其大膽的嘗試，必得要像卓吾這樣雖經憂患而窮究精神不減，並且又有些憤世嫉俗的性格者方能為之。

　　當我們細心探究卓吾的行事作為與思想論述時，似乎又會發現有另一個非常值得觀察的地方，即不論卓吾的思想是脈承於緣起性空或眞如自性，都無法於其自身的行事風格上取得一致性。這現象雖然弔詭但並不矛盾。卓吾一生自四十歲後行事風格逐漸偏激而我執，乃至最後竟自絕獄中。自絕在釋家來說是不被鼓勵的，文獻中甚至鮮有記載。〔註50〕卓吾在最後做了這樣的決定，說明了在出離佛家生死輪迴與走自己的路之間，他寧可選擇後者。由於卓吾在獄中自絕其實已是在萬曆皇帝下令要放了他之後發生的，所以不能用一般士大夫的死諫來解釋，恐怕當時的社會紊亂搭配了卓吾獨特人格心理特質所產生的交互激盪才是更有力的解釋，一如法國社會學家涂爾幹筆下社會紊亂的失範型自殺。〔註51〕據此，卓吾的一生從生到死，可以說都是一個極為主動，以個人經驗法則塑化行為模式並忠於自身判斷與意志的代表。緣起性空的中觀空宗系統，主張萬事萬物依靠因緣而生，固然是強調去我執而否定經驗主義；即便是依眞如自性的基體說看去，其本性中的眞如阿賴耶識也應是不偏持中才能如如不動，才能塵盡光生而歸返自性。這二者之中沒有

〔註48〕按：從這樣的思維脈絡去理解，卓吾的佛學思想似乎有著康德的二律背反的矛盾性存在，呈現著有宗與空宗某種程度上二律背反的縮影。

〔註49〕嵇文甫，《左派王學》（上海：開明書店，1934），頁65。亦參見島田虔次著，甘萬萍譯，《中國近代思維的挫折》（南京：江蘇人民出版社，2005），頁96。

〔註50〕即便如《妙法蓮華經藥王菩薩本事品第二十三》裡藥王菩薩燃身供佛，為的也是報養佛恩，而非做為抗議的手段，所以當然不同於卓吾在獄中自絕，也不能以一般的死諫視之。

〔註51〕涂爾幹（1858～1917），法國社會學家。在其著作《自殺論》裡將自殺分為三類：利己的自殺、利他的自殺和失範的自殺。其中，失範的自殺（anomic suicide）是社會價值的突然失去，在顛覆與紊亂中難以適從而導引的自殺（民初王國維的自沉於昆明湖或可歸於此類）。大體來說，涂爾幹認為自殺是一種社會因素導致的現象，並且反映社會的某些狀況。

一個是與卓吾行事風格相一致的。卓吾很明顯的是朝著一種非常"自力"而求解脫的過程，一路上沒有經歷禪宗式的當下棒喝，即刻開悟；而是走了一條較爲辛苦艱難的道路，不斷地執著向學，不斷地對傳統知識系統提出反省而達成自力解脫。在這樣的過程之中，一些離經叛道的舉措只是求登彼岸的手段罷了，無須懷疑其目的的正當性。

　　當然，研究卓吾的思想，不能只是簡單的歸結於一個在生活上幾經磨難的士人，因著自己的執著向學，而成就了對傳統知識系統挑戰這樣的單一解釋。卓吾雖然是另類，但從某方面來說倒也還算是個中國典型的知識份子，他的另類只不過在於用了一些經過統整的概念挑戰了傳統理學的儒。這些肩負挑戰重任的概念或理則，其形成一方面當然來自於這個知識份子主觀的自身努力，但更重要的是他所處的特殊時空背景所提供的氛圍。對卓吾而言，明代中期以降儒道釋三家合流統攝，交相涵括的客觀氛圍，必然有著一定程度的影響。

第六節　三教合流

　　以儒學爲主是中國傳統智識主義的主軸。道家的黃老治術，雖然跟儒學同樣的古老，但除了西漢初年被視爲有一定程度之表現外，其實並沒有眞正擠入政治正確（political correctness）的核心。倒是釋家，一直在某種程度上安撫著人心，雖是外來思想，在心靈頻道上倒頗被不斷受戰亂之苦的華夏百姓所接納。

　　在〈三教歸儒說〉中卓吾寫道：

> 儒、道、釋之學，一也，以其初皆期於聞道也。必聞道然后可以死，故曰："朝聞道，夕死可矣。"非聞道閨則未可以死，故又曰："吾以女爲死矣。"唯志在聞道，故其視富貴若浮云，棄天下如敝屣然也。然曰浮云，直輕之耳；曰敝屣，直賤之耳：未以爲害也。若夫道人則視富貴如糞穢，視有天下若枷鎖，唯恐其去之不速矣。然糞穢臭也，枷鎖累也，猶未甚害也。乃釋子則又甚矣：彼其視富貴若虎豹之在陷阱，魚鳥之入網羅，活人之赴湯火然，求死不得，求生不得，一如是甚也。此儒、道、釋之所以異也，然其期於聞道以出世一也。蓋必出世，然後可以免富貴之苦也。〔註52〕

〔註52〕李贄，〈三教歸儒說〉，《續焚書》，收錄於張建業主編之《李贄文集》，全七冊之第一冊（北京：社會科學文獻出版社，2000），頁72。

題目雖是「三教歸儒」，但細觀其內容並沒有提及如何歸儒一事。不能因有「朝聞道，夕死可矣」是孔子說的話，就足以構成三教乃歸於儒學的論點。歸於童心恐怕才是涵攝三教的最大相容，亦即只需把握住童心說中的童心，則可儒、可道、可釋。

很多地方其實都可以看出儒道釋三者的合流，在晚明的思想界可能已經是一個必然的趨勢，卓吾不可能不受影響。王龍溪在〈南遊會紀〉中以「良知」兩個字作為儒道釋三者最底蘊之相容。王龍溪曾說：

先師嘗有屋舍三間之喻。唐虞之時，此三間屋舍，原是本有家當。……及至後世，聖學做主不起，僅守其中一間，將左右兩間甘心讓與二氏。及吾儒之學日衰，二氏之學日熾，甘心自謂不如，反欲假借存活。泊其後來，連其中一間，岌岌乎有不能自存之勢，反將從而歸依之，漸至失其家業。……先師良知之學，乃三教之靈樞，于此悟入，不以一毫知識參乎其間，彼將帖然歸化。所謂經正而邪慝自無，非可以口舌爭也。〔註53〕

他又說：

先師有言，「老氏說到虛，聖人豈能于虛上加得一毫實。佛氏說到無，聖人豈能于無上加得一毫有。老氏從養生上來，佛氏從出離生死上來，卻在本體上加了些子意思，便不是他虛無的本色。」吾人今日，未用屑屑在二氏身分上辨別同異，先須理會吾儒本宗明白，二氏毫釐，始可得而辨耳。……先師提出良知兩字，範圍三教之宗。即性即命，即寂即感。至虛而實，至無而有。千聖至此，騁不得一些精采。活佛活老子至此，弄不得一些伎倆。同此即是同德，異此即是異端。〔註54〕

這大概是所有陽明後學對三教合流最經典的一段話，卓吾乃龍溪一脈之後人，對王龍溪之學術及人格各方面均崇敬有加，並稱之為聖代儒宗，人天法眼，受其影響，自然不在話下。卓吾曾這樣描述龍溪：

聖代儒宗，人天法眼；白玉無瑕，黃金百鍊。今其沒矣，後將何仰！

吾聞先生少遊陽明先生之門，既以一往而超詣；中升西河夫子之坐，遂至歿身而不替。要以朋友來為樂分，不以不知而慍也，真得乎不

〔註53〕王龍溪，〈三山麗澤錄〉，《王龍溪先生全集》，卷一。
〔註54〕王龍溪，〈東遊會語〉，《王龍溪先生全集》，卷四。

遷不貳之宗。正欲人知而信兮，不以未信而懈也，允符乎不厭不倦

之理⋯⋯此余小子所以一面先生而遂信其爲非常人也。雖生也晚，

居非近，其所爲凝眸而注神，傾心而悚聽者，獨先生爾矣。先生今

既沒矣，余小子將何仰乎？〔註55〕

王龍溪在〈三教堂記〉中說：

三教之說，其來尚矣。老氏曰虛，聖人之學亦曰虛。佛氏曰寂，聖

人之學亦曰寂。孰從而辨之！世之儒者，不揣其本，類以二氏爲異

端，亦未爲通論也。⋯⋯人受天地之中以生，均有恆性，初未嘗以

某爲儒，某爲老，某爲佛，而分授之也。良知者，性之靈，以天地

萬物爲一體，範圍三教之樞，不徇典要，不涉思爲。虛實相生而非

無也，寂感相乘而非滅也，與百姓同其好惡，不離倫物感應，而聖

功徵焉。學老佛者，苟能以復性爲宗，不淪於幻妄，是即道釋之儒

也。爲吾儒者，自私用智，不能普物而明宗，則亦儒之異端而已。

〔註56〕

很明顯這是一種以儒學的良知來統攝三教的企圖，但其融通處在於無，不在

於有。是故三教都是無而有、寂而感之學，這其中龍溪不以「有」的學問融

通三教，而以「無」來範圍三教，〔註57〕這是因爲良知虛無的考慮，良知從

虛寂感處發軔，俱是一種從空出發而致實用的過程。按王龍溪的意思，儒教

本有三間屋舍，因爲儒門弟子後來無法守住原本的家業，只好將左、右兩間

屋舍讓出來給佛教及道教。能夠力挽救儒教的，只有王陽明的良知之學，是

涵攝三教的宗要所在，無論佛家講求的空寂死離，或是道家講求的性命之學，

「良知」一出，皆能與之鋒對而涵蓋，很明顯的這是一種希望以儒教來統攝

釋老的企圖，但是如何看待本心以及人心私欲的部份卻是一直沒有被好好解

決的。這是三教觀點歧異之處，也明顯地留了一些必須面對的問題下來，這

個問題不解決，是無法繼續走下去的。

　　卓吾對三教思想之間的關係既有受龍溪之啓發，在這層關係上，學者遂

大多以卓吾既是受其時代背景以三教合流爲依歸之影響在前，復受如王龍溪

等前輩業師之影響在後，認爲其亦是其一脈思想之延續。關於此論點，筆者

〔註55〕李贄，〈王龍溪先生告文〉，《焚書》，收錄於張建業主編之《李贄文集》，全七
　　　　冊之第一冊（北京：社會科學文獻出版社，2000），頁112。

〔註56〕王龍溪，〈三教堂記〉，《王龍溪先生全集》，卷十七。

〔註57〕這其實是相當吻合於龍溪的四無說，參見本書第二章第一節。

認爲應該從幾個方向來看。第一，受某人啓發，是否意味著之後的學術路數必定承其一脈，此當非必然。第二，認爲卓吾之思想是以三教合流爲依歸的學者，細究其所論，大多是從異中求同的方法或角度去歸納出相關結論。然而異中求同只是方法之一，並非全部，故其歸納出的結論應只能當做眾多假設之一而已。第三，以時代背景與心理史學去論述，心理史學認爲一個時代有一個時代的「集體被影響性」，一些學者認爲明末既是處於三教合流的歸整期，卓吾以其聰穎之姿，當可集其大成，而其集大成之所宗，當爲儒學。所以卓吾當爲儒學思想再造與重建的重要中心人物，絕非叛徒。〔註58〕這樣的論述自然是忽略了個人的主觀性。尤其是像卓吾這樣的人物，其自覺意識與主觀能動性之強大，實屬千古一人。卓吾或許是受了當時時代背景一定程度的影響，但他反過來影響時代的，可能亦復更多。我們這裡應該瞭解到，與其說儒者常常廣義地成爲了中國知識份子的代稱，不如將之視爲一種生活文化上士人的集合義，而非生命追尋理念上的操作義。的確，卓吾於其《初潭集》〈序〉中曾云：

> 初潭者何？言初落髮龍潭時即纂此，故曰初潭也。夫卓吾子之落髮也有故，故雖落髮爲僧，而實儒也。是以首纂儒書爲，首纂儒書而復以德行冠其首。然則善讀儒書而善言德行者，實莫過於卓吾子也。〔註59〕

但是否其中一句「雖落髮爲僧，而實儒也」，就已可說李卓吾是以「儒者」自處？ 我們論述一個人，不能只是聽其言，更重要的還是要觀其行（即便是聽其言，都還必須考量整個文本，方能斷其意）卓吾到底是儒業的功臣還是叛徒，筆者認爲其實他自己倒是並不關心，他只是在過忠於自己的生活，一路走來，始終如一罷了。

　　承上所論，三教對良知與本心的起源問題，是其重要的根本差異，當然這也是各教最根本的認定與論述不同之故。對本心的起源的看法最爲精闢的，還是要歸到卓吾一直推崇的王龍溪。龍溪以爲，釋家是從吾人沒有被父母生下來之前的角度去看待這個本心，道家是以剛生下來時候的角度去看，而儒家則是以孩提時的觀點去看。〔註60〕所以，釋家主張業力輪迴之說，因

〔註58〕 李懿純，〈儒學思想的再造與重建──以李卓吾爲論述中心〉，第一屆儒學國際學術研討會，吉隆坡 2004 年 8 月。

〔註59〕 李贄，《初潭集》序，收錄於張建業主編之《李贄文集》，全七冊之第五冊（北京：社會科學文獻出版社，2000）。

〔註60〕 原句爲：「佛氏從父母交媾時提出，故曰父母未生前，曰一絲不掛，而其事曰：

之人生的很多事情在出生之前就已決定；道家常要復歸於嬰兒，以命安義，因故出胎時，命已隨大化而定了（道家非常強調出生時與宇宙大化的契合，充滿了風水能量之學的味道）。至於儒家，其對此一議題的觀點常被誤解，在此或有申述之必要。基本上，儒家強調的是一大堆道理之後的實踐法則，是本孟子所言的孩提之童，無不知孝其親、敬其長。既是指孩提的良知良能，當然非常強調後天社會習性的濡染，相較於道家的以命安義，儒家是以義安命。但事實上，儒家的性命之學，很早就連結到與生俱來的這一指涉，只是雖屬與生俱來，並不表示剛出生之時就能很具體地表現前述的"本心"，而是必需待其筋肉長成，表達無誤，方能向外在世界顯示出這個與生俱來的本心，所以儒家很明顯是較爲強調實踐法則的論述。

是故，這樣具有差異性的三教放在一起討論，不能只是一廂情願地去框架其屬性，而應著眼於爲如何立論於三教的衝擊，進而尋求新出路，較爲恰當，而這應也是卓吾所做的重要的事。這一件重要的事，其實就是用童心說的概念去涵攝三家。既是"童心"，當然要順勢於宇宙自然之大化，順勢的概念乃得力於道家。而歸結到童心的重要前提是從百姓日用中觀察得知，換言之是由眾生的行爲所衍出，自然濡染佛理。而之所以會拓及於釋道兩家，則亦可看成是立論於儒家知識分子反思的一種結果。這其中之關係互攝與互補兼而有之，但似乎並不全然是所謂的"合一"。這裡筆者用三教合流而非三教合一是經過深刻反省的。三教合一的用語，余英時先生曾有解釋，認爲是陽明後學之近禪思想的歷史必然走向，並且藉此完成了儒家的社會倫理及通俗文化之使命，是以儒來涵攝釋與道。

> 新儒家之有陽明學，正如佛教之有新禪宗：佛教在中國的發展至新禪宗才眞正找到了歸宿；新儒家的倫理也因陽明學的出現才走完了它的社會化的歷程。……新禪宗是佛教入世轉向的最後一浪，因爲它以簡易的教理和苦行精神滲透至社會的底層。程朱理學雖然把士階層從禪宗那邊扳了過來，但並未能完全扭轉儒家和社會下層脫節

明心見性。道家從出胎時提出，故曰：地一聲，泰山失足，一靈眞性既立，而胎息已忘，而其事曰：修心煉性。吾儒卻從孩提時提出，故曰：孩提知愛知敬，不學不慮，曰：大人不失其赤子之心，而其事曰：存心養性」。見〈南遊會記〉，《王龍溪全集》，台北，華文書局，頁 465～7。台灣學者蔡家和對此有較爲詳盡的闡述。參蔡家和，〈王龍溪對於三教的分別與融通〉，《華梵大學第四次儒佛會通學術研討會論文集》（2000 年 5 月），頁 243～255。

的情勢。明代的王學則承擔了這一未完成的任務，使民間信仰不再為佛道兩家所完全操縱。祇有在新儒家也深入民間之後，通俗文化中才會出現三教合一的運動。明乎此，則陽明後學之『近禪』便不值得大驚小怪了。〔註61〕

所以余英時認為因陽明後學近禪，得以銜接儒家跟下層社會脫節的情勢，讓新儒家的思想深入民間，使得通俗文化在三教合一運動中出現。而事實上卓吾在續焚書卷二所謂的三教歸儒，只是對現況的描述，並非一種積極主動的作為。在陳清輝所著《李卓吾生平及其思想研究》中，有一章節專論李卓吾之三教合一思想，但實際找出卓吾自己之言論是有關三教之共通性的只有下列四處：〈答馬麗山〉，《續焚書卷一》；〈師友〉，《初潭集卷十》；〈復鄧石陽〉，《焚書卷一》；〈三教歸儒說〉，《續焚書卷二》。〔註62〕但有共通性並不表示是合而為一的，所以筆者認為用合流一詞可能較為恰當。

　　對於人生的苦悶與出路，儒學的作法是從安穩與功名處著手，道家的立場則是無為致虛，因之致虛，故看淡一切。而釋家則又是另外一種作法，釋家將現世的苦悶極大化，徹底否定功名，因為苦悶推到最大，所以任何功名皆無助益，所以道家只是將之看淡是不夠的，應究極地將目標與眼光放在彼岸。所以道家在某種功能上，將儒學的虛偽與以破解與解構，而等待釋家予以重新建構之。依筆者之見，卓吾其實做的並不是什麼三教合一的工作，而是發現從儒學出發，困難重重，存在諸多窒礙。儒學既然在解決問題的同時拋出更嚴重更癥結的問題，卓吾遂自力向釋道處尋求解惑，〔註63〕這樣的解惑當然只能是卓吾式的理解，但也的確是一個思考綿密的論證典範。其實前述在對良知系統的處

〔註61〕余英時，《中國近世宗教倫理與商人精神》（台北：聯經出版公司，1987），頁92。

〔註62〕陳清輝，《李卓吾生平及其思想研究》（台北：文津出版社，1993），頁341。

〔註63〕劉季倫認為，內在的焦慮與外在的因緣雖然始終揮之不去，但這焦慮又成為卓吾聞道與求道最堅實最基礎的動力來源。換言之，這樣的焦慮如芒刺在背，是必須除之而後快的，焦慮的程度越高，求道的心就越切，據此，焦慮反倒成了解決問題的動力來源，參劉季倫，《李卓吾》（台北：東大圖書公司，1999），頁33。筆者按：卓吾面對這些人生的困惑，並沒有意志消沉，隨波逐流，反倒是被有效地賦能（empowering），而提出解決之道。卓吾童心說的出現，可以看成是脫離焦慮並將之除罪化的論述。所以面對欲望、權力與人性的種種黑暗面，想要逃出道德束縛的努力遂成了可以被接受的。又，劉說卓吾認為「世人」愚昧所以「不怕死」，又因「不怕死」，所以「貪此血肉之身」，筆者認為也有可能是太怕死，所以及時行樂是也。

理上便可以看到儒學的困境與卓吾式的變通。從對人之所以成為人的存在性觀點來看，李耿的論戰其實不應只看做是佛儒的論戰，而應該看成是對儒學的反思性（reflexivity）與正統堅持性之間的一場不可避免之文化衝突。這裡筆者借用了人類學者的反思性一詞，其實想要強調的是 Pierre Bourdieu 所謂的自我參照 self-reference 與自我認知 self-awareness 的概念。〔註64〕在這裡，我們可以看到對某一個原發概念（正統儒學）因著歷史或時空的變遷，經由新思維體系的參照或認知而重新予以理解（儒學的反思性）。從文本的外飾結構來看這層理解可以是心學的儒（李贄）與理學的儒（耿定向）之間的對話；但若從情境的內涵本質論之則是把"良知"的角色放在需求（need，如李贄）與責任（duty，如耿定向）之間做比較。如前面的章節所述，牟宗三先生很精準的看出了此點，並承接了康德與黑格爾一脈德國哲學的辨證概念，創造出了良知的坎陷一詞，將此兩種角色從對立面理出了相容性。

　　理學的儒，某種程度上常常是一種強調"你該如何做"，但卻"忘了我是誰"的情境。但對心學的儒而言，則是先理出頭緒了解自己到底是誰，再試圖去推衍出萬事萬物應如何做或被做。溝口雄三把這種轉變解釋「滅人欲的天理」向「存人欲的天理」的過渡。〔註65〕這種理學的儒與心學的儒之轉變與消長，在歷史上如鐘擺效應般地你來我往，各有擅場之時。明代初期理學倡言，中葉以後心學大盛，到清初時理學復居主流，這些轉折其實都有當時個別的社會情境做為支撐的底蘊，〔註66〕絕非只是單純哲學思辨的結果。

　　總之，筆者認為卓吾也許並沒有那麼大的企圖心想要以心學統攝三教，〔註67〕他在智識與論述上追求的其實只是一種自身的解惑過程，一種真性情的體悟與窮究罷了。然而卓吾之後的不同時代，學者因著自己的視角與立場，對卓吾的企圖心與歷史任務賦與了各自的解讀，對卓吾本身而言，這些解讀倒成了不可承受之重。

　　這裡我們也可以看到一個東西方的差異，西方的哲學代表人物如康德，他一生的哲學努力是回答"到底我能知道多少"？ 這是一種理性極限的追求（limits of reason）；而在中國，哲人則是在不斷地追求覺知的極限（limits of

〔註64〕 王明珂，《英雄祖先與弟兄民族》（台北：允晨文化，2006），頁135。

〔註65〕 溝口雄三著，索介然、龔穎譯，《中國前近代思想的演變》（北京：中華書局，1997），頁14。

〔註66〕 楊芳燕，〈明清之際思想轉向的近代意涵──研究現狀與方法的省察〉，《漢學研究通訊》（2001年5月），頁44～53。

〔註67〕 趙偉，《晚明狂禪思潮與文學思想研究》（成都：四川出版集團巴蜀書社，2007）。

awareness），〔註68〕特別在道德的議題上，中國的哲學家最想解決的是在行為存在之前道德是以一種怎樣的心理狀態存在著的，也就是說其最原始的狀態為何？有沒有可能被覺知以及能用怎樣的方式去覺知，〔註69〕我們可以看得出來這無疑有著釋家特別是禪宗思想的影響，卓吾即是一例，但他走的更遠，已非僅從「靜」或「敬」的功夫上著力而已，卓吾已從陽明禪的「援佛入儒」中走出，〔註70〕走到一種佛儒皆忘，「即事是學」〔註71〕的份上了。

　　卓吾因著執著於他的眞性情，於是乎不斷地窮究什麼是終極的眞相。要理解卓吾，我們也應試圖以同樣的眞性情，去體悟、去窮究、去面對卓吾這一個眞性情的人。或許可以這樣說，我們用同理心去理解卓吾，一如卓吾用同理心去理解古人。卓吾的理解到了最後，總結出了童心說，卻又時空交錯地醍醐灌頂於我們這群也想要理解人性的後世眾生。我們若能還原到卓吾當時的場景，當能清楚地理解或釐清這位知識分子在儒佛之間掙扎的若干疑點。我們似乎可以想見一個清癯的老者，在生命盡頭對知識體系發出最後的奮力一搏。我們搭上了一節末班的時光列車，穿梭於晚明的硝煙中，看到了這位老者正在著書立說。本書是將卓吾的話語，透過與筆者互動後的解讀。這當然也只能是一種解讀，一如羅蘭巴特（Roland Barthes）〔註72〕曾說的：「窗框創造場景」，所以這樣產生的解讀一定也受到了限制。即使儘量做到原味窗框的呈現，但不可避免的，「窗框的視角其實是現在的視角」（也是羅蘭巴特的話）。換言之，這樣的文本某種程度上一定會濡染了或植基於筆者當下對那一段歷史的理解與反省。這既是不可避免之事，那就應該讓主觀的偏誤（bias）降到最低。要做到這一點，就應該把晚明的時空背景一起放進這個窗框來討論。〔註73〕

〔註68〕梅廣，〈錢新祖教授與焦竑的再發現〉，《台灣社會研究》，1998 年 3 月號，頁 25。
〔註69〕同上揭。
〔註70〕程曦，《明代儒佛融通思想研究》（合肥：合肥工業大學出版社，2008），頁 80。
〔註71〕梅廣，〈錢新祖教授與焦竑的再發現〉，《台灣社會研究》（1998 年 3 月），頁 29。
〔註72〕Roland Barthes（1915〜1980），法國文學理論暨哲學家。
〔註73〕此段所謂的同理心（empathy），另一種譯法叫「神入」，但「神入」的譯法會讓人有一種過於主觀，昧於客觀事實的感覺，這也是為什麼能否神入古人當時的情境才一直是歷史解釋上爭執的焦點。其實 empathy 一詞係出自德文 einfuhlung，是"in feeling"或"feeling into something"之意，應該是有著顧及或綜覽客觀事實的意味的，與一廂情願的「同情」（sympathy）是有著極大區別的。

第五章 晚明的時空因緣

　　每個時代雖承續著前一個時代，但又都與前一個時代那麼的不同。時代背景的不同，當然影響了出場人物的種種面向。問題是我們要怎樣去看待這影響呢？若依德國科學家海森堡的說法，我們觀察到的不是事物的本身，而是暴露在我們探究方法下的事物。〔註1〕這個意思到了義大利的史哲大家克羅齊那兒，即成了那句重要的命題「一切歷史都是當代史」。〔註2〕誠哉斯言，所以事件的本身是一回事（屬於 first order 的命題），怎麼樣解讀事情（或是看待的方法與視角、流變與立場等研究），則又是另一回事（屬於 second order 的命題）。對卓吾的研究者來說也是一樣的，不同時代背景的差異，對卓吾思想的解讀自是不一。我們希望由多元的角度去解讀卓吾，則時代背景就必須一併考量進去。是非審之於己，毀譽聽之於人，固然可以說是卓吾一生的寫照，但在傳統中國文人制式化的發展歷程中，出現了這麼一個自我意識強烈，個性鮮明，卻又極度尊重人性，不隨波逐流的人，不啻為一異數。本書接下來即試圖為這一"異數"從不同角度的背景因素來做一剖析。

第一節　外緣因素

　　明代在中國歷史上呈現出種種不同的面貌。一方面它是一個內向、停滯與但也相當內省的朝代；另一方面它也發展出極具特色，活潑有力的社會動

〔註 1〕海森堡著，范岱年譯，《物理學與哲學》（台北：凡異出版社，1999），頁 78。
　　　　按，海森堡的測不準原理，強調的是觀察者效應的影響。
〔註 2〕克羅齊，《歷史的理論和實際》（北京：商務印書館，1982），頁 2。

能。〔註3〕陳寶良說晚明的人心是一種"末世人心"——從"人心"向"利心"的轉變。〔註4〕這樣的陳述未免強烈了些，但在晚明這個破壞性與建設性並存的年代，的確是提供了一個人間可以是戰場也可以是道場的時空背景。解讀一個朝代的各個面向，絕非易事，更遑論爬梳出模式或軌跡，但這種看似矛盾且極端的並存現象，其實還是有一定脈絡可循的。太祖朱元璋在解縉等人的建議之下，吹捧理學，並且幾乎把它提升到幾近國教的地位。之後成祖朱棣在父親已經建立的基礎上，更積極地執行思想統一的工作。如以三部大全（《五經大全》、《四書大全》、《性理大全》），爲思想體制定調即是一例。但物極必反的鐘擺理論（pendulum theory），在歷史的進程上也一直見其斧鑿之跡。〔註5〕換句話說，理學的吹捧與盛行，其實也就暗藏著對理學反撲的能量。中國歷史上前一個對儒學進行大反撲的時候，算來應是魏晉時期了。但晚明與魏晉兩者之間顯然是有很大不同的，魏晉時期承接了漢帝國崩毀的局面，當時是外族第一次大量地進入中原，戰亂頻仍。儒學無濟於事，衰退自是有因，知識分子內心激盪可想而知。但有明一代則不然，明代時外族不是進入，而是離開中原；局面不是動盪的，而是內向甚至停滯。所以對當時儒學的核心思想——"理學"桎梏的反思繼而反撲，不是魏晉遺風，而是知識分子深沉自省後的一種必然結果。在明代中葉以後，以綱常倫理爲主軸的理學化史學，逐漸在反思中被挑戰，而最終出現以非綱常爲主軸的史學理論即是一個很好的例子。〔註6〕

大體思想上的改革，最能反映出來的就是社會生活形態上的變動。人們中如何去想，自然影響了生活中如何去做，但是甚麼原因導致了像這樣思想與社會生活形態變動呢？這中間誰是因誰是果其實是很難說的，前面所提到的鐘擺現象既可能是前面的因造成後面的果，又可能是後面的果造成更後面的因。如中國歷史上往往前一朝代因外圍藩鎮力量強大導致覆亡，下一個朝代即弱支幹以實中央，但這樣又容易造成外圍軍事力量薄弱，隨即引起周邊草原民族的覬覦與進犯而乃覆亡，這似乎冥冥中是一種佛教之因果相續。所以這裡雖是討論卓吾所處的晚明時空，但此處所謂的外緣因素，只能看成是

〔註3〕黃仁宇，《萬曆十五年》（臺北：聯經出版社，1993），頁29。
〔註4〕陳寶良，《明代社會生活史》（北京：中國社會科學出版社，2003），頁651。
〔註5〕將歷史的發展視爲是一個具週期循環的過程。如對文化史某些觀點的攻擊或質疑可以解釋爲歷史上的鐘擺現象。
〔註6〕錢茂偉，《明代史學的歷程》（北京：社會科學文獻出版社，2003），頁343。

對當時環境的一種分析，是一種綜合現況的局部指涉或牽成，而不應當作成熟爲主從的論斷。據此，明代在社會生活形態上的變動，的確是一個很好的釋例。明代特別在正德年間以後，進入了一個不可逆（irreversible）的轉變過程：文化氛圍轉向自由，產生了一大批"狂簡"或"狂狷"的文人士大夫；社會思想上表達出一種率性自爲、掙脫桎梏的開放精神；生活習性上則展現出一種崇尙新奇、標樹眞情的活潑作爲。〔註7〕

　　對這樣一種社會轉型的探究，政治與經濟的面向是至少必須涵蓋的。就政治層面來看，明代是中國傳統政治之再建，然而也是惡化的開始。〔註8〕朱元璋既然好不容易從草原民族手中將政權拿了回來，所以替這個得來不易的政權做了一種幾近極端的過度保護措施。廢相在前，廷杖在後，將權力高度集中於金字塔的頂端。問題是太祖的後代們大部分沒有像他自己一樣有那種雄猜之主的能力與氣勢。換句話說，明代的君主自開國皇帝之後，大部分（除了成祖時可稱經略安邦，宣宗及孝宗時可稱中平清明之外）既不夠精（頭腦清明），也不夠強（體力旺盛），當然更不夠狠（殺戮大臣）。所以權力的集中，其實就是孤立的開始。尤其到了中後期的明代，帝王常常幾十年不上朝，不管事。雖說這容易讓下面的人鑽漏子，貪污舞弊，風氣敗壞；但另一方面這也正好提供了一個因上位者無暇顧及，知識分子之思想逐獲得解套的機會。此時各派學風自由，你來我往；私家講學大起，講會興盛。〔註9〕讀書人走進了社會事業之中，帝王們溫存於宮廷帳帷之內，於是乎各取所需，兩俱相忘。我們在此可以用下面的假設來凸顯這個議題背後的重要意涵，即泰州學派以及卓吾的著述或言論若是發生在太祖之時會如何呢？以朱元璋的性格來看，他會容忍這樣的行徑於社會中存在多久？卓吾被執後當時的皇帝並沒有將其置於死地（卓吾之死乃是趁獄卒之疏忽，引其剃刀自絕所致），也沒有在事後興任何大獄。這是萬曆皇帝視而不見？還是力有未逮？這雖非本文主旨但似乎是一個可以進一步深思的問題。至少我們可以確定的是，此時（卓吾辭世時爲萬曆三十年，西元一六零二年）距朱元璋辭世時（洪武三十一年，西元一三九八年），已過了兩百零四個年頭。兩百年是一個不算短的時間，一方面可以說明是思想解套漸進性的歷程所需；另一方面也正好說明了此時若要重

〔註7〕郭英德、過常保，《雅風美俗之明人奇情》，引言部分（台北：雲龍出版社，1996）。

〔註8〕錢穆，《國史大綱》（台北：台灣商務印書館，修訂三版，2003），頁665。

〔註9〕同上揭，頁805。

新像太祖時那樣以政治力量來箝制思想已是時不我予，除非有更大的政治變動或全面崩解方能為之。〔註10〕

在討論政治局面的嬗遞，政治力的介入或調整之時，當然不能忽略經濟力量的變動因素。經濟的結構面就像建築的最底層，常常成為歷史動力的重要幕後推手。雖然，對中國資本主義萌芽的時間點有過幾次歷史上的論戰，以農業帝國為主的政經體制也的確不應與歐洲商業資本主義發展的路線做直接的比對。〔註11〕但大致說來，明代中葉以後商品貨幣經濟的逐漸成形，是大多數學者所同意的。〔註12〕換句話說，以小農經濟或自然經濟為基礎的亞細亞生產方式，因其必須依賴大量的土地，在此時已然走入了歷史的盡頭，代之而興起的是對土地依賴度較小的產業資本：如海上貿易的蓬勃發展，民間手工業工廠的逐漸形成等。這既是一種生產型態上的根本改變，當然會影響了社會結構中人與人的相對關係，自然而然推波助瀾了晚明的啟蒙與自由思想。〔註13〕要說這種嶄新的生產型態的轉變有時間點的話，這時間點大約就是在嘉靖到萬曆年間了。此時江南商品的經濟力蓬勃發展，有錢人不再是純粹的承襲祖產的大地主，而是所謂的中產階層。中產階層的產生伴隨而來的是一種新的思想體系，即所謂的"市民思想"，它其實就是一種脫離封建皇權，彰顯百姓能量為依歸的主軸思想，這與卓吾取維摩詰經中的"饒益眾

〔註10〕 按：西元一六四四年清兵入關，明亡。

〔註11〕 Brook, Timothy 與 Blue, Gregory 合著，古偉瀛等譯，《中國與歷史資本主義》（台北：巨流圖書公司，2004），頁 296。

〔註12〕 范金民教授上課時所講授，可參見其著作《明清江南商業的發展》（南京：南京大學出版社，1998 年）。另，明代陸楫的〈禁奢辨〉中，以蘇杭一帶俗尚奢侈，未見其貧卻反見其富為例，對禁奢崇儉的觀念提出正面的質疑。上世紀五○年代大陸學者傅衣凌於其所撰〈明代江南市民經濟初探〉中，即以陸的這個質疑論證明代此時應已出現商品經濟的形成與社會意識之轉變。傅的看法也許是有意要為「資本主義萌芽」理論找尋時間點，因為其實早在陸氏之前春秋時的管子即已持類似觀點。至於卓吾是否有受陸楫觀點的影響？按陸之生卒年為1515～1552，陸歿時卓吾年二十六，故確為卓吾當代之時人，但並沒有資料顯示卓吾的民生日用思想有受到陸文的影響（現存的卓吾文集中沒有關於陸的評論），筆者認為較大的可能是李陸俱受大環境如社會意識轉變之衝擊，而在一些議題上有類似的看法。又，台灣學者林麗月於其所撰〈陸楫崇奢思想再探〉（新史學五卷一期，1994）中，論證陸雖有崇奢觀，對一般百姓們的尚儉思想並未全盤否定，而偏重的是社會特定階層（富商大賈）的大量花費。筆者則認為這種富商大賈們的尚奇與奢華之風，其實也正符合了韋伯倫（Veblen,1857～1929，美國經濟學家）的所謂「有閒階級」之行事風格。

〔註13〕 許蘇民，《李贄評傳》（南京：南京大學出版社，2006），頁 10。

生"的理念是不謀而合的。卓吾也自然當仁不讓地就成爲這一思想的重要代言人（從這裡我們也可以看出一種經濟與歷史的互涉常模）。

　　中國自古以來，儒處其常，道處其變，良有以也。像卓吾這種否定教條道德，提倡實功，重視人的生命價值，並且以民本出發的思想，自不待言地劇烈衝擊了當時內向且幾近停滯於超穩定常態的明王朝正統思想。值得注意的是卓吾的思想不僅傳統士人（如對卓吾進行上表告發的馮應京與張問達）無法接受，即便一些思想進步的知識份子也一樣無法接受。清初思想家王夫之、顧炎武，即持相當批評的態度。顧炎武說：「自古以來，小人之無忌憚，而敢於叛聖人者，莫甚於李贄」。〔註14〕王夫之也說：「近有李贄者，益鼓其狂瀾而惑民倍烈」。〔註15〕王顧等人對卓吾的批判，其實表明了他們雖是士人陣營中的開明派，還不是嚴格意義上的啓蒙派。反觀卓吾才眞正較能從新興的中產階層的角度，替所謂的"饒益眾生"做的理論建構的推展，才應稱作是眞正意義上的啓蒙派。

第二節　內在理路

　　如果以上所說的諸多論點是較屬於所謂的外緣因素的話（即政治因素的介入、生產關係的改變與中產思想的崛起，也就是較爲側重歷史的偶然論這方面來說的）；那麼另一個歷史歷程中的實然變化，也就是所謂的內在理路，也應在此一併加以考慮進去。關於內在理路（inner logic），照余英時的說法，是一種非外緣因素〔或較少外緣因素干預下的內源性的驅力（drive），也就是把思想史之本身看作是有其內在生命與傳統的有機體〕。〔註16〕因此，這個生命，這個傳統的成長，並不完全仰仗外來刺激，也因此單用外緣因素來解釋思想史是行不通的。因爲同樣的外在條件，同樣的政治壓迫，同樣的經濟背景，在不同的思想史傳統中可以產生不同的後果，得到不同的反應。所以在外緣因素之外，應該還更要考量到思想史的內在發展。也就是說，對每一個特定的思想傳統而言，其本身都可能會衍生出一些問題，需要不斷地解決。而解決的過程，雖然漫長但有線索與條理可循。前面提過的鐘擺理論

〔註14〕顧炎武，《日知錄》卷十八，據黃汝成主編之《日知錄集釋》，全三冊（上海：上海古籍出版社，2006）。

〔註15〕王夫之，《讀通鑑論》安帝·五，據讀通鑑論（宋論合刊），《上下冊》（台北：里仁書局，1985）。

〔註16〕余英時，《歷史與思想》（台北：聯經出版公司，2004），頁121。

（pendulum theory）即常常是其中的線索之一。據此從程朱的宋明理學到明代的陽明心學也是可從這樣的角度來試著處理或看待。

這種討論涉及了中國幾千年來對儒學思想長時期的辯證發展。自古以來，"尊德性"與"道問學"一直是中國儒學思想上兩根重要的支柱。前者是強調人的德性之自有的本然特性，後者則是推崇硬底子學問累積的重要性。余英時先生認為尊德性與道問學就好比支撐儒家的兩個車輪子，前面雖有馬在拉車，但必須兩個輪子在一個平衡的狀態下，車子方能前進。〔註17〕由是之故，"道德修養"與"學問修養"成了儒家道統的兩面大旗，這是兩面大旗在長時期辯證發展中遂形成了陸王心學與程朱理學兩大系統。這兩者雖然並不互斥，但絕對有其各自的觀點及見解。〔註18〕陽明與程朱都想從儒家的角度出發，以求經世致用，但陽明較程朱更直接，陽明不像朱熹那樣的煩瑣累贅，而是以良心指導行動。然而，這也是王學的危險所在。畢竟以人之虛明靈覺主宰眞理，理論上或許站的住腳，但如何從理論走向實際，從知識份子的書院殿堂落實於百姓大眾的廚灶巷弄，是有其一定程度上的困難的，是需要一個說的通的理論架構或體系的。卓吾就是在這個時候，走到了這條路的分割點上，而乃以其萬鈞之勢，成一家之言，替陽明之學開出另一番面貌截然不同的花果。

如果說卓吾的出現是晚明的異數，那麼晚明還有很多其他的異數們嗎？會這樣問是針對內在理路或歷史必然性這一議題，也就是說如果歷史的腳步眞的已走到了這一刻，那麼卓吾的出現絕非偶然。既然絕非偶然，那麼至少

〔註17〕余英時，《歷史與思想》（台北：聯經出版公司，2004），頁127。

〔註18〕其實，尊德性與道問學的原文出自中庸：「故君子尊德性而道問學，致廣大而盡精微，極高明而道中庸。溫故而知新，敦厚以崇禮」。可見在原文中這兩者並沒有分開，將其分開繼而強調個別之重要性，是朱陸以後的事了。元代吳澄曾試著調和與平衡二者，但就連吳本身的角色近代學者也有不同的看法。方旭東認為吳是為後朱子學，是朱熹思想的繼承者，見方著《尊德性與道問學—吳澄哲學思想研究》（北京：人民出版社，2005），頁6；而余英時認為吳不滿朱子把「尊德性」與「道問學」分作兩件事，所以吳終究是偏向象山一邊的，見余著《中國思想傳統的現代詮釋》（台北：聯經出版公司，1987），頁406。至於卓吾，在其《藏書》中曾引吳著《尊德性與道問學齋記》中的「天之所以生人，人之所以為人，以此德性也」，足證卓吾受心學影響較大。但明顯不同的是，卓吾是站在普羅大眾的平等思想去看這件事的。他說：「故聖人之意若曰：爾勿以尊德性之人為異人也。彼其所為，亦不過眾人之所能為也而已。人但率性而為，勿以過高視聖人之可為也。堯舜與途人一，聖人與凡人一」，見李贄，《道古錄》，卷上，第十一章，收錄於張建業主編之《李贄文集》，全七冊（北京：社會科學文獻出版社，2000），第七冊，頁361。

在思想上卓吾應該是不孤單的。事實上也大致如此，我們可以看到其實整個泰州學派已然是卓吾之後盾。雖然不完全一樣，但在其思想的精神上可以看得出來是同一個路數，彼此是連貫而互通的。我們先來看看卓吾唯一正式拜師的王襞的情形。襞為心齋之次子，在心齋過世後繼承講席。王襞於思想上主張一種自然主義：

> 性之靈明曰良知，良知自能應感，自能約心思而酬酢萬變。知之為
> 知之，不知為不知，一毫不勞勉強扭捏，而用智者自多事也。〔註19〕

而在行為上，王襞每每講席賦歸之時，則：

> 縱扁舟漁村落之間，歌聲振乎林木，恍然有舞雩氣象。〔註20〕

與他語錄中所言幾為一體：

> 鳥啼花落，山峙川流，饑食渴飲，夏葛冬裘，至道無餘蘊矣。〔註21〕

這種與行為相契，自然而然的本真，不就是卓吾的童心嗎？

再舉一例，我們看看泰州學派的後進，也是卓吾的摯友焦竑，對心性之學是如何看待的。

> 君子之學，知性而已。性無不備，知其性而率之以動，斯仁義出焉。
> 性無不備，知其性而率之以動，斯仁義出焉。仁義者，性有之而非
> 其所有也。性之不知，而取古人之陳跡依仿形似以炫世俗之耳目，
> 故其於性則已離矣。〔註22〕

焦竑在解釋孟子的那句「由仁行義，非行仁義也」時又說：

> 蓋由仁義行者，性之所入，無入不得；而行仁義者，以己合彼，及
> 劬勞刻畫，巧為之摹，而畔援欣羨之私，已不勝其憧憬矣。〔註23〕

所以，順著自身性分而一路發展下來，即是順著仁義之路。換言之，如果我們的天賦潛能可以順著自身性分發展，將是無入而不自得的。〔註24〕焦竑真不愧為卓吾的摯友與知己，雖然一個言童心，一個言性分，但其實都是同一個概念的延伸，即最自然本真而不人為的方式，就是最好的方式。化工與畫工的差別在此，仁義行與行仁義的差別也在此。

〔註19〕黃宗羲，〈東崖語錄・泰州學案〉，《明儒學案》。
〔註20〕嵇文甫，《左派王學》（上海：開明書店，1934年），頁45。
〔註21〕黃宗羲，〈東崖語錄・泰州學案〉，《明儒學案》。
〔註22〕焦竑，〈國朝從祀四先生要語序〉，《澹園集》。
〔註23〕同上揭。
〔註24〕梅廣，〈錢新祖教授與焦竑的再發現〉，《台灣社會研究》，1998年3月號，頁1～37。

從心理史學的角度來看，像明代這樣一個內向與停滯的時代，傳統教條式的理學其盛行自是可以被理解。可是我們也不要忘記，某種規範愈是盛行（特別是透過政治力運作的宣導或"洗腦"來達成），其反彈的能量也同時會在底蘊中慢慢形成。所以說宋明理學在中華大地上造成的束縛，其實早已隱忍地等待著被釋放開來，陽明心學只是給了一劑釋放的強心針而已，而卓吾走的顯然更遠，卓吾替整個思想"面具"進行了卸妝的工程，而重新賦予了藏在面具下面人性的實質部分重要的意義。彰顯人性的實質面，是現代心理學的重要課題。人在穹蒼宇宙中必須眞正深刻面對的，不再是廟堂裡的神祇或朝堂上的帝王，而是他自己，是他自己這個血肉之軀以及這個血肉之軀下所包覆的思想和意識。卓吾從此處出發，強調應順情順性地抒發人性，完成自我，甚至追求利益，這無疑是非常符合近代心理學與經濟學之積極作爲的一面。〔註 25〕

不管從外緣因素或內在理路著手去探尋，晚明都呈現了一個從禁錮到超越的昂然之姿。彰顯這昂然之姿的又豈只是卓吾呢？明人的尙奇與奢華之風，性靈文學上的師心與師古之爭，乃至於戲曲藝術上十部傳奇九相思式地歌誦世間的情愛，〔註 26〕都是更直接鮮明地高度肯定了人的自然情慾，要求和願望，反對儒家道統的人爲束縛，進而提倡追求個性上的自由發展與自由表現。以此觀之，這似乎已是一個時代進程中無可避免的趨勢，思想史的轉變不過正好在晚明的這個時間點趕上來開花結果而已。

第三節　崢嶸異數

傳統制度既維繫了中國的超穩定結構，〔註 27〕但相對地也讓啓蒙思想的發生延宕了下來。中國人對權威的挑戰向來是被動的，一直缺乏一個像卓吾這樣的文化人，敢走得更遠，向傳統束縛全面地決裂與挑戰。明中葉以後這樣的人

〔註 25〕　如精神分析學者 Karl A. Menninger 在進行心理治療時的最終判準即爲：「遇疑惑，祈人性」（When in doubt, be human）。見周勵志，〈個別心理治療治療專題〉，《精神醫學通訊》，2010 年 1 月號，頁 2。

〔註 26〕　如湯顯祖的《牡丹亭》即是。湯從當時的社會思潮中吸取了人性觀的養料，把情與理，情與性的對立一度推到了前人與時人都未能達到的極端地步。他賦予情以個性意識的內涵，將至情視爲人性價值上的最高表現。任何外在力量，無論是人事的規範如天理，還是客觀的規律如死生，都無法抑制或扼殺它。

〔註 27〕　孫隆基，《中國文化的深層結構》（台北：花千樹出版社，2005），頁 8。

雖然不是沒有，但似乎只有卓吾走得最遠，反省得最徹底，有雖千萬人吾往矣的氣魄。他必須忍受誤解、攻詰與汙衊，以萬鈞之勢完成臨門一腳的任務，在混沌的初模中開出一條思想的新路子。卓吾的思想從儒至道，又兼釋家，在晚明的時空背景下益顯崢嶸，然而這個思想上的啟蒙者，畢竟走得太快。走在時代的前面的人，其實是孤獨的。卓吾也不例外，他的思想一直受到非議。不管是在當世還是在後世，對這一代奇人的謗與譽似乎都沒有停止過。卓吾受到褒貶議論的程度是非常大的，可以一下被尊為文化英雄，〔註28〕或豪傑之士，〔註29〕但一下子又可能變成了人間妖孽的代表人物，如顧憲成說他：

> 李卓吾大抵是人之非，非人之是，又以成敗為是非而已。學術到此，
> 真是塗炭，惟有仰屋竊嘆而已！如何如何！〔註30〕

清初思想家王夫之、顧炎武也對卓吾持相當批評的態度。顧炎武說：「自古以來，小人之無忌憚，而敢於叛聖人者，莫甚於李贄」。〔註31〕王夫之稱卓吾「近有李贄者，益鼓其狂瀾而惑民倍烈。」〔註32〕

　　卓吾的思想是否經得起考驗，是否歷久而彌新，這是對卓吾思想的綜合評價的議題，所以要將歷史的軸線拉長來看，才能看到代間的縱深意義，也才公允。更進一步地說，大凡歷史上思想家的一些理論往往得力或啟迪於那個時代的特殊背景，然因其天資聰穎，復又能開創新局。承此，就卓吾思想的時代背景來看，可以歸結到的是經濟結構的悄然變化，導致了社會風氣的改變；而社會風氣的改變，加速了新意識型態的萌發，而新意識型態的萌發更需要一些重量級的代表人物為其代言，為其發聲，為其總結。這些重量級的人物，必須敢為天下之先，不但要有風骨，又必須要有豐厚的理論底子做其後盾。也就是說，理論大家的使命乃是將某個剛具雛型但稍嫌混沌的新觀念，予以系統化，實質化。或於古人之書籍中找材料而賦以新解，或於今人之信函中藉答辯而申述其

〔註28〕 郭英德、過常保，《雅風美俗之明人奇情》（台北：雲龍出版社，1996），頁124。
〔註29〕 明代李元陽的詩中提到百姓眼中的卓吾：「姚安太守古賢豪，倚劍青冥道獨高。僧話不嫌參吏牘，俸錢常喜贖民勞。八風空景搖山嶽，半夜歌聲出海濤。我欲從君問真諦，梅花霜雪正蕭騷」。李為雲南大理人，因看不慣官場黑暗中年致仕回老家隱居，他為官時勇於任事，施惠百姓，與卓吾其實是有些類似的。李於萬曆八年過世，因此其過世前的最後四年卓吾正於姚安太守任上。
〔註30〕 顧憲成，《涇皋藏稿》卷五《束高景逸書》，《四庫全書》本。
〔註31〕 顧炎武，《日知錄》卷十八，收錄於黃汝成主編之《日知錄集釋》，全三冊（上海：上海古籍出版社，2006）。
〔註32〕 王夫之，《讀通鑑論》安帝・五，據讀通鑑論（宋論合刊），《上下冊》（台北：里仁書局，1985）。

義。在民間，特別是江南，從正德到嘉靖年間，受經濟結構變動的影響而古風漸渺，社會風氣已非名教所能羈絡。人們消費的意願提高，商品經濟的春風吹化了被道德意識型態箝制了的內在情感。那些被官方吹捧上天的聖王先師，通通成了不少士人嘲諷和調侃的對象。如梁辰魚的《浣紗記》中以武王滅紂後以妲己賜周公來調侃周武王與周公。浣紗記成書於 1543 年，卓吾時年 16 歲，當有可能受其影響。又如文士祝允明的《祝子罪知錄》，揭露假道學並重新評說歷史是非。這些代表性的人物很多，尚有如唐寅、文徵明等。有這樣大環境氛圍的牽成，再加上卓吾後來拜於王襞師門，這應又是一大關鍵。王襞父親即王艮，是泰州學派（為王學左派）的創始人。王艮正是從鹽丁到鹽商，再到思想大家的典型代表人物。在前述大環境氛圍再加上這裡的小環境與親近人群之間的牽成，卓吾的思想遂一路走到了民生日用的經濟學層面。〔註33〕我們或許可以這樣說，經濟結構的變動可能扮演了卓吾思想的重要前置因素（precipitating factor）。而卓吾繼之以窮數十年之功，伴藥爐經卷，自理空王，兼緒儒道釋三家。他皓首窮經，在學理論述與實務經驗上窮追猛打，從性空理論到自然真空說，總算最後抽絲剝繭，打通其理論的窒礙之處，發展出他的童心說，並將其系統性予以深化，並在最後回到了老百姓吃飯穿衣的基本問題上，以經濟論點著眼替其思想體系做了總結。〔註34〕

〔註33〕卓吾其實可歸於王艮泰州學派之一脈。這是屬於陽明學的左派（這樣的分類當然不是絕對的，而是為了便於敘述及瞭解）。論到泰州學派的創始者，當屬王艮。王的背景相當特別，係鹽丁出身，卻也因此在日後同時具有心學思想家與平民教育家的雙重身分。王艮投身王陽明時已是 38 歲，好辯且對事物常有自己的看法。王艮的泰州學派在王學分支系統中的最特別之處就是，強調天理良知要結合到日用良知上，而且認為與其說"致良知"還不如說"良知致"較為恰當。也就是說"致"其實就是"良知"的積極發揮而已。人只要根據自己原有的良知去做、去努力就是"致"了。卓吾雖非王艮親授，但也是王艮第二子王襞的正式門下弟子（王襞是卓吾自承唯一拜過師的人）。故而當可算是王艮的再傳弟子，只是卓吾顯然走得更遠，更徹底地擺脫了封建名教的束縛，而強調個人價值。

〔註34〕從民生日用的角度看出去，晚明出現泰州學派乃至於極端如卓吾這樣的社會思想，是有其殊勝之處的，因為這樣的想法很明顯的不容易由一般的社會學理論模式中尋得理解。按史賓塞的社會演化模式，經濟或民生日用的落實是要靠非常有效率的理性的組織形式與科層化的分工才能達成（參見彼得·柏克著，江政寬譯《歷史學與社會理論》，頁 263，台北：麥田出版社，2002）。照傅柯的說法，此即所謂社會控制的強化。但卓吾的童心說強調歸返自然而然的本然之性，顯然是有去科層化意義的，應該是對社會控制的一種抵制。從此處也許可以略窺東西方思想上的一些不同。

餘　論

　　在卓吾過世（西元 1602 年）後的一百五十七年，Adam Smith 出版了他的
*The Theory of Moral Sentiment*s。這本曠世巨作對道德情操做了重新的詮釋，也
替之後的《國富論》中私利如何運作打下了理論解釋的基石。〔註1〕我們可以
看到東西方雖然環境各異，但既是以人爲主體的歷史演變，處理道德與私利
的衝突就同樣無從迴避，於是乎會有一些走在時代前面的人，給與我們提醒
及啓發。

　　在西方，對於私利問題的思考，在其歷史上是經歷了一些轉變的。在早
先的時候個人利益是被忽視的，而主流政治思想大多強調的是集體（即像城
邦這樣的早期國家形式）利益。到了近代民主社會，"人"本身升格爲主角，
個人的意志變成是一種存在主體的體現而非道德秩序的延伸，也就是在此氛
圍下，經濟利益才變成了社會政治理論中的一個重要議題。

　　就公共利益與個人利益的關係而言，大陸學者高全喜認爲休謨的一些概
念可以做爲西方思想的一個代表並在其專著中有詳盡的闡述。〔註2〕在休謨看
來，西方的古典經濟學所關心及強調的是秩序（至少在近代社會以前）。如果
有利益，在邏輯上也只能是公共利益。而在近代民主社會既然強調的是個人，
私利這個字眼的探討也就無可避免地從集體的關係內縮，換言之，人與人之
間的關係，從某個角度上來說，滲入了誰得利誰不得利或誰得利的多誰得利
的少的問題。到底私利的獲取是有益還是有害於公的利益，是善還是惡，這

〔註 1〕 亞當・斯密著，余涌譯，《道德情操論》（北京：中國社會科學出版社，2003
　　　　 年）。
〔註 2〕 高全喜，《休謨的政治哲學》（北京：北京大學出版社，2004 年），頁 197。

自然是可予以探討的。大體說來，曼德維爾（〈蜜蜂的寓言〉的作者）、黑格爾等德國思想家，承襲了從康德以來的一貫的辯證想法，認為個人之惡（私利）成就了眾人之善（公益）。〔註 3〕但是到了洛克、休謨所代表的英國主流思想上面，則認為善與惡是有截然差別的。善就是善，惡就是惡，善與惡是不是可以置換的，不存在惡可以致善這樣的說法。〔註 4〕所以善與惡是不同的指涉，這中間根本沒有模糊的空間。然而，在卓吾這裡，這個議題有了另一種解讀。

卓吾從對善與惡持絕對觀的主流儒學出發，走到了對善與惡持相對觀的釋家去了。所以，善與惡可能是同一個或是具有高度重疊的兩個指涉。據此，卓吾認為並非個人之惡成就了眾人之善，也不是人性中的善導致公益之善，而是推衍到人的角色的整個必需重新定位的問題上去了。在這裡，卓吾又把道家的精華加了進來，於是人是天地大化的一部份，順著天地大化的運行則順利，反之亦然。所以，人回到童心，從童心出發去面對一切，為私利而努力正是這種現象的彰顯。而這既然是順著天地大化的，所以當然能夠成就最大可能的眾人利益或公益之善。再者，在休謨和斯密眼中的公共利益，是要在法律與制度的層面加以理解的，〔註 5〕是比如橋梁、公路、水壩、等公益設施更高一層的考量，這不能由曼德維爾寓言中蜂巢裡的蜜蜂（以追求自己的利益為最高指導原則）或如亂數法則（如熱力學第三定律中粒子在系統中隨機碰撞，最後達到均質化的系統平衡）來決定。所以要從私利到公益，就必定涉及了政府的協調角色，或者說政府如何讓一套有效的制度能運行順暢，這與前述卓吾的準經濟學觀點是不謀而合的。

在中國的晚明又是如何呢？晚明在經濟上是一個小農社會走到了底的時代；在思想上則自前人處承襲大量的歷史資產而各家爭鳴，是故對道德與私利議題的尖銳化必須要面對與承接。所以卓吾在此時空下粉墨登場，自有其時代意義。人們常注意到某個人在大環境下扮演何種角色，卻常常忽略了環境如何啓迪這個人，或更精確地說，環境與這個人是如何互動的，這種互動的關係才是進而使歷史向前推動的重要力量。卓吾就是這樣，他的整個思想當然自成系統，但絕非歷史偶然。為什麼呢？因為在那個時空背景下，最底

〔註 3〕劉昶，《人心中的歷史》（台北：谷風出版社，1989 年），頁 24。
〔註 4〕高全喜，《休謨的政治哲學》（北京：北京大學出版社，2004 年），頁 51。
〔註 5〕所以在休謨看來，政治正義是優先於道德至善的。見高全喜，《休謨的政治哲學》（北京：北京大學出版社，2004 年），頁 52。

層經濟結構已然鬆動，這個變動又往往帶動其它的變動。老百姓的吃飯穿衣之經濟問題，常常牽動政局的安定，小則兵燹災至，大則改朝換代。卓吾的經濟思想（或如前文所說的準經濟學傾向），從某種角度上來看似乎都是圍繞在他的童心說（直心出發的自然私欲說）及其相關的陳述（如《四書評》，《史綱評要》等），但若從把具有某種特質的人放在歷史的某一情境，並觀察其互動的這一角度看出去，則明代中葉以後生產關係等經濟結構的悄然改變，與明帝國爲了因應這一變動所被迫施行的種種政治動作，恐怕才是孕養像卓吾這樣具有獨立思考的思想家以其極爲敏銳的觸角，鋪陳一個前瞻且進步思想的最佳溫床。

　　從心理史學或年鑑學派的觀點來看，一個人的思想不應僅僅是一他個人的思想而已，而應是這個思想某種程度上代表了那一個時代的精神，反映了那一個場景的整體氛圍。〔註6〕心理史學強調的是一個眾多前因之後的結果。〔註7〕所以卓吾之所以會這樣或那樣，除了卓吾自身的內在因素之外，大環境的時空因素就像前面所述的一樣，是必須被考慮的。羅素曾說：

> 哲學家們既是果，也是因。他們是他們時代的社會環境和政治制度的結果，他們（如果幸運的話）也可能是塑造後來時代的政治制度信仰的原因。〔註8〕

據此，卓吾既然已經被放在歷史時空的軸線上來討論，則他既可以是歷史場景與環境下的結果，當然也可能成爲後面另一些場景與環境的前因。卓吾在晚明紛擾的時局中風光出場，但他給了後面的思想家們什麼樣的衝擊、啓發、甚至迷惑呢？一個人的思想，其影響到底有多大，有多深遠，可以從當代看，也可以從後世看；可以從別人對他多麼推崇來看，也可以從別人對他多麼反感、厭惡、甚或懼怕來看。懼怕之後最常隨之而來的就是查禁，卓吾的書或文章在明清兩代就曾多次被查禁。〔註9〕然而禁得越烈，傳布得越廣，

〔註6〕張廣智、周兵，《心理史學》（台北：揚智文化，2001），頁108。

〔註7〕這裡「心理史學」很顯然指的是法國年鑑模式的心理史學，也稱之爲心態史學；而有別於美國一派走向對個人精神分析的心理史學。

〔註8〕羅素著，何兆武、李約瑟譯，《西方哲學史》（台北：左岸文化，2005）。

〔註9〕筆者按：王汎森先生在中央研究院歷史語言研究所九十九年度第二次學術講論會（時間爲2010年1月25日，題目爲權力的毛細管作用——清代文獻中「自我壓抑」的現象）中曾論及卓吾的書在清代特別是乾隆一朝曾被多次嚴屬查禁。但這種查禁似乎隨當地的地理位置與京畿的距離有關，距離越遠則查禁的力道越弱，如當時在與越南互市的廣東番禺即可買到卓吾的書。

大家越想看看是什麼樣的言論惹得當局要這樣大費周章地來圍堵。至於卓吾對後世的影響，最直接的當屬公安三袁的「性靈說」，三袁力主獨抒性靈，不拘格套。

> 於物無所不收，於法無所不有，於情所無不暢，於境無所不取。

〔註 10〕

並且認爲：

> 代有升降，而法不相沿，各極其變，各窮其趣。〔註 11〕

這對當時復古派的「文必秦漢，詩必盛唐」給予當頭棒喝。很明顯這是受卓吾的文學思想直接影響而來的。卓吾思想間接的影響不計其數，而且隨著朝代的更迭，評價殊異。一部分難免是因爲外緣性的政治正確（political correctness）之關係，如中國大陸六〇年代的儒法之爭即是一例。但另一屬於內在理路的部分，則如酒之陳香，歷久而彌新，「不數年盛傳於世，若接日月而行」。〔註 12〕這種隱微且滲透漸進的啓迪，是與人性發展和民智益蒸之歷史基調相契合的。其中筆者願舉戴震的自由思想爲例以爲結尾。

東原與卓吾當然是不同時代的人，但二人某方面來說是相似的。他們俱爲性理窮通，博古知今之人；也都對僵化了的思想自闢蹊徑，提出另解；二人更是在對一個人如何成爲自在活脫之“眞人”這個議題在精神上遙相感通。東原的考據小學，其實不也就是卓吾之窮究精神的顯現？而且東原的考證絕非極端程朱理學的空談義理，而是一個強烈主體意識的求眞過程，始於考證而終於哲學思想的揭示，〔註 13〕其目的是爲了最後的義理疏通而達人倫日用。

> 人倫日用，聖人以通天下之情，遂天下之欲，權之而分理不爽，是
>
> 謂理。〔註 14〕

〔註 10〕 袁宗道著，錢伯城／校注，〈雪濤閣集序〉，《白蘇齋類集》（上海：上海古籍出版社，2007）。

〔註 11〕 袁宗道著，錢伯城/校注，〈敘小修詩〉，《白蘇齋類集》（上海：上海古籍出版社，2007）。

〔註 12〕 袁中道，〈龍湖遺墨小序〉。

〔註 13〕 章學誠說得頗爲中肯：「凡戴君所學，深通訓詁，究於名物制度，而得其所以然，將以明道也。時人方貴博雅考訂，見其訓詁名物，有合時好，以謂戴之絕詣在此。及戴著《性論》《原善》諸篇，於天人理氣，實有發前人所未發者；時人則謂空說義理，可以無作，是固不知戴學者矣。」見：〈書朱陸篇後〉，《文史通義校注》（台北：中華書局，1985），頁 275。

〔註 14〕 （清）戴震，《孟子字義疏證》（台北：中華書局 1961），頁 19。

一如卓吾，這種循考證而通義理是一種帶著問題找答案的典型範式。〔註 15〕
卓吾嘗說願與古人爲友，〔註 16〕東原若也如此，卓吾必是東原最重要的古友
之一。從卓吾到東原，筆者認爲就如台灣學者李弘祺所說的是一種精神上的
師承關係，〔註 17〕因爲他們的自由思想在精神上是一脈相承的，只是東原生
於後世，對問題的認識當然較十六世紀的卓吾更進了一層。卓吾的絜矩之道，
是強調解決人民吃飯問題的理財之道；東原對"絜矩之道"的解讀則是"欲
而不私"，亦即檢討個人自由與社會公正、社會法則的邊界關係問題。〔註 18〕
從吃飯問題到欲而不私，這是一種歷史進程中思想上明顯的進步，東原的眼
界十分具有前瞻的時代性，則卓吾這位十六世紀的先行者，當是東原所站的
巨人肩膀之一。〔註 19〕

　　卓吾提出了問題，也許並沒有完全解決問題，但我們又何忍苛責？對卓
吾而言，下面這段話應是他整個生命歷程的最佳寫照。
　　　是非審之於己，毀譽聽之於人，得失安之於數。〔註 20〕

〔註15〕戴震的考證功夫爲後世推崇，而其義理之學卻未被同等的重視，當屬遺憾。
　　　　像東原一脈的考證學統，其源流之本身也是具爭論性的。錢新祖、梅廣等人
　　　　認爲考證一脈在中國學術中本來就有，並不是余英時認爲的是程朱學統的一
　　　　個必然的後續發展，所以不需要從宋明的主流學術中開出來。參梅廣，〈錢新
　　　　祖教授與焦竑的再發現〉，《台灣社會研究》（1998 年 3 月），頁 11。筆者認爲，
　　　　如果把考證看成求眞與窮究精神的顯現，則東原一如卓吾，俱是呈現一種是
　　　　學術上一股非主流但又無法讓人忽略的潛流。
〔註16〕見本書第一章。
〔註17〕當然這是就線性關係的歷史發展來看的。見李弘祺，〈試論思想史的歷史研究〉
　　　　《思與言》收入杜維運、黃俊傑，《史學方法論文選集》（台北：華世，1979），
　　　　頁 369～406。
〔註18〕吳根友，〈分理與自由──戴震倫理片論〉《哲學研究》（1999 年第 4 期）。
〔註19〕牛頓（1643～1727）之語。原文爲 If I have seen farther than others, it is because
　　　　I was standing on the shoulders of giants。
〔註20〕懸於湖南長沙岳麓書院講堂之上。

徵引書目

李贄著作

1. 李贄，〈與焦弱侯〉，《續焚書》，卷一，收錄於張建業主編之《李贄文集》，全七冊，北京：社會科學文獻出版社，2000。

2. 李贄，〈郎中王公〉，《續藏書》，卷二十二（理學名臣），收錄於張建業主編之《李贄文集》，全七冊，北京：社會科學文獻出版社，2000。

3. 李贄，〈聖教小引〉，《續焚書》，卷二，收錄於張建業主編之《李贄文集》，全七冊，北京：社會科學文獻出版社，2000。

4. 李贄，〈與駱副使〉，《續焚書》，卷一，收錄於張建業主編之《李贄文集》，全七冊，北京：社會科學文獻出版社，2000。

5. 李贄，〈答耿中丞〉，《焚書》，卷一，收錄於張建業主編之《李贄文集》，全七冊，北京：社會科學文獻出版社，2000。

6. 李贄，〈答鄧石陽〉，《焚書》，卷一，收錄於張建業主編之《李贄文集》，全七冊，北京：社會科學文獻出版社，2000。

7. 李贄，〈復鄧石陽〉，《焚書》，卷一，收錄於張建業主編之《李贄文集》，全七冊，北京：社會科學文獻出版社，2000。

8. 李贄，〈大學〉，《四書評》，卷五，收錄於張建業主編之《李贄文集》，全七冊，北京：社會科學文獻出版社，2000。

9. 李贄，〈觀音問·答自信〉，《焚書》，卷四，收錄於張建業主編之《李贄文集》，全七冊，北京：社會科學文獻出版社，2000。

10. 李贄，〈觀音問·答澹然師〉，《焚書》，收錄於張建業主編之《李贄文集》，全七冊，北京：社會科學文獻出版社，2000。

11. 李贄，〈司馬相如〉，《藏書》，卷三十七（詞學儒臣），收錄於張建業主編之《李贄文集》，全七冊，北京：社會科學文獻出版社，2000。

12. 李贄，《初潭集》序，收錄於張建業主編之《李贄文集》，全七冊，北京：社會科學文獻出版社，2000。

13. 李贄，《初潭集》又序，收錄於張建業主編之《李贄文集》，全七冊，北京：社會科學文獻出版社，2000。

14. 李贄，〈童心說〉，《焚書》，卷三，收錄於張建業主編之《李贄文集》，全七冊，北京：社會科學文獻出版社，2000。

15. 李贄，〈解經文〉，《焚書》，卷四，收錄於張建業主編之《李贄文集》，全七冊，北京：社會科學文獻出版社，2000。

16. 李贄，〈與耿司寇告別〉，《焚書》，卷四，收錄於張建業主編之《李贄文集》，全七冊，北京：社會科學文獻出版社，2000。

17. 李贄，〈與耿司寇告別〉，《焚書》，卷四，收錄於張建業主編之《李贄文集》，全七冊，北京：社會科學文獻出版社，2000。

18. 李贄，〈王龍谿先生告文〉，《焚書》，卷三，收錄於張建業主編之《李贄文集》，全七冊，北京：社會科學文獻出版社，2000。

19. 李贄，〈夜半聞雁〉，《焚書》，卷六，五言四句，收錄於張建業主編之《李贄文集》，全七冊，北京：社會科學文獻出版社，2000。

20. 李贄，〈卓吾略論〉，《焚書》，卷三，收錄於張建業主編之《李贄文集》，全七冊，北京：社會科學文獻出版社，2000。

21. 李贄，〈三教歸儒說〉，《續焚書》，卷二，收錄於張建業主編之《李贄文集》，全七冊，北京：社會科學文獻出版社，2000。

22. 李贄，《道古錄》，卷上，第十一章，收錄於張建業主編之《李贄文集》，全七冊，北京：社會科學文獻出版社，2000。

23. 李贄，〈無念上人誕辰〉，嘉興大藏經（新文豐版）第二十冊 No. B098《黃蘗無念禪師復問》（引自 http://taipei.ddbc.edu.tw/sutra/JB098_005.php）。

14. 李贄，〈兵食論〉，《焚書》，收錄於張建業主編之《李贄文集》，全七冊，北京：社會科學文獻出版社，2000。

明清以前之著作

1. 王夫之，《讀通鑑論》，台北：里仁書局，1985。

2. 王龍溪，〈三山麗澤錄〉，《王龍溪先生全集》，卷 1，臺北：廣文書局股份有限公司，2000。

3. 王龍溪，〈東遊會語〉，《王龍溪先生全集》，卷 4，臺北：廣文書局股份有限公司，2000。

4. 王龍溪，〈三教堂記〉，《王龍溪先生全集》，卷 17，臺北：廣文書局股份有限公司，2000。

5. 王陽明，《傳習錄下》，《王陽明全集》，上海：上海古籍出版社，1992。

6. 朱熹，《大學章句集注》，上海：上海古籍出版社，2009。

7. 班固，〈食貨志第四〉，《漢書》，臺北：臺灣商務印書館，2010。

8. 袁宗道著，錢伯城/校注，〈敘小修詩〉，《白蘇齋類集》，上海：上海古籍出版社，2007。

9. 袁宗道著，錢伯城/校注，〈雪濤閣集序〉，《白蘇齋類集》，上海：上海古籍出版社，2007。

10. 竑，〈國朝從祀四先生要語序〉，《澹園集》，北京：中華書局，1999。

11. 韓愈，〈諫迎佛骨表〉，《韓昌黎全集》，北京：中國書店出版社，1998。

12. 韓愈，〈答張籍書〉，北京：中國書店出版社，1998。

13. 黃宗羲，〈泰州學案〉《明儒學案》，臺北：世界書局，2009。

14. 黃宗羲，〈東崖語錄‧泰州學案〉，《明儒學案》，臺北：世界書局，2009。

15. 顧炎武，《日知錄》卷十八，收錄於黃汝成主編之《日知錄集釋》，全三冊（上海：上海古籍出版社，2006）。

16. 戴震，《孟子字義疏證》，台北：中華書局，1961。

今人論著

專書

1. 王明珂，《英雄祖先與弟兄民族》，台北：允晨文化，2006。

2. 方旭東，《尊德性與道問學——吳澄哲學思想研究》，北京：人民出版社，2005。

3. 余英時，《中國近世宗教倫理與商人精神》，台北：聯經出版公司，1987。

4. 余英時，《歷史與思想》，台北：聯經出版公司，2004。

5. 余英時，《中國思想傳統的現代詮釋》，台北：聯經出版公司，1987。

6. 容肇祖，《李卓吾評傳》，臺北：臺灣商務印書館，1973。

7. 林其賢，《李卓吾事蹟繫年》，台北：文津出版社，1988。

8. 林其賢，《李卓吾的佛學與世學》，台北：文津出版社，1992。

9. 林海權，《李贄年譜考略》，福州：福建人民出版社，1992。

10. 侯外盧，《中國思想通史》，北京：人民出版社，1960。

11. 松本史朗，《緣起與空：如來藏思想批判》，東京：大藏出版，1989。

12. 谷憲昭，《本覺思想批判》，東京：大藏出版，1989。

13. 范金民，《明清江南商業的發展》，南京：南京大學出版社，1998。

14. 許建平，《李贄思想演變史》，北京：人民出版社，2005。

15. 牟宗三，《現象與物自身》，台北：台灣學生書局，1975。

16. 許蘇民，《李贄評傳》，南京：南京大學出版社，2006。

17. 黃仁宇，《萬曆十五年》，（臺北：聯經出版社，1993。

18. 唐君毅，《中國文化之精神價值》，台北：正中書局，1989。

19. 敏澤，《李贄》，台北：萬卷樓，1993。

20. 張建業，《李贄評傳》，福州：福建人民出版社，1981。

21. 劉季倫，《李卓吾》，台北：東大圖書公司，1999。

22. 劉昶，《人心中的歷史》，台北：谷風出版社，1989。

23. 嵇文甫，《左派王學》，上海：開明書店，1934。

24. 郭英德、過常保，《雅風美俗之明人奇情》，台北：雲龍出版社，1996。

25. 高全喜，《休謨的政治哲學》，北京：北京大學出版社，2004。

26. 張廣智、周兵，《心理史學》，台北：揚智文化，2001。

27. 程曦，《明代儒佛融通思想研究》，合肥：合肥工業大學出版社，2008。

28. 星雲大師，《佛教對「經濟問題」的看法》，台北：香海文化事業，2008。

29. 陳清輝，《李卓吾生平及其思想研究》，台北：文津出版社，1993。

30. 陳寶良，《明代社會生活史》，北京：中國社會科學出版社，2003。

31. 燕國材，《中國古代心理學思想史》，台北：遠流出版社，2001。

32. 趙偉，《晚明狂禪思潮與文學思想研究》，成都：四川出版集團巴蜀書社，2007。

33. 錢穆，《國史大綱》，台北：台灣商務印書館，修訂三版，2003。

34. 錢茂偉，《明代史學的歷程》，北京：社會科學文獻出版社，2003。

35. 孫隆基，《中國文化的深層結構》，台北：花千樹出版社，2005。

36. 薩孟武，《水滸傳與中國社會》，台北：三民書局，1984。

37. 薩孟武，《西遊記與中國古代政治》，台北：三民書局，1984。

38. 克羅齊著，傅任敢譯《歷史的理論和實際》，北京：商務印書館，1982。

39. 亞當·斯密著，譯者：余涌譯，《道德情操論》，北京：中國社會科學出版社，2003。

40. 彼得·柏克著，江政寬譯《歷史學與社會理論》，台北：麥田出版社，2002。

41. 麥克·檀西，瓦特·柏客合著，林明雄、林秀慧譯，《認識反轉移關係》，台北：遠流出版社，1989年。

42. 海森堡著，范岱年譯《物理學與哲學》，台北：凡異出版社，1999。

43. 韋伯著，簡美慧譯，《中國的宗教》，台北：遠景出版公司，1989。

44. 溝口雄三著，索介然、龔穎譯，《中國前近代思想的演變》，北京：中華書

局，1997。

45. 愛米爾·涂爾幹著，馮韻文譯《自殺論》，台北：五南書局，2008。

46. 島田虔次著，甘萬萍譯，《中國近代思維的挫折》，南京：江蘇人民出版社，2005。

47. 羅素著，譯者：何兆武、李約瑟，《西方哲學史》，台北：左岸文化，2005。

48. Brook,Timothy 與 Blue,Gregory 合著，古偉瀛等譯，《中國與歷史資本主義》，台北：巨流圖書公司，2004。

49. 莎莉·甌茨，戴安娜·巴巴利亞合著，黃慧真譯，《發展心理學》，台北：桂冠圖書公司，1995。

論文

1. 王志楣，〈《維摩詰經》與中國文人、文學、藝術〉，《中華佛學學報第五期》，1992 年 7 月，頁 263～298。

2. 江燦騰，〈李卓吾的生平與佛教思想〉，《中華佛學學報》，1988 年第 2 期。

3. 呂凱文，〈當代日本「批判佛教」思潮〉，《正觀雜誌》，1999 年第 10 期。

4. 李懿純，〈儒學思想的再造與重建——以李卓吾為論述中心〉，第一屆儒學國際學術研討會，吉隆坡，2004 年 8 月。

5. 李弘祺，〈試論思想史的歷史研究〉，收入康樂、彭明輝《史學方法與歷史解釋》，北京：中國大百科全書出版社，2005，頁 135～161。

6. 周勵志，〈個別心理治療治療專題〉，《精神醫學通訊》，2010 年 1 月號，頁 2。

7. 吳根友，〈分理與自由-戴震倫理片論〉，《哲學研究》，1999 年第 4 期。

8. 武占江、董文武，〈性善論的千古迷失及良知坎陷問題-從李贄與耿定向的爭論談起〉，河北師範大學學報，2005 年 9 月 28 卷 5 期，頁 142～147。

9. 施建生，〈道德情操論的精義〉，《台灣經濟研究月刊》，2009 年 3 月號，頁 8～14。

10. 楊芳燕，〈明清之際思想轉向的近代意涵——研究現狀與方法的省察〉，《漢學研究通訊》2001 年 5 月，頁 44～53。

11. 梅廣，〈錢新祖教授與焦竑的再發現〉，《台灣社會研究》，1998 年 3 月號，頁 1～37。張璉，〈從《心齋王先生全集》論王艮的新人倫觀〉，明人文集與明代研究學術研討會，2000 年於台北國家圖書館國際會議廳。

12. 散木著，〈批儒評法運動中王重民之死〉，《文史精華》，（2005 年，第 11 期）。

13. 蔡家和，〈王龍溪對於三教的分別與融通〉，《華梵大學第四次儒佛會通學術研討會論文集》，2000 年 5 月，頁 243～255。

14. Maslow, AH. A Theory of Human Motivation. Psychological Review,（1943）50, 370〜396.

15. Liu, YP. The effects of isolation-rearing on attentional function and impulse control in rats: behavioral and neurochemical studies. A dissertation submitted to the University of Cambridge for the degree of Doctor of Philosophy. May 2002.

16. Park,DC,Reuter-Lorenz,P.The adaptive brain:aging and neurocognitive scaffolding. Annu Rev Psychol. 2009；60:173〜96.

17. Stewart, RC. Maternal depression and infant growth: a review of recent evidence. Matern Child Nutr. 2007 Apr；3（2）:94〜107.